上海教师教育丛书
知新书系

交互式教师培训设计

JIAOHUSHI JIAOSHI PEIXUN SHEJI

陈霞 万立荣 著

上海教育出版社
SHANGHAI EDUCATIONAL PUBLISHING HOUSE

图书在版编目（CIP）数据

交互式教师培训设计/陈霞，万立荣著. —上海：
上海教育出版社，2022.11
ISBN 978-7-5720-1794-0

Ⅰ.①交… Ⅱ.①陈…②万… Ⅲ.①教师培训－研
究 Ⅳ.①G451.2

中国版本图书馆CIP数据核字(2022)第226772号

责任编辑　杜金丹
封面设计　毛结平

交互式教师培训设计
陈　霞　万立荣　著

出版发行　上海教育出版社有限公司
官　　网　www.seph.com.cn
地　　址　上海市闵行区号景路159弄C座
邮　　编　201101
印　　刷　上海普顺印刷包装有限公司
开　　本　700×1000　1/16　印张 15.25
字　　数　252 千字
版　　次　2022年11月第1版
印　　次　2022年11月第1次印刷
书　　号　ISBN 978-7-5720-1794-0/G·1635
定　　价　58.00 元

如发现质量问题，读者可向本社调换　电话：021-64373213

上海教师教育丛书编委会

主　　任　王　平　尹后庆
副 主 任　李永智
编　　委　（以姓氏笔画为序）
　　　　　王　平　王　洋　卞松泉　尹后庆
　　　　　宁彦锋　朱益民　刘　芳　闫寒冰
　　　　　李永智　李兴华　杨　荣　杨振峰
　　　　　吴　刚　吴国平　张　瑾　陈　军
　　　　　陈　霞　陈小华　陈永明　陈宇卿
　　　　　周增为　恽敏霞　袁振国　奚晓晶
策　　划　吴国平

总　序

教育改革的步伐已经进入了关注教师发展的新阶段。不是因为课程改革已陷于制度性疲倦，不是因为评价改革终将受制于社会发展的瓶颈，也不是因为我们拥有超过千万的中小幼教师队伍，每年有数十万的青年人正在进入这个领域。课程也好，评价也罢，根本上它们都内在于教师。拥抱"教师的年代"，不在于讨论有多少以教职为生计的人，而在于如何拥有师者的内在品质，值得学生效法，使自己从一名教者成长为一名真正的师者。

关注教师是国际教育改革的普遍趋势

制度化教育确立以来，课程长期占据着学校教育的中心地位。直到20世纪60年代，国际教育界才开始把视线转向教师。这是由于课程、教学、评价、管理这些学校层面的所有改革，最终都离不开教师。尽管半个世纪以来，教师职业到底算不算专业还存有不同的看法，但关于教师的专业化问题持续受到广泛关注。

中国向来具有别于西方的教育传统。中国古代教育有重教师、轻课程的传统，唯这种传统并未演化成现代意义上的教与学的机制，更未形成制度化的学校，因此循着传道授业解惑的路径发展教师素养的希冀，愿望虽好，但缺少登梯之阶，难以形成规范。近年来，随着教育国际交流的增进，尤其是上海学生在PISA项目中的表现，引来国际社会对中国教师组织化程度经验的关注，其中教研组和集体备课被认为是两大亮点。因为在西方，教师的教学行为被认为是从属于个人的专业行为，即便是同行也不得任意干预，可以想见，其结果便影响到授业与指导经验的传播。问题是，中国学校教研组的形式究竟以怎样的方式引导教师提升专业能力，尚缺乏充分的论证和公认的成果。理论上来说，一个组织如果确实发生了影响，既有可能是正面积极的，也有可能是负面消极的。教研组对于教师的影响，既未被证实也未被证伪，能否成为经验尚待科学论证。至于集体备课，不久前在上海对近8000名中小学幼儿园教师所进行的问卷调研显示：面对庞杂的课程事实和众说纷纭的教师要求，一大批成长期的教师从茫然不知所措，到随波逐流；而所谓"成熟期"的教师则顾影自怜地停留在自我经验的世界中，真正知识讲授型教师则难觅踪影。教师发展的局限已成为深化课程改革的短板，这样的局面不改变，教育质量有大滑坡的风险。

教师的成熟需要积累丰富的社会实践

在汉语中，我们把师者称为"老师"，一般解释其中的"老"无义，表尊敬。其实《荀子·致士》中强调了做老师有四个条件，其中一条曰"耆艾而信，可以为师"。古人把50岁的人称为"艾"，把60岁的人称为"耆"，把70岁的人称为"老"。这或是"老师"称谓的早期由来。可见，年龄本是成为教师的一项先决的基本条件。只是在制度化教育出现以后，尤其是以分科为特征的知识传授成为学习的基本形式形成以来，这种年龄的限制才被取消。

古人为什么会对为师者设置年龄限制，是因为教师的职业属性是一名"杂家"，这样的"杂家"不经过长期的、丰富的社会实践积累，是难以炼成的。在今人眼里，"杂家"似乎意味着专业程度低人一等。其实，无论是在古代中国还是在近代西方，强调的都是社会中的个体应具备多方面的才能。孔子所谓的"君子不器"不是在谈"杂家"吗？而马克思关于人的全面发展又何尝不是在谈"杂家"呢？及至当代，"把一个人在体力、智力、情绪、伦理各方面的因素综合起来，使他成为一个完善的人，这就是对教育基本目的的一个广义的界说"（《学会生存》）。这句话表明"杂家"较之于"专家"更近于"完善的人"。教师面对的是多姿多彩的学生，每个学生都有各自的阅历，他们的家庭、他们的生活、他们的所见所闻都不尽相同，每个学生都是一个完整的世界，每个学生又都是一个独特的世界。教师要想成为学生精神生活的指引者，自己必须是一个精神生活丰富的人。而精神生活丰富的基础就是有渊博的知识，不仅是专业知识，而且是与之相关的各方面的知识。

岗位成长已成为教师专业发展的共识

我们拥有成熟的师范教育体系，拥有完备的教师任职制度，是否就意味着我们拥有了优秀教师的培养机制？想要回答这一问题，须明了教师是师范院校培养的吗？教师资格认证制度是从教的当然资质吗？

教师知识与技能的习得途径主要有三种：一是书本阅读，二是课堂知识传授，三是实践体悟。前两种可以通过岗前培养与训练获得，后一种则需要在岗锻炼习得。这就意味着，一名真正合格的教师无法在职前培养中完成，亦无法依靠教师资格认证制度自然解决。这也可以解释为什么近年来相当数量的示范性高中多从综合性大学招收新任教师，是示范性高中教学要求低，还是这些学校无视教育的专业属性？答案显然不是。教师的专业性主要不在于"知"，而在于"行"，即一名教师在从教岗位上的实践、探索、体验、反省和觉悟。可以认为，教师是在岗位实践中自我型塑的，师范院校也好，综合性大学也罢，都不过是为一名教师从教所做的预判性准备。

所谓教学，不是教师从书本上把知识搬家一样送到学生面前，它必须融入教师自己的透彻理解，没有教师的透彻理解很难有学生的透彻理解，"以其昏昏，使人昭昭"的事在教育上是难以发生的。在教师透彻理解的基础上，还必须考虑知识传授的方法。采取什么样的方法，除了教师的个人喜好外，还涉及知识的难易程度、学生的接受程度以及教学资源的承受能力等因素，取舍之间，包蕴着非常丰富的个性化知识。一名真正的优秀教师拥有丰富的个性化知识，犹如中医问诊中的察颜把脉。这种知识无法仅仅通过书本研读和知识传授获得，需要通过实践不断揣摩，从而得到一种内化了的知识。显然，它是一种非常个人化的特殊知识，需要教师在对每个学生"辨症"施教中不断积累，其习得主要依赖于教师的个人努力。由此，可以得到一条简单而又明确的结论：帮助一名从教者，使之成为一名真正的师者。可以说，帮助数以千万计的从教者，使其早日成长为师者，这是今日中国教师教育领域的一项重大课题。

助推教师成为教育的思想者、研究者、实践者和创新者

国家兴旺，教育为本；教育优先，教师为基。持续了半个世纪的教育改革浪潮把教师发展推到了历史的前台。在当代教育的历史进程中，教师不是单纯的任务执行者，而是教育的思想者、研究者、实践者和创新者。在专业发展

的路径上,教师的主体地位、精神和意识得到了时代的推崇,教师专业化发展和对教师的重新发现将对教育产生重大影响。可以说,教师问题的重要性已无须讨论,而应考虑如何实践。

新一轮课程改革呼唤着教师创造性地施行教与学的行为。吊诡的是,一大批被应试熏陶出来的青年走上讲坛,他们却被要求培养有创新能力的学生。面对变化了的教学材料和教学要求,是施教者的一脸迷茫和不知所措。英国教育家沛西·能曾说过,教师是学生学习的最大动力。问题是,迷茫中的施教者如何才能让自己成为学生学习的动力呢?

基于上述认识,由上海市师资培训中心主持,联合上海师范大学、华东师范大学以及上海教育出版社等单位,倾力研发并打造了这套"上海教师教育丛书"。本丛书由"知会书系""知新书系"和"知困书系"三部分构成,分别聚焦新教师的教学规范、校本的教师研修经验以及优秀教师的成长启示,旨在从岗位上助推有资历和创造性的教师成长,这是我们的理想和愿望。

鉴于本书系不仅是上海也是国内自改革开放以来第一次全面系统开发的教师在岗培训教材,限于能力和水平,在编写过程中尚有诸多局限和不足,乞教于方家,不吝批评指正!

上海教师教育丛书编委会
2017 年 4 月

前　言

随着《义务教育课程方案和课程标准(2022年版)》《新时代基础教育强师计划》的发布,新时代教育改革的新要求使我们更加深刻地意识到:不管是现在还是未来,正视变化并积极应对变化,具备终身学习能力、问题解决能力等是何等重要。育人者先育己,教师作为育人之人,更应具备这些素养与能力。然而,教师的学习、教育与培训现状并不令人乐观。

本书致力于探索与解决这样一个问题:如果传统的"专家讲,教师听"的培训方式不能有效提升教师的问题解决能力,那么,如何开展有计划、有组织的教师培训,才能使教师问题解决能力的培养落到实处呢?研究者剖析了教师培训现状,考察了国内外教师学习与专业发展的实践探索动态,梳理了知识论、学习论、教师专业发展的相关研究成果,总结了团队多年的实践探索成果,在此基础上,提出了交互式教师培训概念与模式。

什么是交互式教师培训?为何要开展交互式教师培训?如何开展交互式教师培训?本书分八章进行论述:第一章是"被卡住"的教师培训,对传统教师培训进行了批判性分析;第二章是交互式教师培训刻画,阐述了交互式教师培训的内涵与特点;第三章是交互式教师培训模式,介绍了指向不同目标的交互式教师培训的操作模式;第四至七章基于典型案例,分别剖析了如何实施指向知识理解、习得应用、探索发现、体验认同的交互式教师培训;第八章提供了27种交互活动的操作指南。

本书力求站在读者立场,注重与读者对话,在导语、名人格言基础上,每章围绕主题设计互动问题并提供参考答案,并在章末借助若干道选择题帮助读者快速回顾本章要点。本书适合承担教师培训者角色与职责的人阅读,当然,对教师教育研究感兴趣的人也可以参考借鉴。本书学习、借鉴与引用了诸多专家学者的观点,也凝聚了杨兰、顾思羽、张诗雅、李铃蔚等团队成员的智慧。诚挚感谢所有为本书的撰写、刊印付出辛苦劳动的人。

作者
2022年8月

CONTENTS 目录

第一章 "被卡住"的教师培训 > 1

第一节 "蒙眼侠"与"满堂灌" > 5
第二节 培训现象的原因剖析 > 8
第三节 教师培训的转型探索 > 12

第二章 交互式教师培训刻画 > 19

第一节 理论基础 > 21
第二节 基本内涵 > 29
第三节 相关概念辨析 > 36

第三章 交互式教师培训模式 > 43

第一节 模式建构依据 > 45
第二节 交互式教师培训实施模式 > 57
第三节 交互式教师培训开发模式 > 69

第四章 指向知识理解的交互式教师培训例析 > 73

第一节 基本内涵 > 75
第二节 典型案例 > 81
第三节 案例解析 > 93

第五章　指向习得应用的交互式教师培训例析　> 103

第一节　基本内涵　> 105
第二节　典型案例　> 112
第三节　案例解析　> 128

第六章　指向探索发现的交互式教师培训例析　> 137

第一节　基本内涵　> 139
第二节　典型案例　> 147
第三节　案例解析　> 158

第七章　指向体验认同的交互式教师培训例析　> 167

第一节　基本内涵　> 169
第二节　典型案例　> 172
第三节　案例解析　> 184

第八章　交互式教师培训活动工具箱　> 191

第一节　信息分享类交互活动工具箱　> 193
第二节　深化认识类交互活动工具箱　> 204
第三节　协同建构类交互活动工具箱　> 212
第四节　主动实验类交互活动工具箱　> 218
第五节　创造应用类交互活动工具箱　> 223

后记　> 231

第一章 "被卡住"的教师培训

导语

教师培训好像被闸机牢牢地卡在以知识、培训者、讲授为主要特征的单向传递式培训上。单向传递式教师培训的特征是专家独角戏般地讲、学习者沉默失语般地听;学习以知识习得为主,理论与实践、认知与行动缺乏密切联系;培训者与学习者较少有深入的沟通,好似交往着的"陌生人"。这其中有现实环境的原因,但从根本上受培训观、知识观、学习观等因素影响。

单向传递式教师培训有简单便捷、投入少、效率高等优点,但主要弊端是容易导致学习者浅表学习,造成培训的低效与浪费,影响培训在公众心里的形象。

名人格言

　　培训、指导和教育是触发学习行为的手段,其唯一目标就是让人学习。培训者的任务不是传送信息,而是改变学习者,至关重要的是培训者采用何种互动形式改变学习者。①

——Harold D. Stolovitch Eria J. Keeps

---

① (美)Harold D. Stolovitch, Erica J. Keeps.交互式培训:让学习过程变得积极愉悦的成人培训新方法[M].派力,译.北京:企业管理出版社,2012.

❋ 互动 1

1. 您参加的那些非常棒的教师专业发展活动,有哪些显著特征?(多选题)_____

　A. 它很好地满足了我的需要

　B. 它的参与性很强

　C. 培训者的讲授清晰简练

　D. 培训者举了很多精彩的例子

　E. 它与我的实际工作是相关的

　F. 我学到的东西是可以操作应用的

　G. 我在培训中的表现能得到及时的反馈

　H. 我从其他同伴身上学到了很多知识

　I. 培训中有很多双向交流

　J. 培训安排得当,没有浪费时间

　K. 培训者讲课的语言通俗易懂

　L. 我学到了很多有用的东西

　M. 学习气氛轻松

　N. 其他:_____

2. 您参加的那些非常糟糕的教师专业发展活动,有哪些方面让您无法忍受?(多选题)_____

　A. 它根本激发不了我的兴趣

　B. 我认为它没有用

　C. 培训者单向灌输,大家很少甚至不讨论

　D. 我很少或根本没有练习的机会

　E. 培训者很少或根本没有对我个人表现进行反馈

　F. 它浪费了很多时间

　G. 它对我的工作没什么用

　H. 我无法理解培训者教给我的东西

　I. 我听不懂培训者的术语

　J. 我很少能听懂培训者课上举的例子

K. 它非常枯燥、单调和无聊

L. 我没学到多少东西

M. 我没有机会提问

N. 其他：_____

> **敲黑板**
>
> 我们在收集并分析了很多教师对上述问题的反馈后发现：(1)在受欢迎的教师专业发展活动中，培训者能够站在学习者的立场，努力为学习者创造与其个人工作或生活相关的学习体验，常常使用学习者能够理解的方式讲授学习内容，重视学习者的参与、互动、实践；(2)在不受欢迎的教师专业发展活动中，培训者不愿意花费心思了解学习者的学习需要，往往以刻板的方式把自己认为学习者应该学习的东西灌输给他们，把学习者视为失语的"空罐子"。其实，无论采取何种形式的灌输，都会导致学习者被动学习。改变学习者的培训需要培训者与学习者对话(进行交流或有意义的互动)。

时代如同高速列车飞快向前，课程与教学改革变化加剧，然而，教师培训却好似被闸机卡住了般，着急又无可奈何地被困在了知识传递、单向灌输、简单拼盘、知行割裂上。也就是说，现有的很多教师培训以知识、培训者、讲授为中心，而非以素养、学习者、实践为中心。

"知识传递"是指教师培训以传递外在于参训教师(以下简称"学员")的专家知识为主，在引导学员生成与创造知识上明显不足。"单向灌输"是指培训者以讲授为主，较少关注学员的学情、需求与主体参与。培训者虽"武艺高超"，对学员却知之甚少，如同"蒙眼侠"。"简单拼盘"是指培训内容之间缺乏有机的衔接，好似"没有色拉酱的蔬菜拼盘"，学员如同"观光客"，把培训视为开眼界、看世界的机会，有兴趣便多瞧瞧，没兴趣便一晃而过。"知行割裂"是指教师培训比较关注学员对知识的理解与习得，对学员在真实的工作情境中如何运用知识、如何把知识转化为能力关注不够。

这在一定程度上造成了培训针对性与实效性不强，导致本来应该被视为福利的教师培训却在某种程度上被视为负担。

第一节 "蒙眼侠"与"满堂灌"

单向传递式教师培训因具有投入低、效率高、适合大规模培训等特点被广泛采用,可以预见的是,在今后较长一段时间内它依然会存在。对于在某个领域富有专长且了解学员实际需求的专家学者来说,单向传递式教师培训也可能会促进学员理解新旧知识的关联,取得良好的培训效果。然而,在多数单向传递式教师培训中,培训者如同"蒙眼侠",对学员的需求与工作实际知之甚少。在培训教学中,他们既缺乏意愿也欠缺适当的方法去了解学员的需求,而是以机械灌输的方式把自己认为学员应该学习的东西灌输给学员。在单向传递式教师培训中,学员是沉默与失语的。

一、"蒙眼侠"与"观光客"

(一) 如同"蒙眼侠"的培训者

对学员知之甚少的培训者犹如"蒙眼侠",即使学员坐在他的面前,由于缺少了解,他也如同看不见一样。

我们曾在影视作品中看到一些武林高手,即使用布蒙着双眼也一样功夫了得。在教师培训中,不乏"武艺超群"的培训者,他们术业有专攻且了解学员的情况与需求,即使"蒙着眼睛",他们的培训依然能做到出神入化。然而,多数培训者虽然术业有专攻,但对目标学员的学习起点与学习需求等知之甚少,若他们也"蒙着眼睛"上课,按照自己的想法施展"满堂灌"的功夫,便会导致学员因没有表达需求的机会而收效甚微。

> **☞ 敲黑板**
> 如同"蒙眼侠"的培训者事先不了解目标学员的学习起点与学习需求,即使与学员面对面,也如同用布蒙着双眼一般,对学员知之甚少、视若不见,只是按照自己的想法施展"满堂灌"的功夫。

(二) 如同"观光客"的学员

随着我国经济的发展,人民的生活水平大幅度提高,观光旅游已成为大家生活中不可缺少的一部分。旅游时,旅客们总是选择感兴趣的景点驻足观赏、沉浸其中;对于不感兴趣的景点,则走马观花、一晃而过。这种随性所至、因兴趣而动的现象不妨称为"观光客"现象;那些带着轻松随意的心情,对感兴趣之处细细品味、对不感兴趣之处直接忽略的旅客,这里称为"观光客";其所怀有的感兴趣的便参与、不感兴趣的便避开的心态,这里称为"观光客心态"。

在传统的教师培训活动中,学员的主体性没有得到充分激发,他们或自愿或被动地参加到培训中,事先对培训安排缺乏深入的了解,懵懵懂懂进入培训现场,若"蒙眼侠"讲授的内容有趣又实用,如同"观光客"的他们便饶有兴趣地投入其中;若讲授的内容枯燥又乏味,他们便会把注意力转移到其他地方。这严重影响了培训的质量与效果。

> ☞ 敲黑板
> "观光客现象"是指人们随性所至、因兴趣而动的现象。
> "观光客"是指那些带着轻松随意的心情,对感兴趣之处细细品味、对不感兴趣之处直接忽略的旅客。
> "观光客心态"是指观光客所怀有的感兴趣的便参与、不感兴趣的便避开的心态。

二、"满堂灌"与"没行动"

(一)"满堂灌"式培训教学

在传统的班级授课制中,一位教师对着几十名学生,背后一张黑板,身前一个讲台,一张嘴、几本书……侃侃而谈。早在一百多年前,美国教育家杜威就对这种单向的、灌输式的教学模式发出过猛烈抨击,提出"教育即生长""教育即生活""教育即经验的不断改造",强调儿童中心、活动中心和经验中心。

现在,我们失望地发现,很多课堂并没有发生太大的改变,教师中心、课堂中心和教材中心依然或多或少地存在着。复旦大学化学系教授、中国科学院院士麻生明在高中听课时指出,教师上课直接给出概念,未经讨论;情境教学内容远离学生实际生活,难以共情。教师积累的经验不是经典,要舍得抛弃和更新;课堂知识容量大,记忆的东西比推导的多;理科实验操作属于指令型,需给学生自主操作发现问题的机会;极力将学生的思维纳入教师的轨道,学生发言一旦与教师备课不符,就会被"及时"打断"纠偏"。[①] 在这样的课堂中,学生学习是被动的、单向的,缺少主动参与、体验、研讨与发现的机会,学到的多是些"惰性知识"。

---

① 曾德琨.中学课堂的教学逻辑该变了,作为教师准备好了吗?[EB/OL].https://wenhui.whb.cn/third/baidu/202105/14/404593.html,2021-5-14.

在教师培训中,培训者"满堂灌"的现象更是比比皆是。常见的画面是,培训者站在台前滔滔不绝,配合着课件的播放,信息像水流一样喷涌而出,源源不断地灌进学员的眼睛、耳朵与大脑,前面的信息还来不及消化,后面的又涌了上来,一部分信息不可避免地流失掉,一部分到达大脑中的信息也难以得到深度处理。在"满堂灌"式的培训教学中,学员大多是眼睛、耳朵与大脑在工作,口、手等器官较少参与,如同一个不会动的"木头人"。

(二)培训后"没行动"现象

在教师培训中,有这样一句话:"培训时很激动,回去的路上很冲动,回去后一动不动。"说的是,学员在参加培训学习时因为接触到新的知识与理念,或了解到他人好的经验与做法等,感到收获很大,充满了学习与收获的快乐;这种激动兴奋伴随着学员从培训现场返回工作场所,在路上,学员充满了各种尝试应用的想法;可是一旦回到实际工作中,进入日常工作轨道,各种计划内或计划外的事使学员忙得晕头转向,兴奋与冲动慢慢平息,留下来的只有模糊的记忆碎片,更别提应用与改变了。这句戏言虽然有些夸张,但在一定程度上揭示了教师培训中学员学与用的割裂。

美国著名人力资源培训师鲍勃·派克指出,在成人的世界里,培训的目的是产生结果,这个结果就是学员行为的改变。培训不仅要关注学员知道了什么,还要关注学员知道了这些内容后可以做什么。让学员尝试在工作中运用学到的知识与方法,这样才有可能带来行为的转变。如果培训所学没有带来学员工作行为改变的话,就可以说学习并没有真正发生。由此可见,"没行动"在一定程度上说明教师培训迫切需要改进。

三、"无用论"与"负担观"

教师培训中存在双向沟通缺失、转化应用较难等问题,这在一定程度上造成了教师培训效果与口碑不佳。例如,有学者在回顾、反思了"国培计划"十年所取得的巨大成就后指出:我们必须冷静、理智地认识到,与教师培训巨大的、广泛的、全员的实践不相称的是,教师培训还没有真正成为全体教师广泛认同、需要、参与和受益的专业发展过程,我们对教师培训还有太多深层面的误解,教师培训本身也常常陷入并未知觉的多种误区之中。[①]

[①] 引自西北师范大学李瑾瑜教授2020年9月30日在上海市师资培训中心举办的"国培经验交流研讨会"上所进行的"国培十年话'培训':反思教师培训的走向"专题报告发言。

持培训"无用论"的学者认为,教师培训不能有效地解决参训教师的实际问题,无法引起教师、学生与学校的积极变化。培训"无用论"观点虽然比较偏激,但教师培训确实存在着低效甚至产生"负向功能"的现象,如,培训带来的工学矛盾加大了教师的心理压力;学术权威霸占培训活动的话语权,窒息了教师作为学习者的积极性和创造性;技术理性权威湮灭了教师实践性智慧的创生。[①]

持培训"负担观"的学者把参加培训视为外在的压力与负担,认为培训的内容好听不好用,对解决实际问题没什么帮助,很浪费时间。当下,教师编制紧张,每位教师都承担着满负荷的工作量,参加培训耽误的工作还需要在培训后补出来,即使部分工作由同事代劳,心中也会因给同事带来的麻烦而愧疚。

第二节　培训现象的原因剖析

第一节主要从教与学的角度揭示了教师培训中的一些现象。在这些现象的背后有许多值得思考的问题:培训究竟是理论学习还是实践学习?培训是为了让教师习得新知识与新技能,还是为了帮助教师解决个体实践中遇到的问题?培训究竟是以讲授者为中心还是以学习者为中心?单向传递式教师培训对这些问题的回答是:教师培训旨在补缺新知识、新技能、新理念,这些内容需要由专家(培训者)传递给教师,教师通过听、记与思考就能学会,培训者讲完就代表学习者学完。这实质上是把培训视作一个教师被动接受的过程。出现这些现象的原因是多方面的,根本原因在于深层的培训观。

一、理智取向的培训观

王建军教授根据教师专业发展研究相关文献的主要观点,将其划分为理智取向、实践—反思取向、生态取向三类。其中关于教师专业发展理智取向的论述很适合用来解释单向传递式教师培训背后的培训观。

在理智取向的教师培训中,教师职业的专业性被认为有赖于一套完备的、科学的、客观的、外在于教师的知识体系,通过掌握和应用这些知识,教师就可以胜

---

① 余新.教师培训的本质、功能和专业化走向[J].教育科学研究,2010(12).

任与改进工作。师范院校的教师职前教育就是理智取向的典型体现。这种取向也被理所当然地应用于教师在职培训。其实,教师在职教育与职前培养的差异性特征早在20世纪80年代就引起了教育决策部门的关注。1986年,《关于加强在职中小学教师培训工作的意见》中指出:"教师进修院校的任务是培训在职中小学和农村职业中学教师,办学要体现师范、在职、成人教育的特点,不要向全日制师范院校看齐。"①理智取向的教师培训在今天的教师在职教育中仍然广泛存在着,即培训的任务就是向专家学习理论知识,然后在实践中加以应用。

在理智取向的教师培训中,知识是客观的、普遍的与绝对的。对于学习者来说,知识是学习的客观对象,是独立于学习者的、与学习者的经验和认知方式无关的客观存在。学习者是知识的消费者,学习者的主要任务就是掌握知识,学习的过程就是知觉、记忆、理解知识的过程,是直接传递和接受知识的过程。"过去教师出去培训都是听专家讲座,他们自己的东西被遮蔽了,处于沉睡或冬眠的状态。即使专家讲完了让大家提问,教师也提不出来,因为科学话语的语境已经把整个场景凝固了。但如果这个场所被打开了,让教师讲自己的故事,分享他们的困惑或问题,他们就会展现出自己所拥有的实践智慧,因为有了空间。"③

理智取向的教师培训成为滋生单向传递式教师培训的温床。教师只能被动学习专家提供的知识,而这些知识通常与课堂教学的现实问题脱节。教师没有发现和生产知识的责任,也不习惯总结提炼并用科学的术语来表述知识,因而逐渐失去了表述个人知识、显现隐性知识的勇气和自信。④有很长一段时间,教师个人的实践性知识没有得到足够的认可。

二、效率取向的绩效观

从我国教师培训的政策与实践来看,教师在职培训具有自上而下、由外而内的特点。我国政府根据不同时期政治、经济、文化、教育等发展的情况,适时地提出教师培训的要求,引导在职教育承担起教师能力提升的时代任务,对教师成长与教育发展发挥促进作用。例如,20世纪80年代,在职教育以学历补偿为主;20世纪90年代以后,为适应素质教育改革和发展要求,教师继续教育重点指向

---

① 余新,王婷.改革开放40年我国教师在职教育的回顾与前瞻[J].课程·教材·教法,2018(7).
②④ 闻曙明.隐性知识显性化问题研究[M].长春:吉林人民出版社,2006.
③ 王枬.教育叙事探究:教师专业发展的一个支点——对话陈向明教授[J].教师发展研究,2021(4).

提高师德修养和教学能力;21世纪初,新课程教师培训纳入"中小学教师继续教育工程",全国开始对教师进行新课程、新教材、新教法的培训;2010年以来实施的"国培计划"把"种子"教师培训作为支持中西部地区和乡村教师队伍建设的重要任务;2020年开始高中"双新"教师培训等。

政府提出的这些培训要求是自上而下的,教师参加培训是为了响应与完成国家的任务,是"被培训",表现出"依附性"的特点[①]。如来自培训一线的调查显示,对于"你为什么来参加培训"这一问题,多数教师的回答是"出于学校安排""为了达标的需要",只有少数教师明确意识到"为了自我的发展与完善";对于"你对要学习的课程有什么认识,你是否知道为什么要学习这些课程"这一问题,多数教师的回答是"不清楚"或者"无所谓"[②]。

这反映出教育与教师培训不是绝对自由的,还带有强制性的因素,是国家意志的体现,各级各类教师教育机构必须不折不扣地贯彻执行国家各项教育政策要求。自上而下发起的培训往往又具有整齐划一的特点,培训政令一出,需要相关人员在规定时间内完成规定要求的培训,对于有些传递新政策、新要求、新思想的培训,当然需要由权威专家来传递最正确的声音,再加上参训教师多,想在较短的时间内完成大规模的培训,客观上需要以最少的时间、精力投入取得最大的培训效益,因此越简单越好,而"满堂灌"无疑是最便捷、最高效的培训方式。至于学员是否理解到位,能否把认识转化为实际行为,则是短时间内没办法深究的事情,需要长期持续的指导与支持。在某些小规模的教师培训中,因为培训主要是自上而下发起,内容需由权威专家解读,而权威专家往往不是直接的教育教学实施者,不了解学员的实际工作状况,也就没办法清晰地指导教师把其经验、实际工作情境与新要求建立恰当的关联。

与此相对应,对培训的检查评估多是关注特定的教师是否参加了培训、参训学员规模如何、作业是否提交。至于培训是否促进了参训教师观念与行为的改变,促进了学生的学习与发展,实在不是短期能够回答的问题。这种效率取向的绩效观在一定程度上导致了单向传递式教师培训的存在。

---

① 曲中林.教师培训的依附性及其消解[J].教育发展研究,2007(9B).
② 郑宇红.教师主体性缺失的现状与原因分析[J].太原教育学院学报,2006(2).

三、混沌模糊的教师学习观

教师培训在本质上是一种教师学习活动。教师职业的特性以及作为成人的教师的学习特点决定了教师培训应该有独立的知识、思想、观念和方法体系。然而，当前教师培训面临的许多问题，我们都无法给予理论上的解释和指导，许多实践中探索的做法和经验，也无法借助相应的知识理念而概念化、结构化、逻辑化。

李瑾瑜教授曾感叹，对于教师培训的很多问题，我们都缺乏深入的理论认识。这些问题包括：教师培训的本质与功能究竟是什么？教师培训促进教师专业发展的机制究竟是什么？教师究竟是如何学习与发展的？教师职业的专业性究竟是什么？何为有效的教师培训？衡量教师培训实效性的依据和标准是什么？如何关注教师学习和发展的个性差异？如何帮助教师解决实际问题以形成实践智慧？如何设计和推动教师的混合研修？①

以往的教师培训活动大多无差别地应用教育教学理论，很少关注作为成年人、以岗位工作为主的在职教师的学习与全日制教育中在校学生学习的差异。缺乏与时俱进的教师培训理论的指导使得传统教师培训以单向传递式培训为主，即培训任务以传递外在的理论知识为主，培训内容以"预设"为主，培训方式以讲授、灌输为主……有学者指出："在向知识社会迈进的过程中，现在的这种'成人教育学校化现象'与'成人学习课堂化'现象将会逐步消解。"②

四、专业性不足的培训者队伍

教师培训者理应由那些接受过专门的教育与培训，以科学培训教师为目的，学习并掌握系统的培训理论知识及专业的培训技能，将知识技能同现代教育与培训的理念和方法相结合，从事培训和管理活动的专业人员承担。③ 然而，现实情况是，教师教育作为一个学科在我国也仅仅是近些年来才确立起来的，教师培训是不是一个学科还在讨论之中。专业教师培训机构的专职培训者不是从其他机构转岗而来，就是从高校的应届毕业生中补充而来，远没有达到专业化教师培

---

① 引自西北师范大学李瑾瑜教授2020年9月30日在上海市师资培训中心举办的"国培经验交流研讨会"上所进行的"国培十年话'培训'：反思教师培训的走向"专题报告发言。
② 吴康宁.知识社会中"工作成人"学习的基本特征[J].教育科学,2002(3).
③ 刘延金,郭平.教师培训学的学科界定及其创建[J].内江师范学院学报,2020(9).

训者的要求。这些专职的教师培训者在教师队伍中属于一种特殊的存在,他们既不属于中小学教师,又不属于大学教师,也没有专属的专业发展通道,在各种竞赛评比评优中很容易被遗忘。在岗位吸引力不足、稳定性不足的情况下,提升培训者队伍的专业性面临着更大的挑战。

在实际工作中,承担教师培训教学与指导任务的多是兼职教师。他们或是高校教师、研究机构的学者,或是中小学校长与教师,他们中有很多人不太认同自己的教师培训者身份,只是把自己看作临时授课的专家。这些兼职教师在自己的领域富有专长,对成人教师的学习特点、培训教学法等却知之甚少,除了讲授,他们的确不清楚还有什么更好的办法,尤其是面对大规模的教师培训时。当然,其中也不乏既有学问又懂得培训技巧的专家学者,但实在是凤毛麟角。

多数培训者都有这样的固有认知:一线教师普遍缺乏理论,而教师的专业发展需要他们提升理论素养。由于培训者缺乏足够的意识和能力帮助学员将理论与实践有机结合起来,也就无法帮助教师在真实的问题情境中运用学术界的理论、发掘其个人的实践理论,进而创生新的实践理论。[①]

此外,一定程度上也存在着优秀培训专家资源稀缺的问题。在传统的教师培训中,培训迫在眉睫,能邀请到专家授课已属不易,哪还有机会"挑挑拣拣"。这就为"蒙眼侠"们单向传递式培训提供了生存的土壤。

随着知识论、学习论、人工智能等的发展,教师培训更趋向于激发教师内在的学习动机、实现教师的深度学习,以往单向传递式教师培训中培训者的"独角戏"应逐渐转变为以学习者为中心的"集体舞",即从以"教"为中心向以"学"为中心转变,从"传授模式"向"学习模式"转变。

第三节 教师培训的转型探索

随着知识论的发展,尤其是对教师实践性知识的研究,对教师作用及其素质的高度重视等,教师培训逐渐发生了一些新的变化。

---

① 陈向明.从教师"专业发展"到教师"专业学习"[J].教育发展研究,2013(8).

一、从以"培"为中心转向以"学"为中心

以"培"为中心的教师培训把参训教师视作一个个在知识技能上有缺失的对象,他们无法借助自己的力量弥补这些知识技能缺失,需要专家学者把那些客观的、正确的知识传递给他们。学员掌握了这些知识就能弥补自身的不足,提升自身的素质,改进教育教学行为。在以"培"为中心的教师培训中,教师是知识的消费者、被动的学习者,专家与知识高高在上,教师的主要任务就是掌握知识,学习的过程就是知觉、记忆、理解知识的过程,是接受和消化知识的过程。教师自身的经验、内在的学习需求与动机、实际的教育教学情境没有得到应有的关注。

这种观点受到科学理性主义知识观的影响,即世界是客观的、能够被人类知晓的,知识也是客观的、普世性的、具有严格边界且价值中立的。这类知识被视作独立于个人经验的规则、规定的程序和不容置疑的真理。① 知识不在实践中改变,也不随情境变化,只有专家学者通过严谨科学的研究才能创造出知识,其他的专业人员和技术人员仅仅是知识的消费者和应用者。那些在实践中生成的经验很难被看作真正的知识。因此,学科知识、学科教学法等都需要通过专家学者创造,再由专家学者传播给中小学教师。中小学教师要掌握这些知识,就要参加以普遍性的、统一的知识传播为目的的教师培训活动,在培训中改变。专家学者虽对一线教师有一定的了解,但他们日常主要从事理论研究工作,往往缺乏一线教学经验,导致一线教师难以运用研究成果解答教学中的具体问题;同时,整齐划一的教师培训也缺少对教师实际需求的关注,忽视了教师个体的需要;另外,教师培训通常时间较短,次数较少,缺少持续的跟踪和一对一的反馈。

20世纪五六十年代,美国学者泰勒便具有前瞻性地指出:"未来的在职培训,将不被视为'造就'教师,而是帮助、支持和鼓励每位教师发展他自己所看重、所希望增加的教学能力。占指导地位的、被普遍认可的精神,将是把学习本身放在最重要的地位。"② 美国学者芬韦克在2004年通过研究发现,"在过去十年以来,出现了两个对于教师发展的观念和态度产生重要影响的趋势:一是越来越试

---

① (美)泰勒.论谢弗乐知识的条件[C].瞿葆奎.教育学文集·智育[M].北京:人民教育出版社,1993.

② (美)泰勒.教师在职教育的回顾与展望[C].瞿葆奎.教育学文集·教师[M].北京:人民教育出版社,1991.

图以教师终身学习一词来代替教师专业发展;二是从注重教师个体学习转向通过实践共同体来促进教师学习"。①

教师培训从以"培"为中心转向以"学"为中心,一是强调了参训教师的主体地位与学习的主动性;二是突出了教师学习的日常性,"关键的是教师是否每天都在学习,他们是否在一起不断地提高自己的水平"②;三是突出了教师知识的内生性。③ 从国际范围来看,20世纪80年代中期,"教师学习"作为一个研究领域在美国开始兴起,其中起关键作用的是"美国教师学习研究中心"。该中心认为,只有当学习者积极地思考和根据他们的先前知识来试行新的观念时,学习才可能发展。教师学习研究受学习理论的影响较大,并在很大程度上随着学习理论的发展而变化。"教师学习"研究的兴起反映出认知理论中的"建构说"对于早期"传递说"的胜利——正是因为强调学习者的主动建构而不是教育者的简单传递,才会有研究重心的下移和对于教师学习的重视。

建构主义学习理论认为,学习具有自我建构性与主动性,学习不是简单的单向传递与转移,也不是对事实、原理、概念的记忆与反复应用,学习的过程是学习者与外在环境相互作用的过程,学习者需要把新的信息纳入自己原有的认知图式,当新信息表现出异质性时,需要改变原有的图式形成新的图式,完成对新信息的"顺应"。因此,学习过程中,有不同背景的学习者站在不同的角度,通过信息加工活动建构对客体的解释,这种建构是一种个体化的、情境化的意义建构。④ 20世纪八九十年代,当教师学习在美国逐渐兴起时,在欧洲(尤其是英国和芬兰),教师学习也同样受到了研究者的关注。不同于美国的是,他们对于教师学习的研究深受社会文化活动理论(Sociocultural Activity Theory)的影响。

20世纪80年代以来,教育研究领域的相关学者试图揭示教师专业知识的本质特征并研究如何对此加以使用。研究结果发现,教师专业知识由理论性知识与实践性知识构成。教师职业的专业性不仅体现为教师拥有一套系统的科学

---

① Fenwick, T. J. Teacher Learning and Professional Growth Plans: Implication of a Provincial Policy [J]. Journal of Curriculum and Supervision, 2004, 19(3).
② Fullan, M. The New Meaning of Educational Change (4th edition) [M]. New York: Teachers College Press, 2007.
③ 毛齐明.国外"教师学习"研究领域的兴起与发展[J].全球教育展望,2010(1).
④ 温彭年,贾国英.建构主义理论与教学改革——建构主义学习理论综述[J].教育理论与实践,2002(5).

知识,还体现为教师在复杂教育情境中能够做出专业性选择与判断,即教师拥有实践性知识。教师不仅仅是技术熟练者,更是反思性实践者。教师培训的任务不再是传递有效的理论知识、技术、技能,而是以教师在实践情境中遇到的具体问题的诊断与解决为轴心,在实践反思、相互交流中,帮助教师进行选择和判断,以便教师形成专业的认知。

随着知识论、学习论的发展,在对教师职业专业性、教师知识等的研究基础上,理智取向的以"培"为中心的教师培训逐渐被实践—反思取向的教师专业发展观点所修正,在教师培训实践中出现了以"学"为中心的学习、研究、实践、培训相互融合的局面。

二、从以知识为本转向以素养为重

以知识为本的教师培训把培训视为教师补齐知识短板的手段。随着知识的更新与发展、教育教学改革的不断进行,教师不同程度存在知识老化等问题,因此,他们需要不断接受新知识、新理念、新技能的培训。其实,不是教师不适应、不合格才需要培训,而是教师要学习、要成长、要发展才需要培训。专业发展应贯穿教师整个教育生涯,教师培训是教师专业成长与发展不可缺少的重要过程。换句话说,学习是做教师的应有之义,在一个信息技术迅猛发展的时代,具有专业学习与发展自觉也是师德的应有之义。

从以知识为本转向以素养为重,主要受两方面因素影响。

一是受教师职业的专业特性影响。教师工作具有高度的丰富性、复杂性和情境性,教师每天都要基于具体的教育情境做出行动决策,因此,每位教师在长期、独特的教育教学过程中逐渐积淀与形成了个人的"教育学"(即实践性知识)。这些个人的"教育学"支配着教师的思想与行为,也成为其专业发展的主要基础。这些个人的"教育学"也会受到理论知识的影响,但更多的是教师在解决具体教育情境中的问题时,综合运用各种知识、经验,在不断尝试与反思改进中逐步形成的。教师需要的是解决具体情境中的问题的能力,不是脱离具体情境的抽象知识,他们需要知道如何在具体情境中使用这些知识。

二是受素养导向的课程教学改革影响。进入 21 世纪后,世界各国课程改革均以核心素养培育为目标。我国近年来酝酿并实施的基础教育课程改革的一个明显特征就是以学生核心素养培育为目标,强调素养本位的单元教学设计、跨学科教学、真实情境中的问题解决等。这对习惯了知识本位的教学设计、分科教学、基于双向细目表的命题与考试的教师来说，无疑是较大的挑战。如果教师在自身学习中缺乏相关认知，很难想象他们能在实践中开展素养本位的教学。因此，教师培训必须改变以知识为本的取向，关注教师真实问题解决能力的培养，引导教师从关注"我怎么教"到关注"学生怎样学"。不管什么样的培训，如果不能真正使学生受益，都是有违培训初衷的，因为教师培训的根本指向和标志是学生的进步。实际上，一些全新而有效的培训实践正在兴起，如基于专业成长的自主学习、以案例为支撑的情景学习、以问题解决为基点的行动学习、以群体为基础的合作学习、基于实践经验的反思学习。① 这些培训把理论知识与实践知识相结合，把课外的反馈与课内的经验密切结合，助力教师关键能力的发展。

三、从单向传递转向对话生成

在单向传递式教师培训中，培训者被视为一般意义上的教师，培训被视为教师对学生一样的"上课"。培训者以专家的角色进入课堂，利用讲授的方式，把所谓的新思想、新观念传递给参训教师，参训教师忠实地听和记，这是不符合成人教师学习特性的。

其实，每位教师都在广泛的、真实的、鲜活的、具体的实践中积累了大量的经验，形成了自己对教育、对学生的理解，形成了自己的教学特色、风格以及实践知识。与外在理论相比，他们更相信自己基于现实教育情境践悟出来的道理。② 他们总是基于自己的经验对外在理论进行筛选、过滤、吸收，如果某个概念、理论或变革策略与他们实际的教育教学经验不一致，或无法与他们的教育教学行为直接联系起来，他们便会持怀疑态度，或难以把握，或自动按照自己的实践经验进行理解。

从这个意义上讲，培训者需要从传授者、教导者、训话者的角色中解脱出来，重视教师的已有经验，让自己成为一个与教师平等的对话者，通过有效的对话、互动，了解、理解并进入教师的经验世界，引导教师认识到自身经验的价值与局限性，让其个人实践与相应的理论建立关联，触动教师的内在思想，让其有认知

---

① 黄英.教师的学习特征与在职培训[J].职业时空,2007,3(6X).
② 程良宏.教育变革中的教师发展路径与逻辑[M].西安:陕西师范大学出版总社,2018.

提升的惊喜。因此,教师培训不是不需要专业引领,而是需要能够引导教师利用新思想、新观念反思自己的教学习惯,让教师的日常经验获得新的意义与价值的强有力的专业引领。

同伴教师也是重要的培训资源。每位参训教师都有丰富的教育教学经验,他们之间也需要对话、互动。实际上,许多教师培训通过多元互动、合作学习的培训方式,如头脑风暴、世界咖啡、拼图小组,促使教师在互动合作中学习,让教师真正成为培训的主体——既是他人经验的分享者,又是自己经验的贡献者。重视教师在培训中的资源价值,发挥教师自身的优势,借助同伴互助的力量学习思考,解决问题,对增强教师培训的针对性和实效性具有非常重要的意义。也是在这个时候,培训者会成为与教师平等合作的参与者,也会成为一个向教师学习的人,培训者与参训教师在培训过程中因成为共同的学习者而得到成长与发展。[1]

四、从学院式学习转向现场式学习

学院式学习在这里特指那种脱离教师实际工作情境的、短期的、集中的、以理论内容为主的培训。这种培训多是专家讲授理论知识,专家讲授的一般模式为"讲授理论知识—提供相关案例—分析解决方法—总结课堂所学",虽然从形式上看是案例研讨法,但本质上仍是讲授法,只是使用了理论演绎推理,使讲授法在应用过程中更具吸引力。这种以外部输入、知识传递为主要路径的培训方式为学习者提供了必要的理论基础,却忽略了实践经验的重要性,在改变课堂教学实践、促进教师发展方面缺乏应有的效果。尽管如此,这种模式因其规模大、易行等特点,在过去几十年逐渐成为教师发展和培训的常见模式。

然而,真实的教学情境具有不确定性与复杂性,对教师而言重要的是学会如何决策,学会根据不同的情境应用不同的策略,学会对自己的工作进行反省。此外,每位教师的成长环境和生活阅历不同,所产生的问题也不同。教师培训日益从学院式学习转向基于经验、实践反思、合作参与的现场式学习。由此,学习场域从封闭的知识讲堂转向教师小组、学习共同体,还包括短暂的同事交谈、课后辅导学生等职业生活场景。情境认识论、社会文化理论、人本主

---

[1] 李瑾瑜.论多维视野中的教师培训观[J].当代教育与文化,2009(2).

义心理学等为教师学习研究带来了丰富的视角，教师作为学习者的主体立场得以确认，教师作为实践者的智慧得到尊重，教师作为知识创造者的心理、身份和社会地位得到关注。现场式学习强调教师在实践体验的过程中发现问题，寻求解答，主动利用已有知识去进行建构，与他人合作，互相学习，进行反思，获得新知识。

教师现场学习以真实场景学习促进教师建构与反思，并与实践紧密结合，提高了教师学习的参与度，加快了教师的专业成长。当今社会，技术不再是独立于教育的手段，而是依存于教育，成为推动教育发展的一种内生力量。在教师现场学习中，有必要整合技术概念，创设出知识创造和技术融合的学习场景，实现从物理空间向网络空间的转变与延伸，给教师提供充分的融合创造空间，培养教师信息技术整合应用的能力，为教师专业成长打下坚实的基础。

我国已经涌现出了多样化的现场式学习样态，如“听课—观课—评课”活动、课例研究活动、“走进教育现场”观摩研讨活动[①]。它们的共性是以学习共同体为组织形式，观摩体验真实教学现场，发现问题，进行协作对话，不断反思与实践，最终解决问题并生成实践性知识。

✲ 互动 2

这些简单的题目能帮助您快速回顾本章要点，您只需要在合适的选项上打“√”。来做做看吧！

1. 教师培训的本质是(传授知识/促进学习)。

2. 设计培训内容和进行培训时，需要关注的是(能够请到有知名度的培训者/参训教师的学习需要)。

3. 单向传递式教师培训最根本的问题是(以“培”为中心/以“学”为中心)。

4. 教师个人的实践性知识(会干扰教师的学习与发展/是有价值且值得尊重的)。

5. 教师培训的根本目的是(促进教师改变/促进学生更好地发展)。

6. 教师学习与发展的主要途径是(教师培训/实践反思)。

---

① 李更生，刘力.走进教育现场：基于研修共同体的教师培训新模式[J].教育发展研究，2012(8).

第二章 交互式教师培训刻画

导语

交互式教师培训吸收了学习理论、教学理论、教师专业发展理论的最新研究成果,强调以"学"为中心,以参训教师为主体,在培训者的引导、支持与帮助下,遵循人人平等、能者为师的原则,通过培训者与参训教师双向、动态、深刻的对话,实现参训教师对知识的社会意义建构、迁移应用。

它既不同于单向传递式教师培训,也不同于参与式培训、引导式培训。它重点关注以下问题:参训教师的主体作用是否得到充分发挥?培训是否由问题驱动?培训是否注重双向深度对话?培训评估是否注重真实问题解决能力?参训教师是否学有实效?

名人格言

未来的在职培训,将不被视为"造就"教师,而是帮助、支持和鼓励每位教师发展他自己所看重、所希望增加的教学能力。占主导地位的、被普遍认可的精神,将是把学习本身放在最重要的地位。①

——泰勒

---

① (美)泰勒.教师在职教育的回顾与展望[C].瞿葆奎.教育学文集·教师[M].北京:人民教育出版社,1991.

❋ 互动 1

假如您是一位教育科研指导者,接到一所小学的邀请,请您为学校的 30 位骨干教师开办一场两个小时的"小学教育科研指导"专题讲座。您将如何准备呢?请选出最适合您的选项。

(　　)A.搜集、整理小学教育科研方面的资料,筛选、确定小学教育科研的关键知识与技能,确保关键知识点不遗漏;根据对两个小时讲座容量的预判,按照一定的逻辑顺序组织内容,制作课件;熟悉讲座内容并预演,确保讲授流畅;讲座即将结束时,简要回顾内容,并安排小小的互动活动。

(　　)B.通过电话、短信等收集该校或其他小学教师在教育科研中的常见问题与困惑,必要时还会查阅该校教师未发表的论文与课题研究方案,确定专题讲座需要重点帮助教师解决的问题;围绕问题,确定讲座内容、设计教学活动、制作课件,引导教师发现问题、分析问题、解决问题;熟悉讲座内容并预演,确保讲授流畅;讲座即将结束时,请小组或个人展示、交流成果。

(参考答案见本章末)

在对单向传递式教师培训的批判质疑中,逐渐出现了更加符合教师专业特性与学习特点的教师培训新模式、新方法。在教师培训转型探索的时代浪潮中,我们团队探索并提出了交互式教师培训概念。这一概念的提出直指传统教师培训方式的不足——以专家讲、学员听为主的单向传递式培训既无法促进教师的有效学习,也不能为教师教学方式的革新提供示范,难以支持教师专业发展。交互式教师培训概念的提出受到了互动教学论、深度学习等理论的影响。

第一节　理论基础

在第一章的不同部分都有提到影响教师培训转型的理论、理念与主张,本节将更加集中地交代影响交互式教师培训的相关理论。

一、学习理论与教师学习特性

在教师培训中,学习者是成人教师。成人教师的学习遵循一般学习原理,具有一般成人学习的特点,但教师工作与教师生活又具有不同于其他职业的特点,这使得教师学习中的某些特性会更加突出。

(一) 建构主义学习理论

建构主义学习理论是个复杂的理论体系。其在学习观上一致的观点是:学习是一个意义建构和社会互动的过程。(1)学习是学习者对知识的个性化建构过程——学习者作为学习主体,需要发挥认知能动性,凭借原有的知识和经验通过与外界互动,主动地生成信息的意义。(2)学习是充分对话、意义协商的结果——学习者对知识的个性化建构不是在真空中完成的,而是与他人、与文本、与世界、与自我充分对话、意义协商的结果。(3)学习是交互合作和社会实践的产物——学习者需要关注实践情境、主体的生活世界及其所依存的社会、历史和文化环境,注重在真实的学习环境中实现新知识、人、情境的联系与交互。(4)学习是在一定情境下,针对劣构知识进行质疑、探索、建构和协商的过程——知识是在开放的、协商性的情境中逐渐生成的,学习者在已有知识和经验的基础上对新知识进行信息加工、同化和顺应,进而在自己的大脑中生成的个性化的意义体系。学习具有建构性、社会性、情境性、交互性等特点。

根据建构主义学习理论,学习者依据自己的经验背景,以自己的方式,在与他人、情境等充分互动中建构对知识的理解。外部信息(包括教师的讲授)本身没有意义,意义是学习者在具体情境中,通过新旧知识和经验的相互作用过程建构而成的。教学应把学习者原有的知识经验作为新知识的生长点,引导学习者从原有的知识经验中不断生长出新的知识经验。学习是自主构建、相互作用、不断生长的过程。

(二) 成人学习原理

有关成人学习与成人教育学的研究还未形成一个完整的理论体系。诺尔斯试图建构完整的成人教育理论,并提出了关于成人学习的五大理论假设。(1)成人具有独立自主的自我概念。从依赖型的自我概念趋向独立自主型的自我概念是衡量人到成年最基本的标尺。随着年龄增长,个体在心理和社会性上开始从依赖的、他律的前成年期向独立的、自律的成年期转化。(2)成人拥有丰富多样并且人格化了的经验。成人积累了丰富多样的经验,更为重要的是,只有到了成年阶段,个体所获得的经验才有可能达到人格化的程度。(3)成人的学习意向与其承担的社会角色和发展任务紧密相关。成人的学习意向与其实际扮演的社会角色是一致的,成人的学习需求与其社会角色的变化是相互关联的,而且,人

> ☞ **敲黑板**
> • 成人具有独立自主的自我概念。
> • 成人拥有丰富多样并且人格化了的经验。
> • 成人的学习意向与其承担的社会角色和发展任务紧密相关。
> • 成人的学习活动主要以解决问题为中心。
> • 成人学习主要受内在动机影响。

越成熟,其学习意向、学习需求越是紧密联系他的社会角色和发展任务。(4)成人的学习活动主要以解决问题为中心。成人的学习意向直接与其所要扮演的各种社会角色相关,成人的学习需求又直接与其所要完成的发展任务相关,所以,成人的学习活动主要以解决职业生活、家庭生活、社会生活中的实际问题为中心,而不是以传统的学科知识为中心。(5)成人学习主要受内在动机影响。成人学习因其工作与生活的实际需要而变化,使自己与"发展着的社会""变化着的任务"保持平衡是成人学习的内在动机。

虽然有学者批判诺尔斯的理论假设仅仅涉及成人学习者非常一般的特点,尚未真正切入成人学习行为的内里,但这些假设对我们理解成人学习者的学习特点有重要启示。独立自主的自我概念意味着,成人学习者特别需要被尊重、被接受与被支持;拥有丰富多样、人格化了的经验意味着,成人学习者特别需要感受到自我经验的价值与意义,特别需要平等合作的师生互动关系;学习意向与其承担的社会角色和发展任务紧密相关意味着,成人学习者特别需要感受到学习活动对其胜任社会角色或完成角色发展任务的直接作用;学习活动主要以解决问题为中心意味着,成人学习者特别需要感受到学习活动的针对意义和实用意义;学习主要受内在动机影响意味着,成人学习者特别需要感受到学习愿望可以得到充分满足。[①]

基于此,有学者提出了对成人教育教学支持系统的期望:灵魂上从"以'教'为中心"转向"以'学'为中心";起点上从"以既成的知识框架为出发点"转向"以

---

① 高志敏,宋其辉.成人学习研究考略——基于梅里安的追述[J].河北大学成人教育学院学报,2006(1).

学习者的实际需求为出发点";方法上从"以教师讲授为唯一"转向"多种方法兼容并包";空间上从"以学校为唯一"转向"以社会为课堂";功能上从"囿于知识、技能的教"转向"对于成人学习过程乃至生命旅程更大范畴的激励、促进、咨询、帮助与引导"……①

受成人学习理论的启发,教师学习需要回归教师的成人身份,回归教师的生活世界,注重教师的自我概念、个体经验以及教师基于现实需求的内部动机,把教师从"一次性""片段式"的被动接受式培训中解放出来,使其立足学校场域,扎根日常、真实的问题情境,通过学习共同体等社会性的形式和途径,借助学校、社区、社会等复杂系统的支持,调动自身的已有经验,主动地使自我概念和个体经验发生持续的积极变化,用自身的变化带动学生的变化。这些变化包括知识、能力、精神、情感、价值观、身心健康等方面。②

(三) 教师学习特性

有学者指出,教师日常在校的专业生活具有四个明显的特点。一是杂乱而片段化。多、杂、繁、重的工作导致教师事实上缺少时间和精力对专业问题进行深入的思考。二是强烈的情境依赖。教师依赖所受限于所处的情境,他们的理解往往受到本校、本教研组与个人习惯做法的影响。他们很少跳出自己所处的情境从更大的范围来看待专业活动,只有在这种习惯做法受到猛烈冲击时,他们才会有限度地反思其合理性。总之,教师更愿意接受自己结合现实教育环境践悟出来的东西。三是强烈的行动导向。教师在表达自己的理解时倾向于直接与他们所熟知的教育教学行为联系起来。反过来,如果某个概念的含义、论断或策略不能与实际的教育教学行为直接联系起来,教师就会难以把握或自动按照自己的实践经验进行理解。四是较弱的理据兴趣。教师与其他职业的从业人员一样,追求效率,喜欢简单的理据,用尽量少的时间完成尽量多的事情。③④

---

① 高志敏.成人教育研究的反思与前瞻[J].教育研究,2006(9).
② 裴淼,李肖艳.成人学习理论视角下的"教师学习"解读:回归教师的成人身份[J].教师教育研究,2014(6).
③ 王建军.合作的课程变革中的教师专业发展:上海市新基础教育实验个案研究[D].香港:香港中文大学,2002.
④ 胡惠闵.指向教师专业发展的学校管理改革:上海市打虎山路第一小学个案研究[D].上海:华东师范大学,2003.

教师的专业生活是一项具有高度的丰富性、复杂性、情境性与实践性的交互活动。教师职业的专业性不仅体现在拥有一套系统的科学知识上，还体现在专业性选择与判断（即实践性知识）上。依据陈向明老师的观点，教师的实践性知识是教师真正信奉并实际支配其教育教学实践、教育教学行动的知识。个人实践性知识对个体所接触的理论性知识起着筛选、解释和指导运用的作用。[①] 教师的实践性知识是教师专业发展的主要知识基础，教师专业发展的任务不再是网罗式地掌握所有教师认为有效的理论知识和技术、技能，而是以教师在实践情境中遇到的具体问题的诊断与解决为轴心，在实践反思、相互交流中，帮助教师进行选择和判断，以便形成专业性的见识。[②] 教师培训要从"有效传递模式"转向"以真实问题解决为中心的合作建构模式"。这也符合生态取向的教师专业发展理论的要求。国际教师教育学倡导教师学习的三大定律——越是扎根教师的内在需求越是有效；越是扎根教师的鲜活经验越是有效；越是扎根教师的实践反思越是有效。教师培训应当有助于教师发现自身的学习需求，有助于教师发现有效的经验，有助于教师反思自身的经验。以课例研究为载体的临床教学研究是教师培训的主要方式。[③]

由此可见，作为成人学习者的教师具有如下突出的学习特性：（1）问题解决取向，以解决真实情境中的问题为中心；（2）实践反思取向，以做中学、用中学、反思中学为主要特征；（3）经验主义取向，往往在已有知识经验的基础上建构新知识；（4）深度对话取向，需要与专家、同伴进行持续、深入的对话；（5）实用主义取向，需要持续的激励，不断满足其内在需求。

> ☞ 敲黑板
>
> 教师学习特性：
> - 问题解决取向
> - 实践反思取向
> - 经验主义取向
> - 深度对话取向
> - 实用主义取向

---

① 陈向明.实践性知识：教师专业发展的知识基础[J].北京大学教育评论,2003(1).
② 钟启泉.教师研修的模式与体制[J].全球教育展望,2001(7).
③ 钟启泉.教师研修：新格局与新挑战[J].教育发展研究,2013(12).

二、交往行为理论与互动教学观

(一) 交往行为理论

哈贝马斯在交往行为理论中,把对话(discourse,即交互主体通过语言达成沟通、理解的方式)视为一种方法论。对话是一种平等、开放、自由的交谈。对话是交往的基础,语言是对话的媒介。教育是对话、交流和知识创生的活动。①

对话主体是民主、平等、自愿的关系。哈贝马斯认为,排除一切强制是主体实施对话的基础,为此提出了四个条件:(1)所有话语参与者都有同等论证的权利,所有人都可以随时发表看法,质疑或反驳任何问题;(2)所有话语参与者的意见、质疑、反驳等都不能遭到镇压;(3)所有话语参与者都有同等权利去论证自己的喜恶、情感,表达自己的真实想法;(4)所有话语参与者都有同等权利发出调节性话语,如承诺、禁止、拒绝、自我辩护。对话双方以真诚、平等的态度相待,通过对话理解他人,实现精神和经验的共鸣,共同成长。

交往的背景是生活世界。生活世界是一切交互行为发生的场域,是主体活动的重要领域,它是具体的、总体性的世界。生活世界是培训主体交互的广阔背景。多主体交互的内容不是预定好的,而是源于主体的生活世界,只有贴近主体生活世界的交互才会激发其兴趣,促使多个主体在情感、价值观等方面达成共识。

(二) 互动教学观

教师培训活动亦属于一种交往活动、教学活动。现代教学论指出,教学过程是师生交往、积极互动、共同发展的过程。教学的本质是交往互动。交往是动态地表现出来的主体的相互作用,即共在的主体的相互作用、相互交流、相互沟通、相互理解。师生交往的深层意义在于使置身于其中的每个人,把经过交往形成的知识、经验、模式等作为共享的生存资源,发展智慧、情感、意志、精神等完整人的一切方面,使每个人不断获得完善自身的动力。

师生交往的本质属性是主体性。教师与学习者都是教学过程中的主体,都是具有独立人格价值的人,两者在人格上完全平等。在现实生活中,教师与学习者作为有生命的、具有平等地位的人相遇,相互尊重彼此的独特个性,自由而持

---

① 靳玉乐.课程改革的理念与创新[M].北京:人民教育出版社,2003.

久地交换意见,共享个人经历、人生体验。教师将越来越少地传递知识,越来越多地激励思考;除了他的正式职能以外,他将越来越成为一个顾问,一位交换意见的参与者,一位帮助发现矛盾论点的人。他必须用更多的时间和精力去从事那些有效果的和有创造性的工作:相互影响、讨论、激励、了解、鼓舞。

师生交往的基本属性是互动性和互惠性,交往论强调师生间、学习者间动态的信息交流,通过信息交流实现师生互动,进而实现共识、共享、共进。这是教学相长的真谛。

对教学而言,交往意味着对话,意味着参与,意味着相互建构,它不仅是一种教学活动方式,更是弥漫、充盈于师生之间的一种教育情境和精神氛围。对学生而言,交往意味着心态的开放、主体性的凸现、个性的彰显、创造性的解放。交往还意味着教师角色的转换:教师从教学中的主角转向"平等中的首席",从传统的知识传授者转向现代的学生发展的促进者。①

以交往与互动为特征的教学,常常要借助对话来实现。对话不只是言语的应答,它强调双方的"敞开"与"接纳",是一种在相互倾听、接受和共享中实现"视界融合"、精神互通,共同去创造意义的活动。知识在对话中生成,在交流中重组,在共享中倍增。这要求教师更新教学策略和教学方法——包括置疑、讨论、尝试、发现、体验等;转换角色——从传授者、管理者转变为引导者和促进者;完善自我——具有民主的精神、平等的作风、宽容的态度、真挚的爱心和悦纳学生的情怀。

> **☞ 敲黑板**
> 对话不只是言语的应答,它强调双方的"敞开"与"接纳",是一种在相互倾听、接受和共享中实现"视界融合"、精神互通,共同去创造意义的活动。知识在对话中生成,在交流中重组,在共享中倍增。

在实践中,对话教学要防止几个误区。(1)认为交谈即对话。对话一定要借助交谈,但交谈不一定是对话,因为我们这里所说的对话,不仅仅是指各方之间的言谈,而且是指各方内心世界的敞开,是对对方真诚的倾听和接纳,在共享的过程中实现精神互通。一句话,对话是各方相互理解的过程,这是质的方面的要求。(2)认为对话越多越好。这里存在一个量的问题,我们不能为了对话而对话,否则就会走向形式主义。如果各方抱着真诚的态度,互相表现出了敞开、接

---

① 余文森,连榕,洪明.课程与教学论[M].福州:福建教育出版社,2015.

纳、理解和包容，精神上都得到了提升，就达到了目的。如果各方互有戒心，不能坦诚相待，即使有再多的对话，也不会产生很好的效果。(3)认为对话的目的是获得一致同意。有人认为，在对话过程中，特别是在师生的对话中，如果同对方唱反调，就会伤害对方的感情，所以要尽量达成一致，也有人认为对话的目的就是为了达成一致，这是一种偏见。对话不是为了消除差异，而是为了更好地理解差异，观点不同恰恰说明了问题的复杂性，说明有对话的必要与可能。从本质上说，对话的目的是创造意义，寻求真知。

交往行为理论与互动教学观对教师培训活动的启示是：成人教师是具有丰富经验的学习者，在对他们进行培训的过程中，尤其需要尊重、平等与对话。教师培训活动中主体间的对话不是简单的交际，而是蕴含教育性的相互倾听和言说，它需要培训者与学员彼此敞开自己的精神世界，从而进行精神的交流和价值的分享。

三、深度学习理论及其启示

深度学习理论不是一套成熟的思想体系，而是一种发展着的、观点不一的对于复杂环境中的学习的解释。关于深度学习，1976年提出这一概念的美国学者Ference Marton和Roger Saljo把它界定为一种基于理解与迁移的学习方式，是指学习者能够批判性地学习新的思想和事实，并将它们融入原有的认知结构，能够在众多思想间进行联系，并能够将已有的知识迁移到新的情境中，作出决策和解决问题。[①] 综合国内外学者的认识，比较一致的观点是：深度学习是一种主动的、批判性的学习方式，也是实现有意义学习的有效方式。在深度学习过程中，学习者进行理解性的学习、主动的知识建构、有效的知识迁移、真实问题的解决。与深度学习对应的是浅层学习，浅层学习指向的是一种被动的、机械的学习方式，即把信息作为孤立的、不相关的事实来被动接受、简单重复和机械记忆。[②]

目前国内外对于深度学习的研究多聚焦于课堂以及在信息技术环境支持下的学生学习。[③] 有研究者把深度学习作为培育儿童核心素养的重要途径。例如，在钟启泉教授看来，深度学习"深"在学习者自身能够展开知识的"结构化"与

---

① 何玲,黎加厚.促进学生深度学习[J].现代教学(原名《计算机教与学》),2005(5).
② 张浩,吴秀娟.深度学习的内涵及认知理论基础探析[J].中国电化教育,2012(10).
③ 温雪.深度学习研究述评：内涵、教学与评价[J].全球教育展望,2017(11).

"链接"。深度学习的起点是问题而非教科书。基于核心素养的深度学习把培育儿童的问题发现能力与问题解决能力置于重要的地位。深度学习的两根支柱是对话指导与反思指导。对话指导强调建立对话规则、创建对话环境,促进学习者与自己的对话、与他人的对话、与客体的对话,以及这三种对话的交互作用。反思指导强调在教学活动结束时留出反思空间,让每个学习者反思自身学习过程的意义与价值。深度学习中教师的作用是以儿童的知识差异为背景设计共同探究活动,借助对话与反思、知识的建构与情意的陶冶,培育每个学习者的核心素养。[1]

能够批判性地建构新知识,将其迁移运用到新情境中,都属于深度学习,但若能在复杂的情境中解决现实问题,则进一步促进了深度学习的发生,提高了深度学习的层次。

深度学习理论对教师培训的启示是:培训需要关注主体性、对话性与协同性;培训应从问题切入而非从系统的知识开始;培训中的交往与对话要促进教师理解性的学习、主动的知识建构、有效的知识迁移、真实问题的解决。

第二节　基本内涵

何谓交互式教师培训?是理念还是模式?是思想还是实体?它与参与式培训、引导式培训之间有何异同?

一、概念界定

交互式教师培训是一种以"学"为中心的、有组织、有计划的教师培训活动。"交互"即交流互动,通常指某一特定环境下两个或两个以上的行动者相互作用的过程。[2] 任何交互活动都有交互主体与对象、交互媒介、交互内容、交互方式、交互目的等要素。"交互式"是指以动态、双向互动为特征的活动样式。教师培训在这里指一切有组织、有计划地促进教师专业发展的活动,包括传统意义上的

---

[1]　钟启泉.深度学习:课堂转型的标识[J].全球教育展望,2021(1).

[2]　Vrasidas, C., Melsaae, M. S. Factors in Fluencing Interaction Online Course[J]. *The America Journal of Distance Education*, 1999, 13(3).

外部培训,也包括基于教师工作现场的有组织的研修活动。

交互式教师培训是指围绕参训教师的学习需求与学习目标,以参训教师为学习主体,在培训者的支持与引导下,遵循人人平等、能者为师的原则,在培训者与参训教师双向、动态、深刻的交互对话中,实现参训教师对知识的社会意义建构、迁移应用与创造的活动。该概念至少包括以下几个方面:

(一) 参训教师的学习需求与学习目标是培训的出发点

培训的出发点不是系统的知识、先进的理念,而是参训教师的学习需求与学习目标。参训教师的学习需求与学习目标是多样的、真实的、客观的,如果参训教师的学习需求是澄清或加深对某些理论或理念的认识,那么这些理论或理念本身可以作为培训内容而存在,不能视为培训的出发点。

(二) 参训教师是学习主体

教师培训的本质是教师学习。教师学习的主体是教师。在交互式教师培训中,参训教师作为学习主体,应发挥主观能动性,参与培训的规划、设计、实施与资源提供、评价、迁移应用等过程。

(三) 培训者发挥支持与引导作用

参训教师是学习主体,培训者的功能是支持与引导参训教师学习。交互式教师培训中的培训者或在某一领域富有专长,或具有丰富的教师培训经验,他们通过了解参训教师的学习需求、规划与设计培训活动、创设培训环境、激发思考与批判、给予及时的反馈与指导、营造与调控学习氛围等,激发参训教师的学习动机,促进参训教师对知识的社会意义建构、迁移应用与创造。当然,没有培训者的支持与引导,参训教师依靠个人或同伴的力量依然能够获得专业发展,但有可能会走弯路,浪费宝贵的时间与精力。有了培训者的点拨、帮助与指导,参训教师能够茅塞顿开,增强信心,快速成长。总之,培训者的价值在于支持与引导参训教师,发展参训教师的质疑能力、批判能力、问题解决能力,在服务参训教师成长中实现自身的人生价值。①

(四) 互动主体是平等的伙伴关系

培训者与参训教师在地位上是平等的。两者虽有角色差异,但在促进参训教师学习与发展这一目标的指引下,两者是伙伴、同盟关系。在具体的教师

---

① 郭华.如何理解"深度学习"[J].四川师范大学学报(社会科学版),2020(1).

培训活动中,交互式教师培训遵循能者为师的原则,两者的角色是可以随时互换的。参训教师都是具有一定教育教学经验的教师,他们在某些领域的实践经验或智慧可能强于培训者,在该内容的学习过程中,参训教师就是培训者。培训者不必处处强于参训教师。和谐、平等、开放的主体关系消解了传统培训中尴尬的人际氛围。

(五)互动形式具有双向、动态、深刻等特征

"双向"意味着主体相互作用、相互交流、相互沟通、相互理解。"动态"意味着主体的互动不是预设的、固定的,而是根据学习需要发展的、变化的。"深刻"意味着主体的交互不是形式化的、浅表的,而是能够促进教师内化理解、质疑批判、创造应用。交互式教师培训把培训过程视为培训者不断了解学习者的学习状况并做出动态回应的过程。对话嵌在问题解决的各个环节,有预设结构更有生成性内容,但都不是随意为之。在互动中,新的问题不断生成,新的学习目标不断生成,新的主题不断生成,新的话语也不断生成。

(六)培训目的指向问题解决能力的提升

交互式教师培训的目的不是为参训教师提供一些事实性知识,而是以问题解决为中心,让培训者、参训教师共同经历发现问题、分析问题、提出问题解决方案、尝试解决问题、实践改进等过程,把理论学习与实践应用结合起来,实现观念、行为与心理的改变。

交互式教师培训作为一种理念,崇尚"学习至上",强调在相互沟通、相互理解、相互学习的基础上实现共同提高、解决问题。交互式教师培训作为一种模式,强调以问题解决为中心,唤醒与激发参训教师的专业自觉,使其经历发现问题、分析问题、解决问题的过程,把理论学习与实践应用结合起来,创生智慧与重构信念。交互式教师培训作为技术方法,强调问题诊断、问题表征、深度交互、真实性评价等技术。交互式教师培训作为工具,由各种各样的活动指南、流程图、表格等构成。本书把重点放在模式层面,以此实现理念、方法与技术的贯通。

> **敲黑板**
>
> 交互式教师培训作为一种理念,崇尚"学习至上";作为一种模式,强调以问题解决为中心;作为技术方法,强调问题诊断、问题表征、深度交互、真实性评价等技术;作为工具,由各种各样的活动指南、流程图、表格等构成。

二、主要特征

如何判断某个教师培训活动是否属于交互式教师培训活动呢？有以下指标可供参考。

（一）参训教师的主体地位得到了充分彰显

1. 在培训规划、设计与实施中，充分征求并吸收了参训教师的意见。

2. 尊重并珍视参训教师有价值的经验，给他们提供了充分的分享与交流的机会。

3. 赋予参训教师群体充分的培训自主管理权和话语权。

4. 培训教学像磁铁一样吸引着参训教师全身心卷入。

5. 培训氛围开放、和谐，没有人担心因见解不同而遭到耻笑。

（二）培训由问题驱动

1. 培训活动从参训教师的真实问题切入。

2. 培训活动有一个贯穿始终的主问题，并围绕主问题形成问题链。

3. 把培训内容转化为问题，引发了参训教师的思考和讨论。

4. 围绕问题，让参训教师经历了发现问题、分析问题、解决问题的过程。

（三）培训注重双向深度对话

1. 对话贯穿培训教学的全过程。

2. 每位参训教师都参与了对话。

3. 对话的形式多样、内容适切。

4. 对话是有意义的、指向目标的。

5. 对话是动态的、生成的。

6. 培训者总是在参训教师的困惑、混淆处给予及时澄清或指导，使其感到"解渴"。

（四）培训评估关注参训教师的问题解决能力

1. 根据目标设定了真实的评价任务。

2. 参训教师事先知晓评价标准与量规。

3. 对参训教师的实际表现有反馈与改进意见。

4. 会对参训教师的优秀作品进行展示与交流。

5. 注重对参训教师的追踪评价。

（五）参训教师学有实效

1. 参训教师实现了对新知识的内化理解与实践应用。

2. 参训教师的教育教学实践有所改变。

3. 参训教师发现问题、分析问题、解决问题的能力有所提升。

三、主要类型

（一）依据交互环境的分类

依据交互环境，交互式教师培训可以分为面对面交互培训、远程交互培训、混合交互培训。随着信息技术的发展，学员不仅可以通过媒体获取学习信息，还可以通过与媒体的交互进行学习。学员可以利用双向交互技术与培训者进行个别化交互。培训者和学员可以同步或异步进行多种形式的交流。学员间可以开展多种形式的远程交流与协作。

（二）依据交互目的的分类

依据互动知识建构层次模型，有学者提出了教师培训活动中交互的五个层级，即信息分享层、深化认识层、意义协商层、检验修改层、创造应用层，这五个层级的交互深度逐层加强。

1. 信息分享层

信息分享层是指学习者在某一特定问题情境下，针对讨论的主题分享信息、描述问题、提出观点（公开发表的智慧产品）。

2. 深化认识层

深化认识层是指学习者分析各种观点（公开发表的智慧产品），发现与个人建构知识不一致的地方，通过质疑与辩论，得到答案，表明立场或提出异议，深化对问题的认识。

3. 意义协商层

意义协商层是指学习者通过有意义的社会协商，澄清意义，进行群体知识的协同建构。

4. 检验修改层

检验修改层是指学习者检验和修改新建构的协同观点，在此过程中获取相关知识，内化为认知图式，使个人建构的知识得到同化或顺应。

5. 创造应用层

创造应用层是指学习者达成共识，创造出新的公共知识并应用公共知识。[1]

受该模型的启发，结合团队对交互式教师培训的实践与思考，本书把交互式教师培训分为四类：即指向知识理解的交互式培训、指向习得应用的交互式培训、指向探索发现的交互式培训、指向体验认同的交互式培训。

指向知识理解的交互式培训把促进学习者对新知识、新技能的主动建构与内化理解作为主要目标。

指向习得应用的交互式培训的目的是引导学习者通过习得某些被证明有效的既定知识来解决具体问题。虽然在这种模式中也有知识的生成与创造，但学习既定知识的比重占到了总培训时间的50%以上，参训教师主要通过习得与应用既定的新知识来解决具体问题。

指向探索发现的交互式培训的目的是引导学习者探索未知问题的答案。这种模式在教育改革飞速变化的当下被广泛应用。对教师的教育教学实践来说，很少有放之四海而皆准的经验，只有视情境而变的建议与启示。教育实践的复杂性、多样性、情境性等特点使学习者需要指向探索发现的交互式培训。

指向体验认同的交互式培训的重点在于通过体验、交流、辩论、澄清等促进参训教师转变观念、态度与行为。

（三）依据交互性质的分类

依据交互主体与对象的不同，交互式教师培训中形形色色的交互活动可以分为学习者与媒体界面的互动、学习者与学习资源的互动、学习者与学习者的互动、学习者与培训者的互动。根据参与互动的人数，可以分为自主的交互、一对一的交互、一对多的交互、多对多的交互。根据反馈所需要的时间，可以分为同步互动与异步互动。依据互动的时间与地点，可以分为课堂内的互动与课堂外的互动。[2]

---

[1] 熊剑.在线学习环境下的协同知识建构：互动的层次、过程和情境设计[J].中国教育信息化，2019(3).

[2] 辛娜敏，王立勋，张伟远.远程教育中互动的理念及派别之述评[J].中国远程教育，2003(17).

国内学者陈丽①、肖天庆②在学习过程会话模型的基础上,依据交互的对象、内容等把交互活动分为操作交互、信息交互、概念交互三个层次。

1. 学习者与媒体界面的操作交互

操作交互的最高境界是学生不会感觉到媒体的存在,至少操作交互不能给教学交互带来负面影响。

2. 学习者与教学要素的信息交互

这包括学习者与学习资源的交互、学习者与培训者的交互、学习者与学习者的交互。学习者与学习资源的交互发生在学习者利用学习资源自学的过程中,学习者与学习资源的交互本质上是学习者与培训者交互的特殊形式。学习者与培训者的交互发生在学习者和培训者各种类型的互动中,可能是课后问答,也可能是通过电话、传真、电子邮件和讨论平台等进行的交流。学习者与培训者的交互以促进概念交互为主要目的。学习者与学习者的交互可能是个人形式的交互,也可能是小组形式的交互,可以有培训者参与,也可以没有培训者参与。

3. 学习者新旧概念的概念交互

概念交互是学习者头脑中新旧概念的相互作用,新旧概念相互作用的结果是学习者对知识的同化和顺应,这种交互发生在学生的头脑中,不能直接观察。概念交互的结果将直接作用于信息交互,概念交互的结果决定了学生在信息交互中交互的内容和形式。

操作交互是信息交互发生的条件,操作交互中的动作由信息交互的需要和媒体界面的特征来决定,概念交互产生于信息交互的过程中,概念交互的水平和方向决定了学习结果,概念交互的结果决定了信息交互的内容和形式。所有教学交互的目的都是通过信息交互来促使概念交互的发生,并使结果不断趋向教学目标,操作交互是这个过程的技术保障。三个层次教学交互的关系见图2-1。③

---

①③ 陈丽.远程学习的教学交互模型和教学交互层次塔[J].中国远程教育,2004(3S).
② 肖天庆.网络远程教学中的有效交互研究[D].昆明:云南大学,2021.

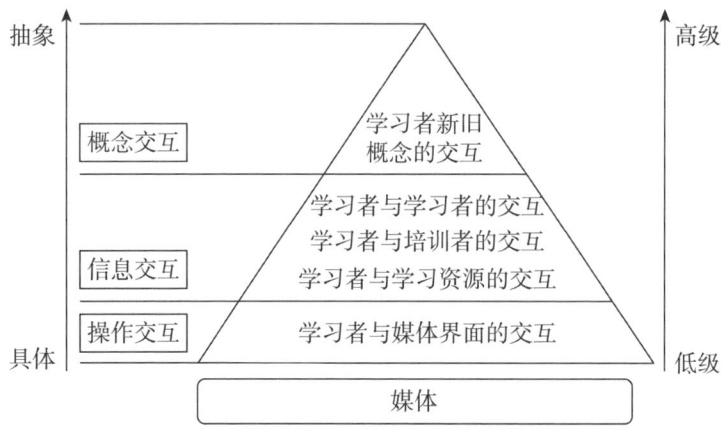

图 2-1 教学交互层次塔

在任何交互式教师培训活动中,都不同程度存在着学习者与媒体界面的交互、学习者与学习资源的交互、学习者与学习者的交互、学习者与培训者的交互;操作交互、信息交互、概念交互三个层次的交互并存。

第三节 相关概念辨析

一、与单向传递式教师培训比较

单向传递式教师培训的典型特征在前面章节已经提到过,主要表现为专家独角戏般地讲、学习者沉默失语般地听;学习以知识习得为主,理论与实践、认知与行动缺乏密切联系;培训者与学习者较少有深入的沟通,好似交往着的"陌生人"。交互式教师培训在很多方面是对单向传递式教师培训的颠覆,但两者也有共性之处。例如,两者都属于促进教师专业发展的活动。单向传递式教师培训中也有能够启发参训教师思考、促进参训教师新旧知识充分交互的活动,属于概念交互层次的交互式教师培训活动,只不过这种培训对专家的要求较高。对绝大部分单向传递式培训来说,由于缺少对参训教师主体地位、已有经验、学习特点的充分重视,效果大打折扣。

单向传递式教师培训与交互式教师培训的主要异同见表 2-1。

表 2-1 单向传递式教师培训与交互式教师培训比较

维度		单向传递式教师培训	交互式教师培训
共同点		都属于促进教师专业发展的活动;能够促进参训教师积极有效建构知识的单向传递式教师培训是概念交互层次的交互式教师培训	
不同点	培训理念	以"教"为中心(以知识、培训者、培训课堂为中心)	以"学"为中心(以学习、学习者、实践场域为中心)
	培训目标	以知识为重	以素养为本
	培训出发点	从既成的知识框架出发	从参训教师的真实问题出发
	培训内容	注重知识的系统性、完整性	以问题解决为中心,注重理论与实践的结合
	培训方式	以讲授为主	注重双向对话,互动形式多样
	培训评价	去情境化的评价	注重真实性任务的评价
	培训者角色	知识权威	平等对话的伙伴,发挥支持与指导作用

二、与参与式培训比较

(一) 参与式培训的内涵与特点

参与式培训非常强调所有在场的人都投入学习活动,都有表达、交流和合作的机会,在对话中产生新的思想认识,丰富个人体验,参与集体决策,进而提高自己改变现状的信心和能力。[①]

参与式培训有五项基本原则。(1)平等参与,共同合作。参与培训的所有人地位平等,培训者不再是权威的知识提供者,而是协助者、协作者、组织者、促进者,以平等的态度面对参与者,创设安全宽松的学习氛围,在充分沟通的基础上引导和启发他们自己发现、分析和解决问题,帮助并与参与者一起学习,共同提高。参与者也不是传统意义上的"受训者",他们不再被动地接受和消化信息,而是成了培训内容和形式的主动创造者,是丰富的培训资源,同时也是培训者的协作者和合作伙伴。(2)尊重多元,形式多样。培训者要鼓励大家把观点表达出来,以此拓宽大家

---

① 陈向明.在参与中学习与行动——参与式方法培训指南(上册)[M].北京:教育科学出版社,2003.

的视野,迸发出新的思想火花。根据培训目标和内容的不同,培训形式也要多样,可以采取案例分析、角色扮演等形式,帮助参与者巩固、运用和扩展所学的内容。培训者应根据每次培训中不同参与者的需求,灵活使用培训方法,及时调整自己的计划和对策。(3)利用已有经验,主动建构知识。参与式培训鼓励参与者调动已有经验,在合作交流中生成新经验。培训者应该与参与者分享自己的经验、做法和理由,为参与者提供足够的机会和空间,让他们主动分享,并从别人那里获得启示和灵感,在交流中生成新的知识和体验。培训的内容和方式应与参与者的日常工作相关联,以便于他们理解和接受。(4)重视过程,促成变化。参与式培训特别重视培训的过程,因为过程本身能够引起参与者思变,而思变能够改变他们的知觉以及为采取行动所作的准备。培训者在培训中鼓励参与者积极参与,这本身就有利于他们提高自尊和自信,树立改革的信心,进而采取行动改变现状。在参与的过程中,参与者要不断对自己的思想、行为、情感反应和学习策略进行反思,在交流中加深对自己的认识,而自我认识是实现自我超越的一个基本前提。(5)理论联系实际,具体与抽象相结合。参与式培训特别强调在真实的情境中组织培训活动,激发参与者对实际问题进行思考。培训的目的不是为参与者提供一些事实性知识,而是引导他们进行高层次的学习。培训活动一定要真实、具体、直观、有针对性,有利于参与者在分析实际问题时提炼出自己的实践性知识。

参与式培训具有开放性、双向性、操作性、创新性、反馈及时等特点。[①] 开放性即培训教室桌椅和墙壁的布置、培训者的行为举止、培训的内容和方式都是开放的。双向性是指培训者以平等尊重的姿态对待参与者,与参与者共同切磋,互相学习。操作性是指注重操作练习,使参与者立刻看到所学东西的效果。创新性是指培训者应根据参与者的需求,创生新的培训技术和方法。反馈及时是指培训者在培训过程中应定期了解参与者的感受、意见与建议,并有针对性地给出反馈,必要时调整培训进程及步骤,以满足参与者的需求。

(二) 两者比较

交互式教师培训与参与式培训有很多共同点。从性质上来讲,交互式教师培训属于参与式培训。两者都强调学习者的主体地位;强调培训者与学习者之间平等、尊重、合作的关系;强调通过对话与交流,促进学习者主动建构知识;强

---

① 李小云.参与式发展概论:理论—方法—工具[M].北京:中国农业大学出版社,2001.

调培训的开放性、生成性、可操作性、针对性;强调培训与学习者工作实际的关联;强调理论与实际相结合等。

两者的主要差异包括四方面。(1)侧重点不同。参与式培训把培训的侧重点放在参与者的主体地位和经验上,更像是一种培训重心从"培训者"转向"学习者"的宣言。交互式教师培训以参与式培训的观点为前提假设,更加关注如何通过主体间双向、动态、深入的对话与交流确保学习者的主体地位,提升学习的有效性,因此把培训重心放在交互活动的设计与实施上。(2)模式关注点不同。交互式教师培训采用以问题解决为中心的模式,强调从参训教师的真实问题切入,把主问题分解成若干问题链,围绕问题,让参训教师经历发现问题、分析问题、解决问题的过程,在问题解决中把理论学习与实践应用结合起来。参与式培训则没有如此清晰的提倡。(3)目标关注点不同。交互式教师培训更加关注参训教师高阶思维的发展,以及参训教师对新知识的内化、迁移与运用。参与式培训有强调的目标但不聚焦。(4)评价关注点不同。交互式教师培训在评价上多采用真实性任务评价,以提升参训教师解决实际问题的能力。参与式培训对此没有专门的强调。

表 2-2 参与式培训与交互式教师培训比较

维度		参与式培训	交互式教师培训
共同点		交互式教师培训属于参与式培训,强调以"学"为中心。两者都强调:学习者的主体地位;培训者与学习者之间平等、尊重、合作的关系;通过对话与交流,促进学习者主动建构知识;培训的开放性、生成性、可操作性、针对性;培训与学习者工作实际的关联;理论与实际相结合等	
不同点	侧重点	高度重视参与者的主体地位和经验	更加关注如何通过主体间双向、动态、深入的对话与交流确保学习者的主体地位,提升学习的有效性
	模式关注点	更像一种思想方法	以问题解决为中心的模式
	目标关注点	有强调的目标但不聚焦	更加关注参训教师高阶思维的发展,以及参训教师对新知识的内化、迁移与运用
	评价关注点	对此没有专门的强调	注重采用真实性任务评价,以提升参训教师解决实际问题的能力

三、与引导式培训比较

（一）引导式培训的内涵与特点

引导可以理解为一种管理能力，目的是让他人主动思考、明确目标、找到方法、做出决策。引导者的作用是促使他人主动解决问题。引导也是一种方法，能够激发大家利用各自不同的背景、价值观、兴趣及能力，做出更高质量的决策，提升生产力，增强团队动力。引导流程与一般培训方法的主要区别在于，前者让参与者群策群力，针对需要解决的问题主动思考、深层互动、提出创新方案。引导过程有两个核心阶段：一是发散思考，提出足够多的可能性，深挖关键问题，提高讨论的质量；二是适当收敛聚焦。引导的目的是让团队在发散和收敛的循环中解决问题，或者就解决问题的举措达成共识，为未来行动提供方案。

引导式培训作为培训的一种创新形式，是将引导技术与培训技术进行融合的产物，它是培训者通过引导的理念来实现教学目标的一种创新型培训方式。在引导式培训中，培训者将引导的技术嵌入授课的全流程，让学习者在学习过程中不断思考、主动探寻，让培训过程更加有趣，从而提升培训效果。

引导式培训的特征有四个。（1）大纲变问题。把课程大纲的内容转化为问题，引发学习者的思考、讨论和参与。培训者要懂得在什么时候提出有效的问题，来引导学习者对经验进行有效的反思和整合，提问的过程也是引导对话的过程，可以由培训者通过提问直接与学习者互动，也可以由培训者设计好问题，通过结构化研讨交流的过程来实现。有效的提问可以帮助学习者透过事物的表面现象，抓住其本质，进而有效学习。（2）讲授变参与。引导式培训是一个培训者和学习者充分互动的过程，强调学习者在活动中学习、体验。（3）工具引导贯穿培训过程。引导式培训活动内容往往是一些看似不可能轻易实现的任务，培训者借助恰当的工具引导学习者经过团队协作达成目标，在这个过程中，学习者的发散式思维有一个创造性的提升过程。（4）以学习者为中心。引导式培训强调学习者的主体性、学习的实践性与建构性。引导式培训以体能活动为引导，引发出认知活动、情感活动、意志活动和交往活动，有明确的操作过程，要求学习者积极建构。

(二) 两者比较

交互式教师培训与引导式培训有很多共同点,如强调以学习者为中心,尊重学习者的主体地位,培训者发挥组织、引导、协助等作用,促进学习者针对需要解决的问题主动思考、深层互动、提出创新方案;强调以问题解决为中心,围绕问题,引导学习者对经验进行有效的反思和整合、探寻问题解决方案;交互式教师培训中通常也会采用形式多样的引导技术。

两者的主要差异包括四方面。(1)培训者的作用不同。交互式教师培训不仅重视培训者的引导作用,也重视培训者作为具体领域专家的指导作用,为了问题解决的需要,还珍视专家的专业引领作用。鉴于学习者经验的两面性,交互式教师培训不仅重视引导,也重视理论学习。引导式培训突出强调培训者的引导作用,对其专业引领作用及学习者理论学习的重要性强调不够。(2)关注的对象不同。交互式教师培训不仅关注具体的培训教学活动,还关注项目整个生命周期中的交互活动设计。引导式培训主要关注培训教学活动。(3)侧重点不同。引导式培训特别重视引导技术,对学习过程极端重视。很多参加完引导式培训的学习者,对于引导式培训中的某个活动、某场讨论留下深刻的印象,却对培训的结果没有太多的认知。这在一定程度上说明了培训设计过程中,培训者可能过于注重过程和活动内容,忽略了对可检测结果的追求。在培训后,学习者要去迁移或践行,如果培训者只关注过程,而忽略了结果,学习者未来的践行可能会出现问题。交互式教师培训尤其重视通过真实性评价来评估学习者实际的问题解决能力。(4)技术方法不同。在互动形式上,交互式教师培训不仅重视引导技术,还会综合采用多种培训形式与方法。引导式培训对引导技术尤为重视。

表 2-3 引导式培训与交互式教师培训比较

维度	引导式培训	交互式教师培训
共同点	强调以学习者为中心,尊重学习者的主体地位,培训者发挥组织、引导、协助等作用,促进学习者针对需要解决的问题主动思考、深层互动、提出创新方案;强调以问题解决为中心,围绕问题,引导学习者对经验进行有效的反思和整合、探寻问题解决方案;交互式教师培训中通常也会采用形式多样的引导技术	

（续表）

维度		引导式培训	交互式教师培训
不同点	培训者的作用	强调培训者的引导作用，对其专业引领作用不够重视	不仅重视培训者的引导作用，还重视其专业引领作用
	关注的对象	培训教学活动	不仅关注培训教学活动，还关注项目整个生命周期中的交互活动设计
	侧重点	更强调学习过程	不仅重视学习过程，还重视学习结果及对学习结果的真实性评价
	技术方法	重视引导技术	不仅重视引导技术，还重视多样化的培训形式与方法

❋ 互动 2

这些简单的题目能帮助您快速回顾本章要点，您只需要在合适的选项上打"√"。来做做看吧！

1. 成人的学习活动以（问题解决／系统性知识学习）为中心。
2. 教学的本质是（交往互动／知识授受）。
3. 培训者的主要职责是（传递知识／激励思考）。
4. 交互式教师培训的出发点是（参训教师的学习需求／权威性的知识）。
5. 交互式教师培训（属于／不属于）参与式培训。
6. 交互式教师培训中培训者与学习者是（平等的伙伴关系／指导者与被指导者的关系）。

【互动 1 参考答案】

根据我们的经验，多数教师在实际行动中会选择 A 选项。A 选项的重心是培训者，具有以知识为本、以讲授为主的倾向。B 选项更关注学习者的需要、问题与愿望，其重心是学习者。我们更鼓励 B 选项。

第三章　交互式教师培训模式

导语

　　交互式教师培训在操作模式上，围绕问题解决的基本过程组织学习，在培训者的唤醒、刺激、引导与支持下，培训者与学习者、学习者与学习者之间发生形式多样的互动与对话，引导学习者不断提出问题、思考问题、分析问题与解决问题。

　　以问题解决为中心是交互式教师培训的基本模式。根据培训指向的主要目标，交互式教师培训可以划分为指向知识理解的交互式教师培训、指向习得应用的交互式教师培训、指向探索发现的交互式教师培训、指向体验认同的交互式教师培训。

　　以上几种交互式教师培训，从酝酿到结束的整个开发流程基本相似。

名人格言

纸上得来终觉浅,绝知此事要躬行。

——陆游

❋ 互动1

下面呈现了三场培训的结果,在您看来,哪一场培训最为成功?请在相应的选项前打"√"。(单选题)

(　　)A.培训结束后,学习者一想起培训者幽默风趣的语言、生动形象的例子就忍俊不禁。培训者的培训让人十分轻松愉快,很长一段时间都忘不了。

(　　)B.培训结束后,学习者带回了培训中发放或产出的案例资料、讨论结果、表格工具、课件等,他们觉得自己有可能会用到。

(　　)C.培训结束后,学习者掌握了新的知识与技能,并能够运用新的知识与技能改进个人实践。

(参考答案见本章末)

第一节　模式建构依据

在第二章中提到,作为成人学习者的教师具有问题解决取向、实践反思取向、经验主义取向、深度对话取向等学习特性。基于教师学习特性,本章在建构以问题解决为中心的交互式教师培训基本模式时,主要批判性地吸收与借鉴了经验学习模型、社会建构主义学习模型、若干深度学习模型。

一、经验学习模型及启示

人类主要在经验中学习。库伯吸收了杜威、勒温、皮亚杰的观点,建构了著名的经验学习模型(又称"库伯学习圈",见图3-1)。该模型由具体经验、反思性观察、抽象概念化、主动实验四个阶段构成,四个阶段循环往复,学习者可以处于学科知识的任何水平,可以从经验环的任何一点开始。[1][2]

---

[1] 房慧.经验学习的反思与建构[D].重庆:西南大学,2010.
[2] (丹)克努兹·伊列雷斯.我们如何学习:全视角学习理论[M].孙玫璐,译.北京:教育科学出版社,2016.

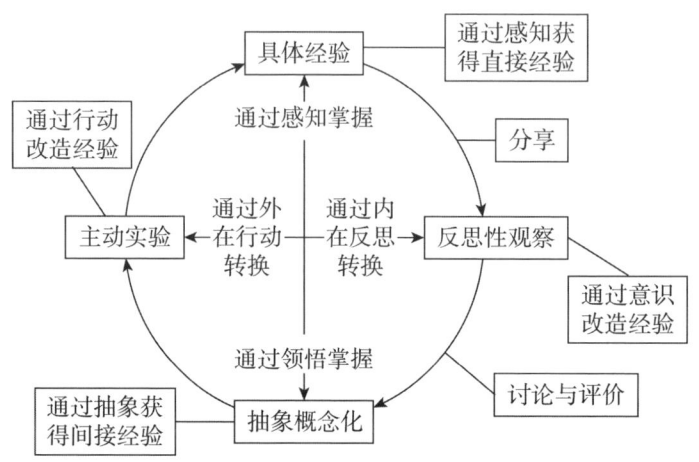

图 3-1　库伯经验学习模型

具体经验阶段,学习者要从实际活动中获得直接经验。在这一阶段,学习者积极主动投入经验情境,不仅要感知环境,与他人和环境互动,还要在互动的过程中寻求新的经验意义,通过问题的研究将新旧经验联结起来。在这一过程中,学习者获得经验的情境可以是真实的情境,也可以是模拟的情境。关键在于,情境必须具备实在的或可感受到的挑战因素,这种挑战可以是身体上的、情感上的,或者认知上的。

反思性观察阶段,学习者要依据以往的经验、知识和理念对第一阶段获得的具体经验进行观察和思考,探究不同资料的相关性,认识活动与结果之间的关系。反思是经验学习的关键,事实上,无论采取什么方式学习,学习者最终都要对经验进行反思、提炼、升华,进而产生质的飞跃。

抽象概念化阶段,学习者要分析数据,对思考的方法与经验进行归纳,在情境中发现行为和结果之间的联系,结合行为的方式和方法抽象出较为合理的概念。由于每个学习者的感受都印刻着其生活经验,培训者要善于引导学习者在反思的基础上,对这些感悟、经验进行归纳和整合,帮助学习者进一步梳理经验活动的成果,使之上升为理性经验。

主动实验阶段,学习者要采用实践的方式,在新的情境中主动实验,对学习的过程进行干预,同时检验第三阶段的结论是否正确,内化获得的经验。这种检验的过程又会形成新的具体经验,成为进一步反思的起点。成功的实践将证明获得经验的有用性。到实际检验为止,学习者经历了一次经验学习的完整过程。

纵轴与横轴分别代表经验获得与经验改造两个学习维度。通过"具体经验—抽象概念化"获得经验，通过"反思性观察—主动实验"改造经验。事实上，在经验学习过程中，不同的人可能会运用不同的学习策略。比如，在获得经验的过程中，一些人倾向于通过与环境的对话感知经验，一些人倾向于通过与抽象的文本对话，在系统分析的基础上获得经验。同样，在转换经验的过程中，一些人倾向于通过与自我的对话来转换经验，一些人则倾向于通过与环境对话，在实际应用的过程中转换经验。

有学者在经验学习模型的具体经验与反思性观察之间增加了一个交流分享的环节，在反思性观察与抽象概念化之间增加了一个讨论评价的环节。按照相关研究者的观点，社会互动促进意义的建构，有利于学习者获得完整的理解。因此，在具体经验后，应该进入集体或群体分享阶段。在与他人交流观点后，每个学习者对所经验的情境就拥有了不同的观点，这就需要在讨论和评价中修正个人原有的观点，检验自己的惯性思维和偏见，接受不同视角的观点，或产生新的观点。在这一过程中，开展的主要活动有提问、回答、讨论、辩论、批判、建议等。[1]

经验学习模型对交互式教师培训模式建构的启示是：第一，理论学习一定要与学习者的实践体验相结合，有了实践体验，学习者才会有深刻的反思与体悟。第二，培训者要帮助学习者抽象、提炼、概括出抽象概念，这样才能促进学习者认知的升级、经验向理论的转化。第三，学习者要带着新的理论、新的认识、新的理念主动尝试、主动实践，才能实现知识的巩固与迁移。总之，学习者要体验中学、做中学、用中学。

二、社会建构主义学习模型及启示

社会建构主义学习模型不尽相同。对本书中交互式教师培训模式的建构产生较大影响的是文化—历史活动理论中的拓展性学习环路模型与哈瑞学习环路模型。

拓展性学习环路模型（见图3-2）对学习机制的解释是：(1)学习者的学习从质疑开始，即批判、否定原有的实践行为或认识；(2)对原有的实践行为或认识

---

[1] 房慧.经验学习的反思与建构[D].重庆：西南大学，2010.

进行分析,找出现象背后的原因与机制;(3)在分析的基础上重新框定,建立一个明确的、简单的模型或提出新方案;(4)对模型或新方案进行检验;(5)正式实施,实践应用模型或新方案;(6)对实施全过程进行反思与评估;(7)固化成果,进行新的实践。该模型不仅解释了学习过程,而且指出了矛盾是推进学习的内在机制。①

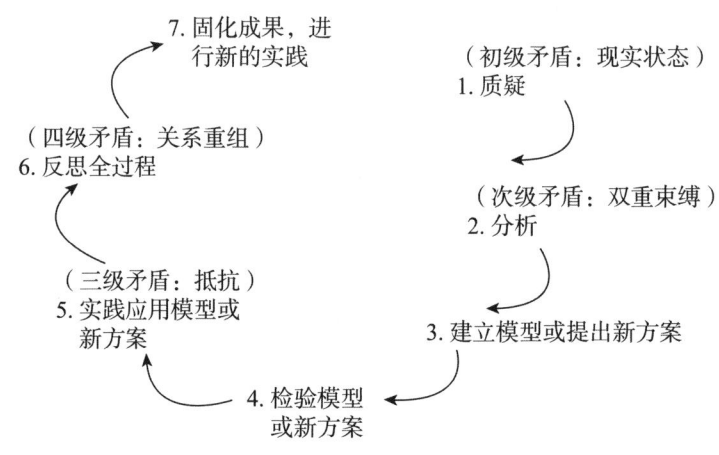

图3-2 拓展性学习环路模型

该模型对交互式教师培训模式建构的启示是:第一,学习始于问题。学习的诱发因素可能是从外面吸收来的新观念、新做法,可能是教育改革提出的新政策、新标准,可能是其他教师的经验,也可能是个人的实践反思等。这些因素引发了学习者的认知失调或内在冲突,使其意识到问题的存在。第二,学习是不断"破旧"与"立新"的过程。学习者感觉到自己的观念或实践中存在问题,培训者就要引导其分析原有观念或实践问题产生的原因,从而建立新的方案或模型。新的方案与模型需要经过检验,才能正式应用。学习者在实施中不断进行反思、评估、改进,从而形成经验与成果。

此外,根据维果茨基有关学习的理论,哲学家哈瑞提出了一个学习环路模型(即"维果茨基空间",见图3-3)。在这种模型中,象限A和象限D代表学习环路中的公共层面;象限B和象限C是私人层面。与他人一起工作出现在象限A中,此时,任务或目标在社会和集体层面上得以讨论;当个体试图通过与已有经

---

① 魏戈.教师实践性知识的生成[M].北京:教育科学出版社,2020.

验的结合来重构和理解所学内容时,它就由象限 A 过渡到象限 B(即内化);当这种理解与个人情境进一步结合而生成新的理解时,它就由象限 B 过渡到象限 C(即转化);新的理解通过实践外化出来时,学习过程就由象限 C 进入了象限 D,从而返回到公共层面。进入公共层面的新的实践形态,如果有效,就会被他人仿效,从而实现在某个群体(如玩伴、学伴、同事)中的习俗化。通过"内化—转化—外化—习俗化"的过程,个体不仅吸收了集体的智慧,促进了自己的成长,还通过自身成果的外化和习俗化,促进了集体的成长,并由此进入新一轮的学习。① 哈瑞学习环路模型为我们描绘出了学习的基本路径。

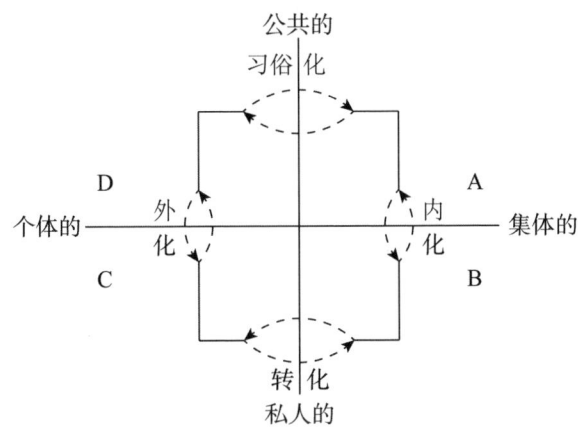

图 3-3 哈瑞学习环路模型

该模型对交互式教师培训模式建构的启示是:第一,学习是一个不断重构实践模型的过程。问题情境的复杂性往往使一次性的模型建构难以成功,因而反复的建构就构成了整个学习的过程。学习也因此表现为以越来越复杂的方式理解和回应情境。第二,学习是一个生成个人理论的过程。学习不是直接模仿他人经验或者直接接受公共知识的过程,而是运用这些经验和知识来解决问题,最终改变自身原有观念,形成新的观念的过程。第三,学习是一个参与共同体实践的过程。认知的分布性决定了学习最好是一个参与共同体实践的过程。

---

① 毛齐明,蔡宏武.教师学习机制的社会建构主义诠释[J].华东师范大学学报(教育科学版),2012(2).

三、若干深度学习模型及启示

（一）深度学习的一般过程模型

有学者借鉴加涅的九段教学法、布鲁姆的教育目标分类理论、皮连生的知识分类学习论，并综合诸多研究者对深度学习框架的构想，建构了深度学习的一般过程模型（见图3-4）。①

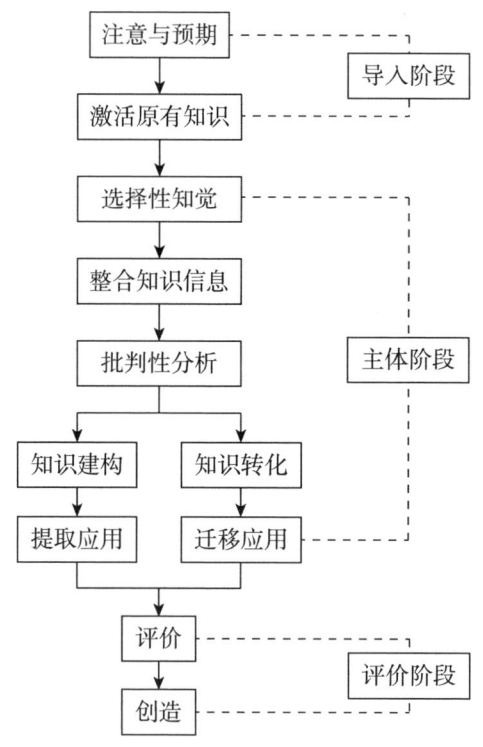

图3-4 深度学习的一般过程模型

在该模型中，知识建构或转化是实现深度学习的关键环节。学习者通过同化或顺应来实现知识建构、促进概念转变，通过变式练习来促进知识转化、完善基本技能，实现较低层次的深度学习。评价贯穿整个学习活动，学习者通过对整个学习活动的监控调节、诊断总结来保证深度学习的实现和发展。迁移应用和创造则集中体现了深度学习的高阶特性。

---

① 吴秀娟,张浩,倪厂清.基于反思的深度学习:内涵与过程[J].电化教育研究,2014(12).

在知识建构中,学习者通过对开放性问题的思考,在认知结构上发生冲突,进而通过反思来发现冲突产生的原因、建构新的知识体系、生成消除冲突的方法,即遵循"冲突—反思—生成"的模式。而在知识转化中,学习者在变式练习的过程中,通过反思来促进新情境问题的探究及解决,来调控对知识技能的迁移应用,即遵循"变式—反思—迁移"的模式。

该模式呈现了从注意与预期到创造的完整学习过程,不过该模型对深度学习关键阶段的揭示显得过于概括。根据知识建构与知识转化的要点,可用"冲突—反思—生成—应用—反思—迁移"环来体现深度学习的关键过程。

（二）基于问题解决的深度学习模型[①]

杜威的问题解决模式(即反省思维的五个阶段)认为,解决问题的过程通常包括五个阶段:(1)发现问题,即发现事物的矛盾,产生一种认知的困惑感;(2)明确问题,即找出问题的症结,并予以清晰界定;(3)提出假设,即在占有相关资料的基础上,提出解决问题的各种可行方案;(4)根据假设进行推理,即对每一种假设进行推理,从中找出可能正确解决问题的假设;(5)验证假设,即通过实际行动检验假设的有效性。这五个阶段的顺序不是一成不变的,可以视个体的经验以及问题解决的具体情境而定,而且每一个阶段均可进一步展开。[②]

这对交互式教师培训模式建构的启示是:给学习者提供一个真实的问题情境,从情境内部产生一个真实性问题,刺激、唤醒、激励学习者调用已有知识、查阅与学习新材料、进行必要的观察和交流研讨,提出解决问题的方法,通过实际活动来检验解决方法。

1986年,在现代认知心理学的基础上,基克提出了问题解决的四阶段模型:(1)理解和表征问题;(2)制订计划或寻求解答;(3)执行计划或尝试解答;(4)评价结果。各阶段存在着动态的相互联系。

我国学者张立国等架构的基于问题解决的深度学习模型(见图3-5),对交互式教师培训模式建构也颇有启发。该模型中间的框图呈现的是基于问题解决的学习过程,有八个步骤。(1)发现问题。(2)分析目标。(3)记忆检索。回忆之

[①] 张立国,谢佳睿,王国华.基于问题解决的深度学习模型[J].中国远程教育,2017(8).
[②] 夏征农,陈至立.大辞海:心理学卷[M].上海:上海辞书出版社,2013.

前学过的知识,选择能应用于当下学习过程的内容,对其重新加工,并进行有效整合。(4)批判性地理解问题。批判性思维是深度学习的一个重要特征,对于所发现的问题,学习者不能人云亦云,需要用批判性思维进行思考,并形成自己的问题表征。(5)作出假设。明确了目标和现状,下一步就是提出各种假设,即能够达成目标的问题解决方案。(6)演绎推理。在实施具体方案前,学习者需要结合真实复杂的实际环境,对每种假设进行演绎推理。(7)判断每种假设的可行性,即判断是否具备实施方案所需要的物力、人力、财力等现实条件。若不可行,则重复步骤4至7;若可行,则继续步骤8。(8)付诸行动。实施可行的方案,解决问题。

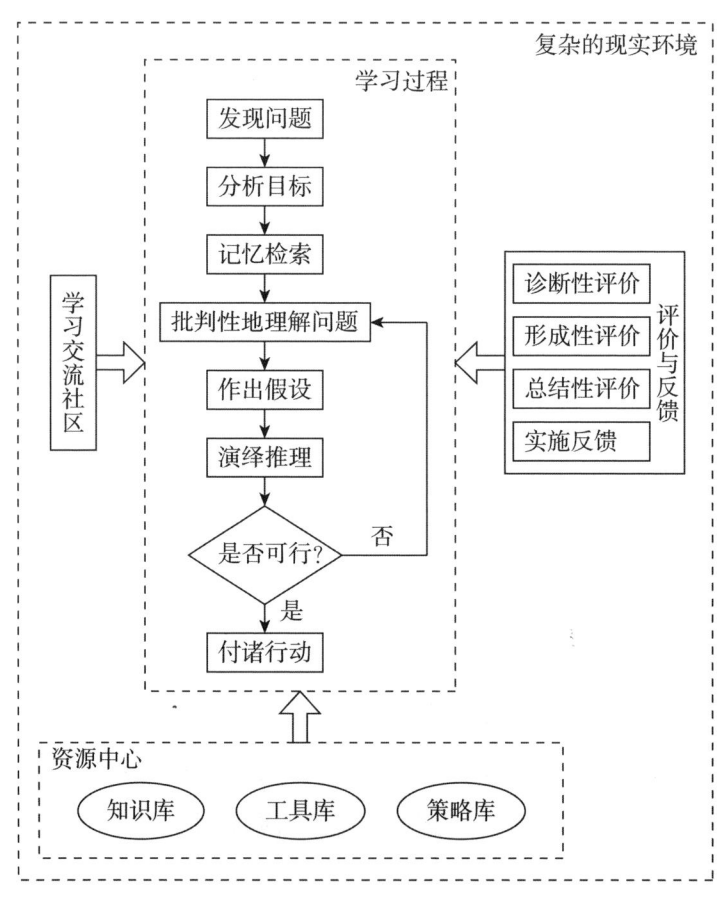

图3-5 基于问题解决的深度学习模型

该模型中的评价与反馈贯穿整个学习过程，由四部分组成：一是诊断性评价。在学习活动开始前对学习者自身的认知水平、知识技能、情感态度等进行评估。二是形成性评价。在学习活动进行的过程中，对学习者的表现进行观察与评估。三是总结性评价。在学习活动告一段落后，为了解最终效果（如学习目标是否达成、问题是否得到解决、深度学习是否发生）而进行的评价。四是实时反馈。对于每一种评价结果的反馈都应该是及时的。

该模型下方的框图是资源中心，不同类型的资源是支持该学习过程的必要工具。

该模型左边的框图是学习交流社区，成员包括本领域的专家学者、具有相同目标的学习者、教师、技术人员。专家学者主要为学习者提供专业性的解答和意见。具有相同目标的学习者通过分享信息、想法、工具等相互学习、共同提高。教师作为引导者或协助者，帮助学习者更好地进行学习，从而达成最终目标。技术人员主要是在学习者遇到技术性难题的时候予以支持，保证学习过程不会因为技术问题而被迫中断。学习交流社区既可以是有固定组成人员和固定交流地点的真实存在的社团，也可以是贴吧、论坛、QQ群、微信群等网络平台，只要能为学习者提供一个交流分享的场所即可。学习者可以在此提出疑问、发表看法，甚至就某一问题与他人展开讨论，这些都可以促进学习者对已知信息进行再加工，促进其知识创新和批判性思维能力的发展，使问题得到有效解决。

该学习模型具有一定的整体性与系统性，适用于网络学习或混合式学习。该模型对交互式教师培训模式的建构有重要的启发：学习者是学习主体，围绕学习者解决问题的过程，培训者设计培训活动，此外，要注意培训者与学习者、学习者与学习者的时时交互。为了支持学习者解决问题，培训者应该提供有针对性的资料、设备、平台等。

（三）双螺旋深度学习模型

有学者建构了一个基于学习元平台的双螺旋深度学习模型（见图3-6），也颇有启发。[1] 在该模型中，学习者和教师处于平等地位且可以进行教与学角色的互换。在具体的实施过程中，教师通过设计以学习者为中心的交互活动，引导

---

[1] 余胜泉，段金菊，崔京菁.基于学习元的双螺旋深度学习模型[J].现代远程教育研究，2017(6).

学习者自下而上动态实时地拓展知识网络和人际网络，并通过两者的螺旋式上升贯通学习行为的不同层级及相关学习活动。

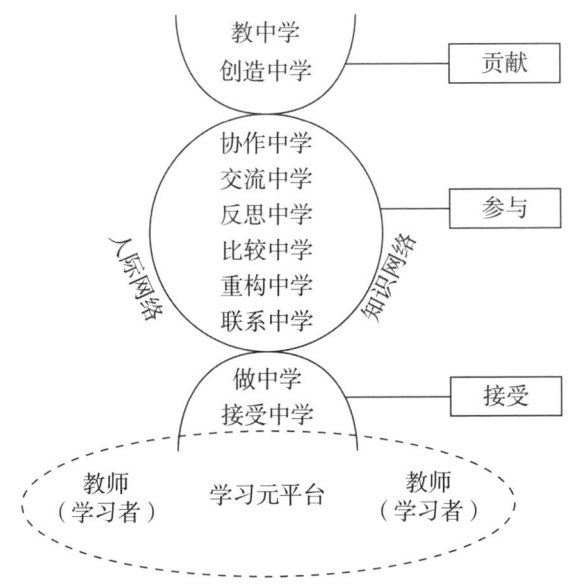

图 3-6　基于学习元平台的双螺旋深度学习模型

在初始阶段，学习者通过学习资源与活动的整合开展接受式学习，初步建构知识网络和人际网络。随着参与式学习的不断深入，基于知识交互的协同建构促进了知识网络的发展，基于人际交互的网络节点生成促进了人际网络的拓宽，个人学习网络动态形成并得到螺旋式发展。在学习的高级阶段，学习者主动连接网络，通过创造性学习活动以及基于活动的知识贡献与创造，建构群体的社会性知识空间，达到深度学习的目的。

不同的认知层次对应不同的外显行为要求，不同的外显行为可以通过不同的在线学习活动设计来实现（见表 3-1）。

表 3-1　认知层次与相应的学习活动

认知层次	行为动词	典型在线学习活动
记忆	识别、回忆	浏览、下载、标记、收藏、订阅、评分等
理解	解释、举例、分类、总结、推断、比较、说明	做作业、贴标签、简短评论、绘制概念图、使用六项思考帽、批注、讨论等

(续表)

认知层次	行为动词	典型在线学习活动
应用	执行、实施	在线编辑、在线辩论、题目设计、内容改写、写博客、制作作品等
分析	区分、组织、归属	案例分析、写报告、进行在线演讲、设计调查、绘制结构图、使用SWOT分析法等
评价	检查、评判	分析评论、逻辑推理、复杂辩论、问题辨析等
创造	生成、计划、贯彻	创作内容、制订计划、解决问题、设计作品、策划展览等

学习元在行为活动方面,强调全体参与和积极建构,如持久、专注地进行学习与交流,积极进行多重交互,如媒介交互、不同个体交互、自我交互,促进认知从较低层次的水平与状态过渡到较高层次的水平与状态,从而达到认知的平衡等。

在基于学习元的网络课堂中,学习行为分为十种形式,并对应十种学习活动(见表3-2)。

表3-2 十种学习行为与相应的学习活动

学习行为	学习活动	解释说明
接受中学	观看视频	由教师建立知识群、学习元,为学习者提供丰富的学习资料,学习者浏览学习内容,获取有价值的信息
做中学	下载资源,上传资源,练习、测试	无缝整合学习内容与活动、资源,实现浏览内容与参与活动两种学习方式的融合,通过完成学习任务实现知识的内化
联系中学	为不同的知识单元建立联系	通过知识的语义关联和可视化导航,在相互联系中整体把握知识结构,从多个角度审视和思考,加深对知识的理解,并激发灵感与促进创新

（续表）

学习行为	学习活动	解释说明
重构中学	形成个性化学习课程	借助资源聚合工具，学习者可以自由地组合和管理多个小的知识单元，建构自己的知识体系，形成个性化学习课程
比较中学	同题异构或同课异构	针对同一个主题或任务，学习者可通过相互比较，学习他人的长处，发现自己的不足，同时多角度地分析当前的内容，形成新的认识，从而获得深度学习体验
反思中学	反思不同的学习单元进化版本与轨迹	学习者不仅能学习当前的内容，还能看到某个知识单元生长和建构的轨迹，在这一过程性的情境中反思知识演化的内在逻辑；同时，学习环境应该为学习者保留详细的、可在整个泛在网络中无缝迁移的学习记录，并在内容和活动的基础上提供练习与评价，促进学习者对自身学习过程的反思
交流中学	群体协商、交流	学习者不仅能通过物化的学习对象获取知识，还能通过学习对象关联到专家、协作者、学习者，建构与学习内容密切相关的社会知识网络，在交流中充分吸收他人的智慧
协作中学	协同编辑	通过协同编辑以及协同批注，实现知识的协同共建，群建共享
创造中学	人工制品	学习者不是被动地接受知识，而是在综合、重组、反思、交流的基础上，形成结构化的表达，主动贡献智慧，创建新的知识内容
教中学	发布教学	学习者切换"教"与"学"的角色，通过创建新的学习元实现教中学

在基于学习元的双螺旋深度学习模型中，知识网络的学习从关注学习者的知识获得，到关注学习者对知识网络的联通、贡献与创造；社会网络的学习强调人与人之间建立关系并发生交互，学习者在社会网络中可以发表观点、想法、评论等，并通过相同或相似的主题与对此感兴趣的人聚合起来，通过关系的拓展获取更多的知识。

该模型很好地体现了学习者与培训者之间平等、角色灵活转换的关系。它将认知层次与相应的学习活动建立联系,把基于网络的多元学习行为分为十类,并呈现了与之相应的学习活动。该模型对交互式教师培训模式建构的启示是:明确交互指向的认知层次,与认知层次相对应,明确典型的交互活动;可以尝试对学员的学习行为进行分类,与学习行为相对应,明确典型的交互活动。

第二节　交互式教师培训实施模式

交互式教师培训模式由实施模式与开发模式构成。实施模式是对交互式教师培训操作实施流程与要点的概括;开发模式是对交互式教师培训开发过程与要点的概括。模式是简约的、可操作的、可复制的。

一、交互式教师培训实施模式的内涵与构成

模式是对丰富多彩的交互式教师培训实践活动的概括。现实中的交互式教师培训活动具体生动、精彩纷呈。交互式教师培训实施模式舍弃真实活动的诸多细节与变化,抽象出共性的、结构化的特征。

交互式教师培训实施模式是指以教师问题解决学习为中心,发挥学习者的主体作用,在培训者、学习者动态、深入的交互作用下,共同探寻问题解决方案、提高问题解决能力与专业素养的一种培训模式。也就是说,交互式教师培训实施模式本质上是一种以问题解决为中心

> **敲黑板**
> 交互式教师培训实施模式是指以教师问题解决学习为中心,发挥学习者的主体作用,在培训者、学习者动态、深入的交互作用下,共同探寻问题解决方案、提高问题解决能力与专业素养的一种培训模式。

的学习模式。它不是一种以自学为主的辅导模式,也不是一种系统的讲授模式,而是围绕问题解决的过程,培训者与学习者、学习者与学习者在有组织、有计划的培训活动中平等对话、相互协作的一种研修模式。

交互式教师培训实施的一般模式由教学活动、实时动态反馈、学习交流社区、资源支持四个部分构成,见图3-7。

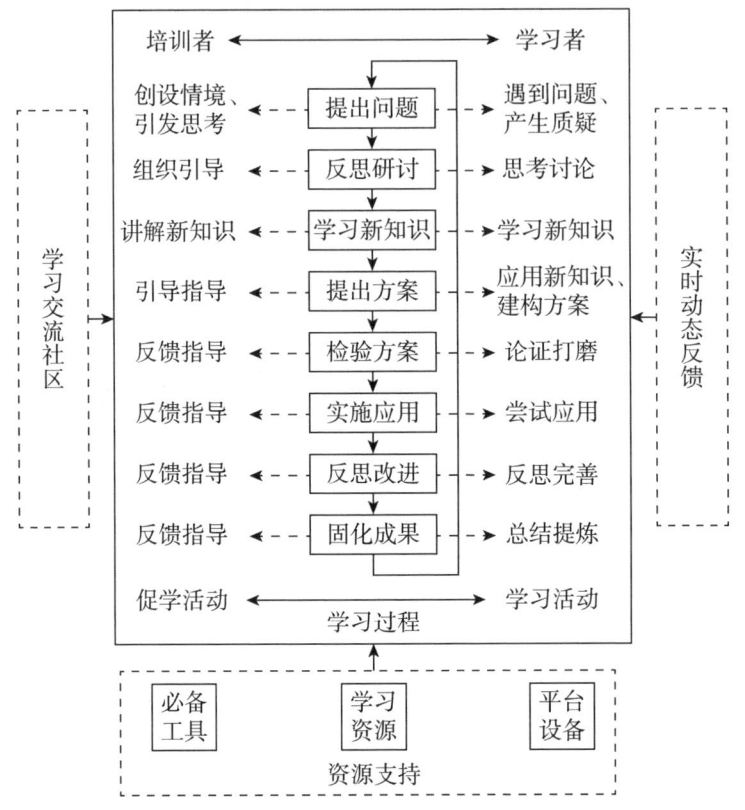

图 3-7　交互式教师培训实施的一般模式

（一）教学活动

教学活动围绕问题解决的学习过程展开，在培训者与学习者、学习者与学习者的持续交互作用下解决问题。问题解决的学习过程由八个步骤构成。(1)提出问题。学习者接触到新信息、新要求、新观念、新问题，或遇到批评、挫折与挑战，或由于自我反思等，对某种观念或做法产生怀疑，感知到问题的存在，产生寻求"新的平衡"的需要。在这一阶段，培训者的主要任务是促使学员产生怀疑与问题，培训者通常采取的活动包括提问、创设问题情境、提供与学员已有概念不一致的新知识和新理论等。学员所进行的活动就是在体验与思考中感知问题，不断产生怀疑。(2)反思研讨。在感知问题后，学习者需要运用已有知识经验对问题本身、问题产生的原因等进行深入思考，并与同伴互动交流，以便相互启发、相互学习。在这一阶段，培训者的主要任务是组织反思研讨活动，激活学员已有知识经验,并根据自己对学员反思研讨情况的观察及时给予引导、点拨。当然,学习者也可以学习相关文献资料,以加深对问题的认识。(3)学习新知识。在学习者分享了各自的理解后,为了更有效地解决问题,培训者需要给学习者输入新的知识,提供与学习者已有认知不一样的问题解决支架,促进学习者的认知升级。学习者在这一阶段的主要活动就是理解与学习新知识。(4)提出方案。在获得新知识或新的问题解决支架后,培训者的主要任务是引导学习者运用新知识,结合已有知识尝试提出问题解决方案或新的想法。(5)检验方案。学习者新提出的方案可能还很粗糙,需要通过演绎推理、可行性分析或实验等进一步检验、修正、完善。在这一阶段,培训者的主要任务是指导学习者检验、验证新方案,并为学习者的新方案提供反馈指导。(6)实施应用。对于经过检验、修正的方案,正式予以应用。在这一阶段,培训者的主要任务是为学习者实施应用提供建议,根据其实施应用情况提供反馈指导。(7)反思改进。根据实施应用情况,学习者对方案不断进行反思、调整与优化。培训者组织学习者进行反思交流,根据反思交流情况对学习者进行反馈指导。(8)固化成果。学习者对问题解决的经验进行反思、总结与提炼,并自觉应用到实际工作中,也可以公开发表与分享成果,促进公共知识的创新。在这一阶段,培训者的主要任务是指导学习者进行经验总结与提炼,对经验总结与提炼成果进行个别化反馈指导。上述八个步骤并不完全是线性的,而是可以往返反复的。在每个步骤中,培训者的支持活动与学习者的学习活动都尽可能是双向互动的。

(二) 实时动态反馈

反馈贯穿交互式教师培训活动的全程。从反馈的功能来看,包括以下几种:对学习者已有知识经验、情感态度等诊断结果的反馈;对学习者在学习活动中学习表现的反馈;对学习者学习成效与学习目标达成度的反馈。更多的反馈渗透在培训者与学习者、学习者与学习者的互动对话中,与教学活动有机融合在一起,成为交互式教师培训的特征之一。

反馈的主体与对象可以是培训者对学习者,也可以是学习者对培训者、学习者对学习者。可以是一对一的反馈,也可以是一对多或多对一的反馈。反馈大多是即时即刻的,也有异步异时的。

(三) 学习交流社区

为了促进培训者与学习者、学习者与学习者便捷交流,培训者可以借助信息技术,建立形态多样的学习交流社区,如班级微信群、QQ群、线上学习小组。学习者、培训者、特邀专家学者、管理与技术人员等都可以加入学习交流社区。在学习交流社区内,个人可以提出自己的疑问、发表自己的观点,就某一问题或话题展开讨论;也可以转发或提供有价值的资源,通过交流实现相互学习、共同提高。

(四) 资源支持

资源支持伴随整个培训过程。学习资源作为一种辅助工具,在基于问题解决的交互式教师培训中发挥着重要作用。学习资源包括各种相关的、有价值的数据库、文献资源、专家观点等。必备工具涉及信息技术软件、流程图、表格、手册、词典等。平台设备包括学习平台及辅助学习的设施、设备、物理环境等。

二、培训者与学习者的角色

在交互式教师培训中,培训者扮演着有限的教授者、组织引导者、指导者等角色。有限的教授者是指培训者根据学习者问题解决的需要与实际情况适时开展新知识讲授活动,帮助学习者在已有知识基础上建构新知识,为问题解决找到新的理论或方法参考。组织引导者是指培训者通过在关键处提出问题,组织交流研讨、质疑辩论、交流展示、协作共创等活动,促进学习者互动合作,引导学习者走向思维的深处,发展创新、创造等高阶思维能力。指导者是指培训者在学习者思维困惑处、疑难处给予及时点拨指导,对学习者的表现与作品给予及时的反馈指导,以便学习者及时改进,顺利达成学习目标。培训者的角色与典型的促学活动见表3-3。

表3-3 培训者的角色与典型的促学活动

培训者的角色	典型的促学活动
有限的教授者	介绍新知识、讲解新知识、开展知识的比较分析等
组织引导者	提问、布置任务、提出质疑、组织交流研讨、组织辩论、组织评比、制定激励规则、推荐资源等
指导者	评价、点评、给出建议等

在交互式教师培训中,学习者扮演的主要角色是主动的思考者、主动的行动者、交流者、协作者、知识的接受者。学习者的角色与典型的学习活动见表3-4。

表3-4　学习者的角色与典型的学习活动

学习者的角色	典型的学习活动
主动的思考者	回答问题、提出质疑、学习反思、完成作业等
主动的行动者	制定方案、试验试用、实践应用、实际操作、开展调查等
交流者	参加讨论、发表观点或看法、分享信息等
协作者	协同合作、承担团队任务等
知识的接受者	听讲、自学研读等

三、主要类型

交互式教师培训实施的一般模式高度抽象与概括了交互式教师培训活动的一般实施流程。实践中存在着多样化的交互式教师培训活动,根据活动指向目标的不同,大致可以把交互式教师培训实施模式划分为四类,每种模式又有若干变式。

> ☞ 敲黑板
> 根据活动指向目标的不同,交互式教师培训实施模式可以分为四类,即指向知识理解的交互式教师培训实施模式、指向习得应用的交互式教师培训实施模式、指向探索发现的交互式教师培训实施模式、指向体验认同的交互式教师培训实施模式。

(一) 指向知识理解的交互式教师培训实施模式

在指向知识理解的交互式教师培训实施模式中,培训的主要目的是帮助学习者了解、理解并内化新政策、新知识、新要求。在认知层次上,这种模式属于理解水平。虽然认知层次不高,但在现实的教师培训中十分普遍。可以预见的是,在今后很长一段时间,这一模式还将普遍存在。如何加强这类教师培训活动的交互性与实效性,是必须直面的问题。这种模式的构成见图3-8。

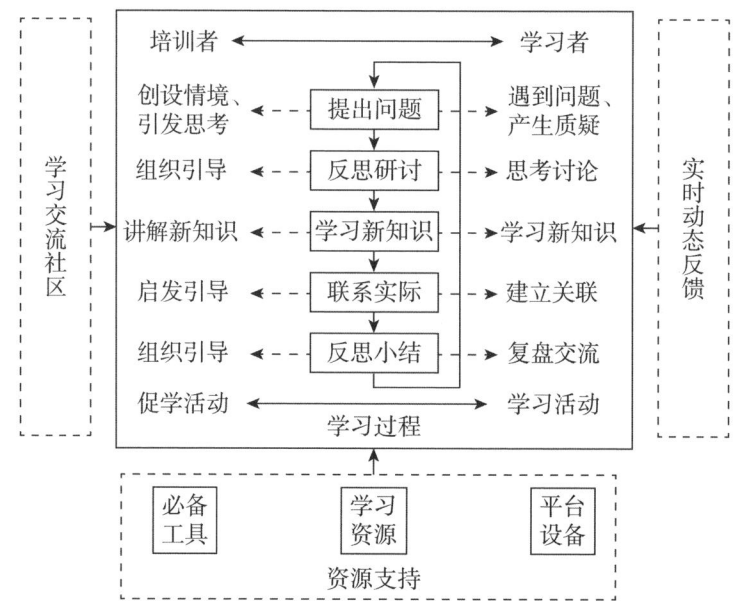

图 3-8 指向知识理解的交互式教师培训实施模式

这种模式的学习过程有五个步骤。前三个步骤与一般实施模式相同。第四个步骤是联系实际,学习者要把新知识与自己的工作实际建立关联,从中获得"我或我们可以怎么想、怎么做"的启示。在这一环节,培训者的主要任务是提出要求,启发引导学习者把新知识与个人的工作实际建立关联。第五个步骤是反思小结,在培训活动即将结束时,学习者在培训者的组织引导下,对学过的内容进行反思、复盘与交流,通过对"新知识的咀嚼与消化",既相互学习、相互启发、共同提高,也复习巩固了新知识。实时动态反馈依然贯穿始终。学习交流社区、资源支持同样发挥重要的辅助作用。

指向知识理解的交互式教师培训实施模式流程与典型活动见表 3-5。

表 3-5 指向知识理解的交互式教师培训实施模式流程与典型活动

学习过程	培训者的典型活动	学习者的典型活动
提出问题	1. 创设问题情境,引发学习者思考 2. 直接提出令学习者认知失调的问题 3. 引导学习者提出问题	全身心投入,感知问题,并积极思考,提出困惑或质疑

(续表)

学习过程	培训者的典型活动	学习者的典型活动
反思研讨	1. 组织学习者以个人或小组为单位就问题的表现、原因与对策等展开讨论 2. 巡视、观察学习者交流研讨情况,在适时指导的同时,对学习者的已有知识经验进行判断 3. 组织学习者交流讨论结果,并对交流结果进行反馈	学习者对问题进行思考,发表观点,倾听他人的观点,提出质疑或困惑
学习新知识	1. 讲解新知识,通过练习、提问等了解学习者的学习情况,及时调整教学 2. 分享新观点、新政策 3. 指导学习者自学研读与交流	全身心投入、思维卷入,积极学习、内化新知识
联系实际	1. 通过提问启发引导学习者联系工作实际 2. 组织学习者进行反馈与交流	努力把新知识与个人工作实际建立关联,说出或写下自己从中获得的启示等
反思小结	组织引导学习者以个人或小组为单位进行反思,交流反思结果,给予适当的点评指导	学习者对所学知识进行复盘与可视化呈现,交流反思结果,相互倾听,相互学习,从培训者的点评中获得进一步的启示

指向知识理解的交互式教师培训实施模式在实践中还有多个变式,这里不再赘述。

（二）指向习得应用的交互式教师培训实施模式

在指向习得应用的交互式教师培训实施模式中,培训的主要目的是促进学习者在理解新知识的基础上运用新知识解决实际问题,提升实际问题解决能力。在这种模式中也有新知识的生成与创造,但学习既定的新知识占到了总培训时间的50%及以上,学习者主要通过习得与应用既定的新知识来解决具体问题。这种模式的构成与交互式教师培训实施的一般模式相同。

实时动态反馈依然贯穿始终。学习交流社区、资源支持同样发挥重要的辅助作用。指向习得应用的交互式教师培训实施模式流程与典型活动见表3-6。这种模式也有许多变式,如"提出问题—学习新知识—反思研讨—提出方案—检验方案—实施应用—反思改进—固化成果"。

表 3-6　指向习得应用的交互式教师培训实施模式流程与典型活动

学习过程	培训者的典型活动	学习者的典型活动
提出问题	1. 创设问题情境,引发学习者思考 2. 直接提出令学习者认知失调的问题 3. 引导学习者提出问题	全身心投入,感知问题,并积极思考,提出困惑或质疑
反思研讨	1. 组织学习者以个人或小组为单位就问题的表现、原因与对策等展开讨论 2. 巡视、观察学习者交流研讨情况,在适时指导的同时,对学习者的已有知识经验进行判断 3. 组织学习者交流讨论结果,并对交流结果进行反馈	学习者对问题进行思考,发表观点,倾听他人的观点,提出质疑或困惑
学习新知识	1. 讲解新知识,通过练习、提问等了解学习者的学习情况,及时调整教学 2. 分享新观点、新政策 3. 指导学习者自学研读与交流	全身心投入、思维卷入,积极学习、内化新知识
提出方案	1. 布置任务或提出要求 2. 对方案、交流内容进行点评指导,给出建议 3. 推荐相关资源,引导学习者进一步思考	学习者个人或小组应用新知识,尝试提出新方案,交流新方案,倾听并吸收他人的建议
检验方案	1. 对如何论证、完善方案给予指导 2. 对方案的修改完善给予反馈指导 3. 组织方案交流、研讨活动等 4. 根据需要讲解新知识或推荐自学研读资源	学习者在同伴或培训者的协助下,进一步推敲、论证、完善方案
实施应用	1. 鼓励、支持学习者进行实施应用 2. 必要时进行过程跟踪指导 3. 组织交流、研讨活动并给予反馈指导	1. 对方案进行实施应用 2. 对应用情况及时进行反思,进一步调整与完善方案 3. 交流实施应用情况,倾听并吸收他人的建议

(续表)

学习过程	培训者的典型活动	学习者的典型活动
反思改进	1. 布置任务或提出要求,鼓励、支持学习者对方案进行反思改进 2. 组织交流、研讨活动等 3. 对方案予以点评指导	1. 对实践应用情况进行反思,进一步修改完善方案 2. 交流完善后的方案
固化成果	1. 布置任务或提出要求,鼓励、引导学习者进行成果总结与提炼 2. 指导成果总结与撰写 3. 组织成果交流与展示活动 4. 搭建成果辐射与传播的平台	1. 总结经验,撰写成果 2. 交流与展示成果

(三) 指向探索发现的交互式教师培训实施模式

在指向探索发现的交互式教师培训实施模式中,培训的主要目的是探索具体情境中适用的问题解决方案或行动模式。虽然有他人的案例或一般性的理论与行动框架作为指导,但这并不能让学习者确切知道如何解决某一情境中的具体问题,解决问题的唯一路径就是实践、反思与改进。这种模式中,培训者的主要任务是为学习者搭建学习、研讨、实践、反思的平台,与学习者共同探索具体问题的解决方案。这种模式的构成与交互式教师培训实施的一般模式相同,但与每个步骤相对应的具体活动有自己的特点。

实时动态反馈依然贯穿始终。学习交流社区、资源支持同样发挥重要的辅助作用。指向探索发现的交互式教师培训实施模式流程与典型活动见表3-7。这一模式也有许多变式,如项目化学习模式、探究性学习模式。

表3-7 指向探索发现的交互式教师培训实施模式流程与典型活动

学习过程	培训者的典型活动	学习者的典型活动
提出问题	1. 发布任务,明确要求 2. 组织头脑风暴等,发现学习者的困惑与问题,引导学习者确定项目主题或探究主题	1. 理解任务与要求 2. 全身心投入,交流自己的困惑与问题,协商确定项目主题或探究主题

（续表）

学习过程	培训者的典型活动	学习者的典型活动
反思研讨	组织交流、研讨活动，了解学习者已有知识经验与认知，并适时给予指导	围绕项目主题或探究主题，交流已有的理解、探索与思考，加强相互了解与学习
学习新知识	1. 讲解新知识 2. 分享新观点、新经验 3. 指导学习者自学研读	全身心投入、思维卷入，积极学习、内化新知识
提出方案	1. 布置任务或提出要求 2. 对方案、交流内容进行点评指导，给出建议 3. 推荐相关资源，引导学习者进一步思考	学习者个人或小组基于已有认知制定项目实施方案或探究行动方案，交流新方案，倾听并吸收他人的建议
检验方案	1. 对如何论证、完善方案给予指导 2. 对方案的修改完善给予反馈指导 3. 组织方案交流、研讨活动等 4. 根据需要讲解新知识或推荐自学研读资源	学习者在同伴或培训者的协助下，进一步推敲、论证、完善方案
实施应用	1. 鼓励、支持学习者进行实施应用 2. 必要时进行过程跟踪指导 3. 组织交流、研讨活动并给予反馈指导	1. 对方案进行实施应用 2. 对应用情况及时进行反思，进一步调整与完善方案 3. 交流实施应用情况，倾听并吸收他人的建议
反思改进	1. 布置任务或提出要求，鼓励、支持学习者对方案进行反思改进 2. 组织交流、研讨活动等 3. 对方案予以点评指导	1. 对实践应用情况进行反思，进一步修改完善方案 2. 交流完善后的方案
固化成果	1. 布置任务或提出要求，鼓励、引导学习者进行成果总结与提炼 2. 指导成果总结与撰写 3. 组织成果交流与展示活动 4. 搭建成果辐射与传播的平台	1. 总结经验，撰写成果 2. 交流与展示成果

（四）指向体验认同的交互式教师培训实施模式

在指向体验认同的交互式教师培训实施模式中，培训的主要目的是促使学习者在情感与态度上真正认同某个理念、观念或行为，实现知行合一。这种模式的构成见图3-9，与每个步骤相对应的具体活动有自己的特点。

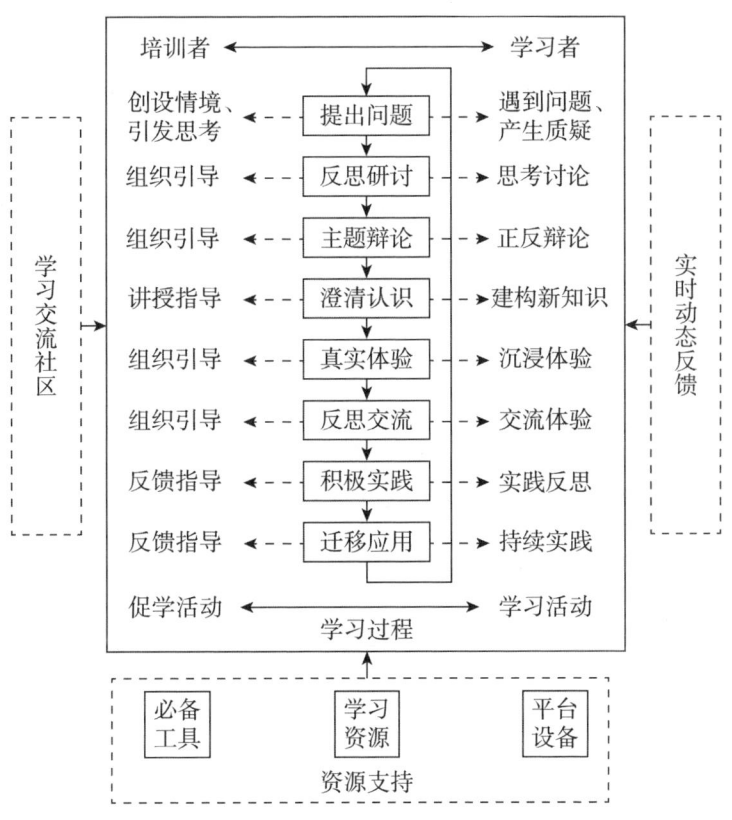

图3-9 指向体验认同的交互式教师培训实施模式

这种模式的学习过程有八个步骤。(1)(2)两个步骤与其他模式是一样的。(3)主题辩论。学习者聚焦核心问题展开辩论，把支持与反对的理由全面呈现出来，为进入认识澄清阶段做好准备工作。(4)澄清认识。培训者适时地讲解、澄清，让学习者在已有知识、经验、情感、态度、价值观的基础上形成新的理解。(5)真实体验。培训者创设情境，引导学习者应用新知识并真实体验，根据学习者的体验情况给予及时的反馈指导。(6)反思交流。培训者组织学习者交流分享真实的体验感悟，发现问题，反思改进。(7)积极实践。学习者在真实情境中积极实践新的理解,根据实践情况不断反思改进。(8)迁移应用。把逐渐稳定的新态度与新行为渗透在日常工作中,进行持续应用。

实时动态反馈依然贯穿始终。学习交流社区、资源支持同样发挥重要的辅助作用。这一模式也有许多变式。指向体验认同的交互式教师培训实施模式流程与典型活动见表3-8。

表3-8 指向体验认同的交互式教师培训实施模式流程与典型活动

学习过程	培训者的典型活动	学习者的典型活动
提出问题	1. 提出问题或出示主题 2. 创设问题情境,引发思考	全身心投入,交流自己的困惑与问题
反思研讨	组织交流、研讨活动,了解学习者已有知识、经验、情感、态度、价值观,并适时给予指导	围绕主题或问题,交流自己真实的想法与观点,相互学习
主题辩论	组织指导辩论,根据辩论情况给予反馈	围绕主题或问题,正方与反方进行充分的辩论
澄清认识	讲解相关新知识,分享新观点或指导学习者自学研读,促进学习者建构新知识	澄清模糊或不正确的认识,建构新知识
真实体验	创设体验情境,组织体验活动,根据体验情况给予反馈	沉浸式体验,切身感受与感悟
反思交流	1. 组织反思交流活动 2. 对学习者的体验与体悟、困惑与问题等及时给予反馈,并提出建议	1. 交流体验与体悟,相互学习 2. 提出困惑与问题
积极实践	1. 鼓励、支持学习者积极实践 2. 给予反馈指导	1. 积极实践新的理解,在实践中不断反思 2. 交流与分享实践反思结果
迁移应用	1. 鼓励、支持学习者融会贯通和创造应用 2. 给予反馈指导	1. 在不同的情境中灵活应用 2. 及时总结、反思、迭代

以上四种实施模式主要基于其指向的主要目的来划分。现实中的交互式教师培训是复杂的、多样的,通常会运用多种模式。

第三节 交互式教师培训开发模式

交互式教师培训开发模式对交互式教师培训的开发设计流程进行了简化。不管交互式教师培训的实施模式如何,其开发流程一般由七个步骤构成,采用目标导向的逆向设计思路。

无论是短周期的交互式教师培训还是长周期的交互式教师培训,无论是指向知识理解的交互式教师培训还是指向体验认同的交互式教师培训,其开发流程基本上都由七个步骤构成。

> **敲黑板**
> 交互式教师培训开发流程由七个步骤构成:
> (1) 开展需求调研,确定培训主题;
> (2) 明确培训对象,确定培训目标;
> (3) 依据培训目标,设计评价任务;
> (4) 分解评价任务,建构内容框架;
> (5) 设计学习单元,细化学习流程;
> (6) 完善内容素材,设计交互活动;
> (7) 整理相关资源,做好实施准备。

一、开展需求调研,确定培训主题

设定怎样的主题决定了教师能否在真实情境中产生本真的、有意义的学习。培训主题不是随意为之,而是经过科学严谨的需求分析确定的有价值的课题,它能引导教师解决问题,提升教育实践能力。例如,核心素养培育下的单元教学设计、项目化学习设计等都是有价值的培训主题。

二、明确培训对象,确定培训目标

培训对象必须明确而精准,培训者要遴选出那些确实对具体培训主题有强烈内在需求的教师作为培训对象。以培训对象为主体,设定预期学习目标。指向深度学习的交互式教师培训的预期学习目标包括理解、应用、创造等思维水平，但其核心特征是学习者能够运用知识、理解与创造的新观念解决实际问题，即形成做事的品格与能力。这也是素养的应有之义。

三、依据培训目标，设计评价任务

在确定培训目标后，培训者紧接着要思考的一个问题是"如何检测与评估培训目标的达成度"。由于交互式教师培训目标强调教师解决实际问题的能力，评价任务要尽可能客观评估出教师是否拥有这些能力，这样的评价任务通常是真实的、表现性的。从评价任务的类型来看，可以分为方案设计类任务、演示操作类任务、经验萃取类任务等。

四、分解评价任务，建构内容框架

培训者通过"若要……那么……需要……"的思考方式，对学习者完成评价任务、实现培训目标所需的知识、技能、态度等进行分解。例如，若要学习者能够就具体单元开展核心素养培育下的单元教学设计，那么，他们需要掌握核心素养培育下单元教学设计的流程与要点，并在培训者的指导下进行多次练习与反思，还要拥有具体单元的知识等。若要掌握核心素养培育下单元教学设计的流程与要点，那么他们需要知道什么是单元、什么是单元教学设计、核心素养培育下单元教学设计的流程与要点有哪些、难点与误区有哪些……依次分解下去，分解到不能再分解的最小单位为止。然后，按照一定的逻辑，把分解出的知识单位结构化，便形成了培训内容框架。

五、设计学习单元，细化学习流程

内容框架更多聚焦学习内容，为了促进学习者的深度学习，培训者需要遵循学习者问题解决能力与知识创造形成的逻辑设计学习单元。借鉴马扎诺提出的学习单元设计的三种模型——聚焦知识的模型、聚焦论点的模型、聚焦学生探究的模型[19]，结合教师培训的实际，根据交互式教师培训活动指向目标，本书把交互式教师培训学习单元设计进一步划分为四个亚模式，即知识理解模式、习得应用模式、探索发现模式、体验认同模式。

通过这样的学习单元设计就可以把内容与问题解决能力的培养有机统一起来。每个学习单元应满足六个条件，即情境、协同、支架、任务、展示（外化）、反思,这些条件有助于学习者更好地实现真正的学习。[①] 在交互式教师培训中,每个单元的细化学习流程可概括为:提出问题—反思研讨—学习新知识—提出方案—检验方案—实施应用—反思改进—固化成果。

六、完善内容素材,设计交互活动

根据学习单元及细化流程,搜集、开发与整理相应的素材,完成交互活动设计。交互活动依据其指向目标可以分为信息分享活动、深化认识活动、意义协商活动、检验修改活动、创造应用活动。具体交互的方式包括问与答、测验、同伴研讨、小组研讨、角色扮演、操作指导、交流展示等。依据交互主体与对象的不同,可以分为师生交互活动、生生交互活动、学习者与学习资源的交互活动、学习者与自我的交互活动等。[②] 不管是何种交互,指向深度学习的交互式教师培训提倡,行为不仅要从发出者指向接受者,而且要从接受者返回到发出者,两者的行为双向依赖,互为主动行为和接受行为。

七、整理相关资源,做好实施准备

把培训内容与活动等资源整理成课程方案、讲义或课件,为培训的启动与实施做好准备。课程方案是对培训课程的整体架构,指明了培训课程的具体目标、内容构成、实施方式、评价要求、组织保障等。讲义是培训者为讲课而编写的教学材料,是培训者培训教学的重要参考,也是学习者学习的重要材料。课件是培训者直接用于教学的演示文稿(如幻灯片)。除了准备教学材料,在实施前,培训者或培训团队还要做好场地、设备、专家沟通等方面的准备工作。

❈ 互动 2

这些简单的题目能帮助您快速回顾本章要点,您只需要在合适的选项上打"√"。来做做看吧!

1. 杜威问题解决模式由(五个/四个)阶段构成。
2. 交互式教师培训以(问题解决/系统性知识学习)为中心。

---

① 钟启泉.课堂研究[M].上海:华东师范大学出版社,2016.
② (日)佐藤学.学习的快乐——走向对话[M].钟启泉,译.北京:教育科学出版社,2004.

3. 在交互式教师培训中,培训者与学习者的角色是(严格区分的/可以相互转换的)。

4. 交互式教师培训的四种实施模式是依据(指向目标/互动样态)划分的。

5. 交互式教师培训实施模式体现的是(培训实施流程/培训开发流程)。

6. 交互式教师培训开发流程通常采用(逆向设计思路/常规设计思路)。

～～～～～～～～～～～～～～～～～～～～～～～～～～～～～～～～～

【互动1参考答案】

课程A很有趣,但学习者的主要收获可能是记住了一位幽默风趣的培训者。

课程B让学习者收集了丰富的资料与工具,为他们的应用提供了一定的材料支持,但实践应用可能不会发生。

课程C成功改变了学习者,他们生长出新的能力,能够完成他们培训前无法做到的事情。课程C才是让学习者真正改变的课程。

第四章　指向知识理解的交互式教师培训例析

导语

　　指向知识理解的交互式教师培训多用于分享新政策、新知识、新要求。这种培训在认知层次上多属于理解水平,在现实的教师培训中十分普遍,可以预见的是,在今后较长一段时间内仍将普遍存在。这种目标指向的教师培训活动很容易变成单向传递式教师培训。

　　随着教育的发展,以"学"为中心的培训理念逐渐深入人心,以分享新政策、新知识、新要求为主的教师培训也日益走向交互。本章中,小薛的培训学习经历生动地说明了这一点。

名人格言

只有学习者的成功才能为你(培训者)带来成功！

——Harold D. Stolovitch, Erica J. Keeps

✳ 互动 1

为了让教师了解"在学科中开展项目化学习的方法与策略",学校邀请该领域的专家为大家开办两个小时的专题讲座。您更喜欢下面哪位专家的授课?请在您最喜欢的选项前打"√"。

(　　)A. 专家 1 在简单的开场后,就对项目化学习的提出背景、价值与意义、理念与内涵、模式与方法、应用策略等展开了系统的讲解。讲解中也提到了一些案例,不过理论知识居多。

(　　)B. 专家 2 在简单的开场后,用幽默、风趣、形象的语言对项目化学习的价值与意义、内涵与特点、模式与方法、应用策略及注意事项等进行了生动的讲解,而且提供了丰富的案例。大家听得津津有味。

(　　)C. 专家 3 在简单的开场后,先请大家用手机扫一扫屏幕上的二维码,以了解大家对项目化学习的理解程度、在学科中开展项目化学习的情况,并现场反馈调查结果;然后给大家讲解了一些在学科中开展项目化学习的例子,围绕例子分析了在学科中开展项目化学习的流程、方法、策略,并把项目化学习与传统学习进行了比较,从中总结出项目化学习的内涵、特点、理念;最后就大家在学科中开展项目化学习容易出现的问题一一进行澄清,并提出具体的建议。

(参考答案见本章末)

第一节　基本内涵

本书第三章简要提及指向知识理解的交互式教师培训实施模式,对其内涵与构成进行了初步的分析。本节着重对该模式的适用情境与使用要求进行论述。

一、指向知识理解的交互式教师培训的内涵与构成

指向知识理解的交互式教师培训的主要目的是帮助学员理解并内化新政策、新知识、新要求。指向知识理解的培训在实际培训中尤为普遍,促进这种培

训从单向传递式转向交互式刻不容缓。如何增强这类培训的交互性与实效性，是本章重点关注的问题。

解决问题的方法与路径是多种多样的。指向知识理解的交互式教师培训就是一种尝试性的探索。不可否认的是，一定还有其他多样化的模式。在指向知识理解的交互式教师培训的基本模式中，学习过程主要由五个步骤构成。

（一）提出问题

培训者并不是一上来就直奔主题，而是通过摆事实、说现象、提出问题等引发学员的思考、反思、质疑，从而将学员逐步带入学习主题。当然，培训者也可以引导学员自己提出问题。

（二）反思研讨

提出问题后，培训者一般不急于给出答案或直奔内容，而是组织学员与同伴或团队进行交流研讨，或通过与媒介的互动鼓励学员发表自己的观点。

（三）学习新知识

在充分激活学员已有知识经验后，培训者对学员的实际情况了解得越来越充分，这时再来分享新知识或新要求，学员的注意力与参与度相应也会提升，有助于新旧概念的交互与新知识的建构。

（四）联系实际

培训者讲授结束并不意味着培训学习的结束，这时培训者需要引导学员把新知识与个人的具体实践建立联系，从中获得实际工作中可以如何想、如何做的启示。如果时间允许，可以请个别学员或小组代表进行一些反馈交流，以促进学员相互学习。

（五）反思小结

培训结束时，培训者要组织学员进行简短的回顾、反思与交流，以巩固所学知识；时间允许的话，还可以请个别学员或小组代表来交流，目的是促进学员相互督促、复习巩固。

指向知识理解的交互式教师培训实施模式在实践中还有多个变式。

二、适用情境

（一）适用活动类型

该模式适用于分享新知识、新经验的活动。在实际的教育教学工作中,随着时代的发展与人才培养标准的变化,课程与教学也在不断发展,教师需要持续学习新政策、新要求,了解知识前沿发展,持续学习新理论、新观点等,不断吸收他人的经验。指向知识理解的交互式教师培训在实际培训中适用活动非常广泛。

（二）适用人群

指向知识理解的交互式教师培训几乎适用于所有培训者,不管是专职的还是兼职的。

理想的教师培训在培训酝酿与设计阶段,就应该让目标学员充分参与,一起协商确定培训方案,毕竟,参训教师才是学习的主体,他们的成功才意味着培训的成功。然而,在当前的教师培训中,培训设计主要由培训者完成,一定程度上还存在着个别培训者或授课专家对培训背景、学员情况不够了解的状况。在实际的教师培训活动中,有些培训组织者会与授课专家详细沟通培训的背景资料、学员的需求以及整体培训安排,对授课专家的授课主题与方式提出明确的要求,但也有些培训组织者仅仅是告诉专家授课的方向或主题,简单介绍授课对象、授课时间与地点等基本信息,再无其他信息。授课专家的反应也不尽相同。有些授课专家会详细询问培训的背景资料和学员的来源、数量、需求等,以便授课时尽可能联系学员实际,满足学员的需求,但也有些授课专家只是认真记下授课时间与地点,时间一到便"空降到培训现场"。

作为授课专家,不管对目标学员了解与否,都可以从交互式教师培训中得到启发,把以授课教师、既定的知识、讲授为主的以"教"为中心的培训教学转化为以学员、生成性知识、对话为主的以"学"为中心的培训教学,变"独角戏"为"集体舞"。

（三）适用时长

指向知识理解的交互式教师培训对培训时长没有严格限定。根据新知识、新经验分享活动的具体目标与内容,适用时长从一个小时以下到一天以上均可。

（四）适用环境

指向知识理解的交互式教师培训既适用于面对面培训教学，也适用于线上培训教学、线上与线下相结合的培训教学。不管哪种形式的培训教学，均需要授课教师与学员有可以便捷使用的交互终端，如可以上网的手机、电脑等。现代信息技术为大规模的培训提供了便捷的交互条件。

（五）适用培训规模

指向知识理解的交互式教师培训对参训教师规模也没有严格的要求，20人以下至500人以上均可。只要有交互的意识与便捷的交互终端，不管是在现场还是在线上都可以开展交互活动。

三、使用要求

此种类型的交互式教师培训对培训者的要求较高，也要求学员高度投入与配合。

（一）对培训者的要求

1. 培训者需要具有学习者立场

培训者需要站在学员的立场，变教的活动为学的活动，通过多样化的学习活动设计，引导学员在问题分析与解决中动脑、动口、动手。培训者要从观念上信奉，教是为了学，如果学的效果不好，那么教几乎就是失败的。为了使学员学得多、学得深，就要尽量把握学员的学习需求与学习心理，通过挑战性的问题与学习活动，使他们的思维深度卷入。

2. 培训者需要花费大量的时间与精力准备教学

为了实现学员有效的学，培训者需要投入大量的时间与精力把教的内容设计成问题、任务或学习活动；需要搜集或创编贴近学员实际工作与授课内容的案例，加深学员对知识、政策的理解。培训者不仅要帮助学员理解知识与政策的内涵，还要为学员分析如何在实际的工作情境中应用它们。特别需要注意的是，培训者不能将学员视为"白板"或"空空的脑袋"，一股脑地将系统的知识"倾倒"给他们，要设计适切的学习活动、交互活动，让学员思考在先、交流在先、学习在先，然后才是知识的授受。

3. 培训者需要掌握简单实用的网络互动技术

当下，信息技术发达，很多互动教学平台、软件都非常简单易用，如腾讯会议系统、钉钉直播系统、晓黑板、UMU 互动软件。培训者掌握这些技术,不管学员规模如何、现场或线上,均能够便捷开展互动,增强培训教学的交互性、针对性与实效性。

4. 培训者需要营造轻松、和谐、开放的课堂氛围

交互式教师培训需要轻松、和谐、开放的学习氛围,这就需要培训者调整好心态,在学员具有优势经验的地方,要敢于让学员充当培训者。培训者要重视课堂生成内容,把生成内容作为新的资源分享给学员。

（二）对学员的要求

1. 全程参与,思维卷入

学员需要发挥主体作用和主观能动性,在培训者的指导下参与培训活动,以平等、合作、尊重的态度与培训者、同伴进行积极互动。

2. 掌握简单实用的网络互动技术

学员同样需要熟悉与掌握一些必要的互动技术,以快捷、有效地进行学习互动。

（三）对授课环境的要求

这一点前面已经提到,需要有可用的互联网与交互终端,如可以联网的手机、电脑。

四、使用流程与操作要点

假如您只是作为培训者之一被邀请承担其中某一主题的培训教学工作,在开展指向知识理解的交互式教师培训时,您可以采取如下行动。

（一）培训教学前可以采取的行动

1. 了解培训意图与培训对象需求

培训者在接到培训组织者的授课邀约后,要尽可能多地了解培训背景、培训意图、培训整体安排等,尤其要了解培训对象的来源、构成、需求等。必要时,可以就授课主题委托培训组织者调研学员的相关情况。收集、整理与分析相关信息,为培训教学目标的确定、内容的选择、方法的确定等提供充分的参考。

2. 确定培训教学目标,设计核心评价任务

培训者要预设培训结束后期望学员达到的具体学习结果,提前确定现场检

测学员学习结果的评价任务与方式。这样有利于教学目标的检测,也有利于评价与教学的有机整合。

3. 确定培训教学内容,选择培训教学材料

围绕培训教学目标,基于学员的需求以及自身的专业优势与特长,确定教学内容框架,搜集、整理与创编教学材料,在反复斟酌、精心筛选后确定教学内容与教学材料。

4. 设计培训教学活动,选择培训教学方法

遵循学员的学习特点与学习逻辑,按照提出问题—反思研讨—学习新知识—联系实际—反思小结的学习过程,设计教学活动,选择适切的教学方法,促进学员积极主动建构新知识。

5. 编制培训教学课件,准备培训教学用具

按照实际教学展开过程,编制与完善培训教学课件。准备相应的培训教学用具,为培训教学实施做好准备。

(二) 培训教学中可以采取的行动

在展开教学计划的同时,重点关注学员的现场反应,根据学员的实际反馈适时调整教学,关注现场互动与生成。例如:为了解学员的现场反应,培训者可以借助相关互动教学软件开展培训现场的问与答活动,进行现场互动与反馈;也可以组织学员进行研讨,观察学员研讨情况;还可以组织学员完成一些交流展示任务,从中分析学员的学习情况。基于这些活动,培训者通过点评、指导等方式,促使学员在原有的基础上向更深、更高的方向发展。

(三) 培训教学后可以采取的行动

授课结束后,培训者可以把教学实际中生成的内容编制到预设课件中,把基于教学实际完善后的课件、资料等作为学习资源发送给学员,供学员参考。为进一步加深学员对于培训所学内容的理解,培训者可以引导学员开展复盘活动,把所学内容结构化、可视化;也可以引导学员从中选择自己直接可用的内容,结合教育教学实际转化成行动方案,进行具体实践,并结合实践情况进行反思。培训者应积极鼓励学员实践,明确表示愿意为学员提供专业的支持与指导服务。

第二节　典型案例

> **案例简介**
>
> 案例来源：上海市师资培训中心陈霞博士的专题讲座"培训迁移模型及其启示"。
> 案例特色：1. 培训者采用自主研发的案例进行教学，把复杂的理论融入具体生动的情境化案例，使其变得易学易懂。
> 　　　　　2. 培训者通过不断地提出问题，提供问题分析支架等，引导学员在已有知识基础上积极主动地建构新知识。
> 　　　　　3. 以虚拟学员小薛的培训学习体验为例来讲述，富有代入感；在体现以学员为中心的交互式培训要点处，以"敲黑板"的方式进行提示。
> 案例情境：半天的现场面授，配合 UMU 互动软件的使用；适合教师教育者、校长、教师团队领衔人等学习。

小薛是某教师进修学院具有 3 年教龄的专业教师。她发现了一个尴尬的现象：无论是身边的同行，还是外来的授课专家，在培训教学中，基本都以"满堂灌"的方式来"反示范"给参训教师如何开展以"学"为中心的教。

直到有一次外出学习，听到了陈老师主讲的半天课程"培训迁移模型及其启示"，她才有所体悟——讲也可以做到以"学"为中心。

一、学习启动

在学习启动阶段，陈老师通过课始小调查了解学员的已有知识基础；通过学习目标与学习线路图让学员清楚学习的目标与流程。

（一）起点调查：通过课始小调查快速了解学员的学习起点

陈老师在简单的自我介绍后指出，作为交往礼仪，大家也应该有个自我介绍，但限于时间关系，她只能以课始小调查的方式，了解大家与学习主题有关的情况。

课始小调查

您对教师培训迁移模型的掌握情况是＿＿＿＿＿＿＿＿（单选题）。

A. 熟知一些模型，并有意识地用它们来指导自己的实践（熟知并应用过）。

B. 熟知一些模型，但并未有意识地用它们来指导自己的实践（熟知但未应用过）。

C. 曾经特别关注培训迁移模型,但现在讲不清楚了(曾经熟知但现在说不清楚)。

D. 没有特别关注过,但了解一些培训迁移方面的知识(不熟悉但有相关知识)。

E. 不清楚(不熟悉)。

大家赶紧拿出手机扫二维码,再抬起头时,屏幕上竟然出现了大家调查完成进度的画面,30、35、40……数字不断上升。(这个活动明显激发了大家的兴趣,课间,有同伴详细咨询陈老师这是什么软件,实际上运用的是 UMU 互动软件。)

> ☞ 敲黑板
>
> 在授课中应用 UMU 等互动软件,可以增强培训教学的互动性与现场生成性,既可以把握学员的起点,增进师生、生生了解,又可以生成鲜活的学习资源。

这时,陈老师说:"我们在座的学员是 59 人,数字跳到 55 后,我们就揭晓结果。"有些没有填写的同伴顿时紧张起来,可能是担心拖大家的进度吧。果然,陈老师把现场调查结果(见图 4-1)投射到大屏幕上。

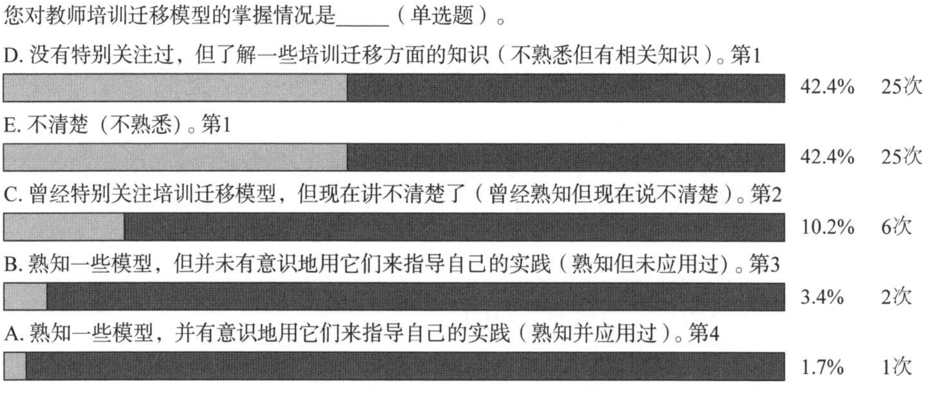

您对教师培训迁移模型的掌握情况是_____(单选题)。

D. 没有特别关注过,但了解一些培训迁移方面的知识(不熟悉但有相关知识)。第1
42.4% 25次

E. 不清楚(不熟悉)。第1
42.4% 25次

C. 曾经特别关注培训迁移模型,但现在讲不清楚了(曾经熟知但现在说不清楚)。第2
10.2% 6次

B. 熟知一些模型,但并未有意识地用它们来指导自己的实践(熟知但未应用过)。第3
3.4% 2次

A. 熟知一些模型,并有意识地用它们来指导自己的实践(熟知并应用过)。第4
1.7% 1次

图 4-1　现场生成的课始小调查结果 *

---

* 注:处理调查数据时,系统默认使用各分项选择人数除以总人数的方法,计算各分项所占比例,并将计算结果在四舍五入后保留一位小数。因为四舍五入后的数据和实际的数据之间有些许误差,造成各分项比例之和并非 100%(如本题中,各分项比例之和为 42.4%+42.4%+10.2%+3.4%+1.7%=100.1%),这是由统计方法误差造成的。为保持全书数据的真实性和统计方法的一致性,研究者并未强行修改相关数据。本书中如有类似情况,不再另外说明。

小薛本来还忐忑自己选择的“E”会不会人很少？一看结果，她放下心来，原来，大家基本上都没有相关知识。她担心，今天又是一场理论灌输。

陈老师说：“我基本了解了各位的知识起点情况，这让今天的授课有一定的难度。不过，我们中还是有一些专家型学员的，我们可以发挥这些教师的优势，大家共同提高。”

（二）学习定向：通过学习目标与学习线路图帮助学员学习定向

小薛拿出笔记本，准备记录上课要点，可陈老师讲述的却是学习目标与学习线路图（见图 4－2）。

半天的学习能带给您什么？

1.能够初步系统地分析影响教师培训迁移的因素。
2.能够从更加系统、整体的视角理解有效的教师培训的特征。
3.能够从更加系统、整体的视角思考教师培训的设计与实施。

您需要：
端正学习心态、专注投入、思维卷入。

（1）学习目标

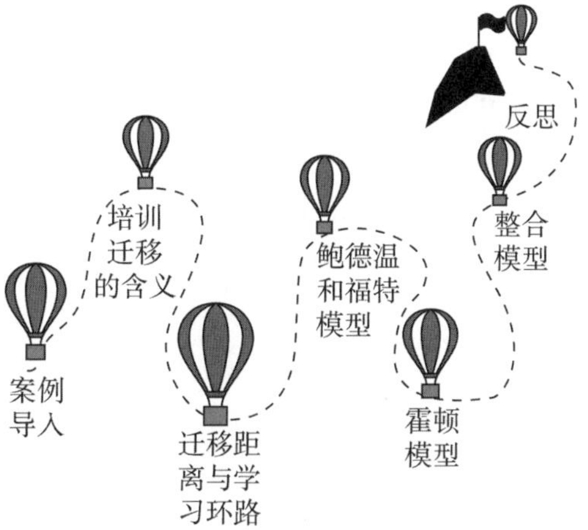

（2）学习线路图

图 4－2　学习目标与学习线路图

小薛恍然大悟，在学习前，让学员整体把握学习目标以及达成目标的关键内容，有助于他们进行学习定向，明确学习任务与重点内容。陈老师对大家提出了静心、专心、思维积极卷入等要求。这让大家认识到学习目标的达成是师生、生生共同努力的结果，是自己作为学习主体积极发挥主观能动性的结果。

> ☞ 敲黑板
>
> 在正式授课前向学员说明“他们投入时间与精力能够得到什么学习成果以及达成这些学习成果的关键内容”，有助于学员的自我定向。

二、提出问题

陈老师说:"我以发生在同事身上的一个真实的研修案例来引入今天的学习。请各位准备好纸与笔,然后,按照我给出的示意图(见图4-3),一边听,一边记录W老师研修的关键过程、事件及其他关键信息。"

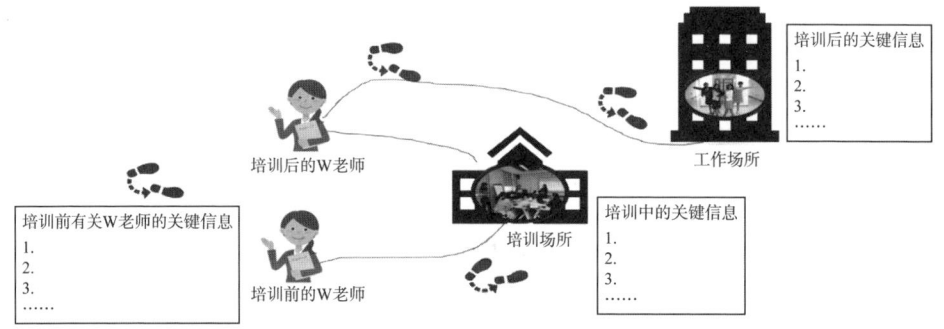

图4-3 陈老师给出的案例关键信息记录支架

(一)讲述前明确任务与要求

这个记录支架一下子提高了小薛听案例的兴趣,并且有助于她抓取关键信息,加深对案例的理解。

陈老师开始讲述案例,小薛也开始捕捉关键信息。

> ☞ 敲黑板
>
> 在正式开始前,明确任务与要求,提供完成任务的线索或支架,有助于提高学员的学习效能。

W老师的研修

我的同事W老师近50岁了,来××师资培训中心(以下简称"中心")工作已有12年,现任研究部副主任。在来中心工作前,她是一所实验性示范性高中的物理教师。

2019年11月,中心领导让她作为领队,带队参加在北京举办的"校长国培计划培训者高级研修班"。

这个班与W老师具体负责的师训工作,以及她自己的发展定位,都不是很对口。但她觉得自己作为领队,即使对干训这一块不熟悉,也要努力发挥表率作用,在培训中使出浑身解数好好表现。

好在 W 老师有多年的师训工作经验，干训的很多内容与教师培训是相通的。她理解起来难度并不大。

现场培训的内容很丰富，各地承担国培项目的单位分享了他们精彩的故事，W 老师当时听得很激动，也想着要把一些经验用在自己的工作中，可惜听过后，这些东西在头脑中很快就模糊了，应用的想法也随之消失了。只有其中占用了一天培训时间的结构化研讨法相关内容，她一直应用到现在。这是为什么呢？W 老师说："因为有机会做中学。"

当天上午，专家进行了关于结构化研讨法的精彩讲解，配有大量的案例。当天下午，围绕"国培计划实施中的问题"主题，分组进行操练，保证人人都能按照规定的步骤与要求，将结构化研讨法应用一遍。

W 老师当时担任小组组长，她很好地理解了活动意图，并引导组员严格按照结构化研讨法的步骤与要求来操作，由于组员都是有经验的干训管理者，讨论质量很高。通过做中学，W 老师深化了对结构化研讨法的理解，迫切想要在工作中应用结构化研讨法。

她当时就收集了很多过程性的资料，还把小组成员研讨完成的鱼骨图带了回来。这些为她后来梳理反思结构化研讨法提供了很好的材料。

W 老师回到单位一个多月后，出现了疫情。寒假开学后大家只能在家办公，单位要求有条件的教师积极开发线上培训课程。这时，一个念头在 W 老师脑海闪现：能否把结构化研讨法用自己的话梳理、提炼、呈现出来呢？

这时离培训学习结束已经近 3 个月了，W 老师有些记不清结构化研讨法的具体内容了，她费了较大的功夫来消化反思材料。

她就是这样，对新的知识总是抱有极大的兴趣，想把它弄清楚。最后，她终于用自己的语言与案例把结构化研讨法整理出来了。

恢复正常上班后，由于工作任务、学习文化与结构化研讨法适用的情境有较高的一致性，她开始在部门学习工作坊中尝试应用结构化研讨法。

不久，她接到一项新工作——负责遴选某区校长培训学员。她当时冒出的想法是：结构化研讨法是解决问题的工具，校长们往往很能讲，但一个真问题放在他们面前，他们会如何分析与解决呢？能否把结构化研讨法作为工具，让校长们运用它来分析与解决具体问题，进而评估他们的某些能力呢？

她的想法得到了分管领导与部门同事的大力支持。她带领 10 余位同事，设计了引导流程,把结构化研讨法用在了校长能力的表现性评估中。她的探索得到了专家、领导、参与校长的一致好评。

2020年7月,在W老师牵头负责的全市高中校长培训组织管理工作中,她想:"校长们在'新课程新教材'(以下简称'双新')实施中会遇到哪些关键问题?他们会如何解决呢?能否运用结构化研讨法带领校长们进行工作坊研讨呢?"她的想法再次得到了领导与同事的支持。她带领20位年轻教师共同设计工作坊流程,其中17个工作坊都取得了成功。

结构化研讨法已经成为W老师日常的研讨与培训工具。在部门会议中,在中心发展规划的研制中……她都会运用或改编结构化研讨法来分析与解决问题。在她的引领下,有几十位教师已经熟练掌握该方法。

> **☞ 敲黑板**
> 使用典型、贴切、真实的案例更能激发培训者的情感,给学员以深深的代入感,让其沉浸式体验与思考。

(二) 讲述后提出思考题

小薛觉得这个案例太真实了,如同发生在自己同事的身上。陈老师讲述完案例,呈现了三道思考题。(1)上述案例中,W老师研修的关键过程、事件与其他关键信息有哪些?(2)W老师之所以能够在工作中应用结构化研讨法,你认为有哪些关键的影响因素?(3)W老师把培训中学到的结构化研讨法在工作中进行应用并提高了工作效率,这是什么行为?

大家同桌为伴展开了思考与讨论。陈老师在场内巡视,倾听大家的研讨情况。研讨时间到了,陈老师开始随机邀请学员回答。小薛跃跃欲试,因为她认为自己充分理解了案例。陈老师随机邀请了一位学员,这位学员向全班汇报了她的记录情况,与小薛的差不多,不过漏掉了两个关键信息。陈老师问:"其他学员还有补充吗?"小薛迅速举起了手,陈老师示意她来补充回答,她对漏掉的两个关键点进行了补充。陈老师示意全班用掌声向两位学员表示感谢。然后,陈老师向大家分享了她的记录与分析结果(见图4-4),并请大家进行补充完善。

第四章 指向知识理解的交互式教师培训例析 | 87

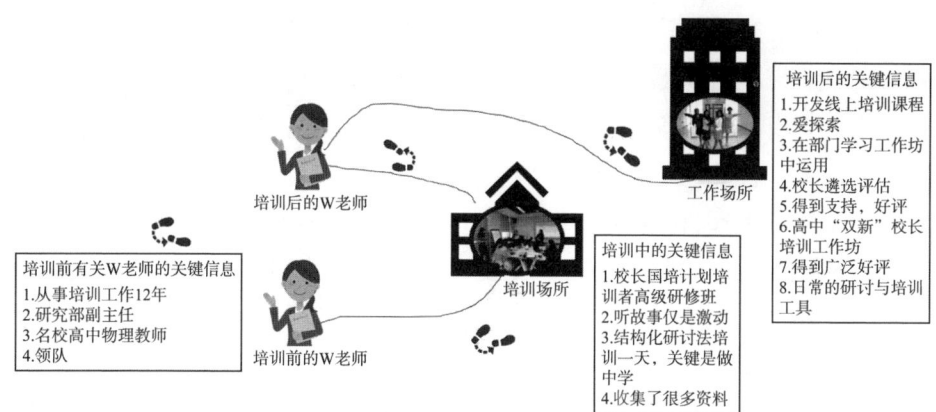

图 4-4 陈老师对案例关键信息的记录与分析结果

三、学习新知识

（一）案例分析引出新概念与新理论

陈老师接着问大家："W 老师之所以能够在工作中应用结构化研讨法，你认为有哪些关键的影响因素？"为了帮助大家思考，陈老师提供了一个分析支架，让大家根据前面记录的信息，把认为相关的因素填在相应的格子里。这下，小薛的分析有方向了。小薛与同伴进行了深入的讨论。陈老师在听取了个别小组的意见后，给大家呈现了她的分析（见图 4-5），并请大家进行补充完善。

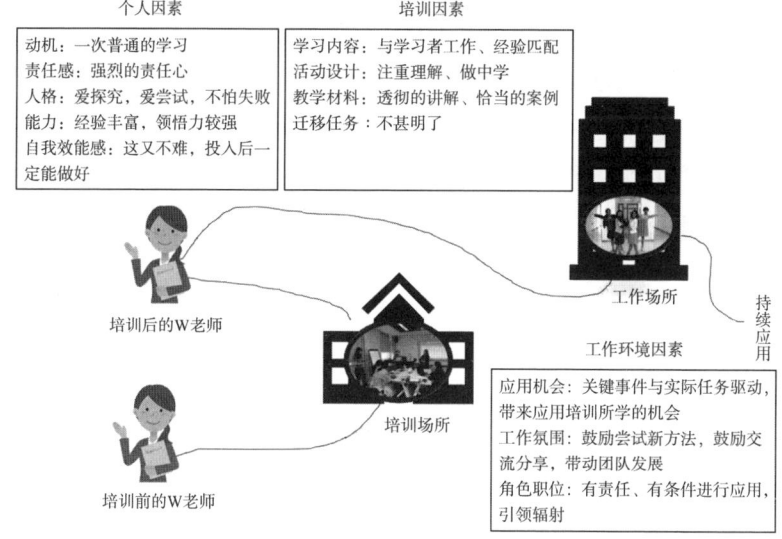

图 4-5 陈老师对影响 W 老师研修的关键因素的分析示例

陈老师接着问最后一道思考题："W老师把培训中学到的结构化研讨法在工作中进行应用并提高了工作效率,这是什么行为?"这可难倒了小薛,她认为就是应用行为,但又觉得不会这么简单。因此,她期望陈老师能给出答案。

(二) 讲授新知识:培训迁移的含义

陈老师停顿了一下,然后告诉大家："W老师把培训中学到的结构化研讨法在工作中进行应用并提高了工作效率,这就是培训迁移行为。"她接着讲了培训迁移发展演进的过程,对培训迁移的关注逐步把人们的思考从"培训是否产生作用"扩展到"培训为什么产生作用"上,从培训本身扩展到培训以外的内容上。

在培训迁移的定义上,陈老师采用了鲍德温(Baldwin)和福特(Ford)在1988年对培训迁移的界定,培训迁移是指在培训中习得的知识、技能、态度在工作场所的应用,以及在一段时间后仍能保持。[①]

陈老师强调,这一定义揭示了培训迁移的三个基本要素:(1)在非工作情境中发生学习(知识、技能、态度等);(2)在工作情境中加以运用;(3)运用有效并有效维持一定的时间。包含三个基本要素才叫培训迁移。

(三) 讲授新知识:迁移距离与学习环路

小薛还沉浸在消除疑惑、获得新知识的喜悦中,陈老师又提出了一个问题:"W老师把培训中学到的结构化研讨法在工作中进行应用并提高了工作效率的培训迁移行为,发生的具体过程是怎样的呢?"

小薛一时回想不起来,赶快翻看前面的笔记。这时,陈老师用课件再现了W老师研修的过程。她接着讲:"从最初获取知识到最终产生长远迁移的这一循序渐进的过程,霍顿(Holton)和鲍德温称之为迁移距离(见图4-6)。"[②]

[①] Timothy T. Baldwin, J. Kevin Ford. Transfer of Training: A Review and Directions for Future Research[J]. *Personnel Psychology*, 1988(4).

[②] 卞忠滕.西方主要的培训迁移理论以及霍顿 LTSI 量表在国内某企业的运用[D].华东师范大学,2016.

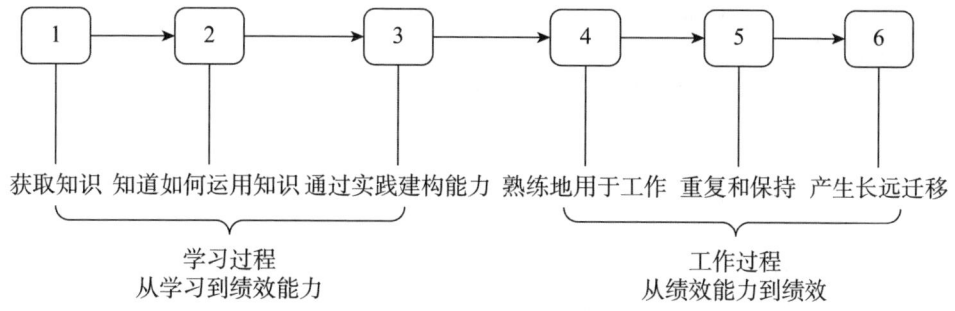

图 4-6 迁移距离模型

小薛觉得这个概念非常贴切,赶紧记了下来。陈老师接着说:"根据迁移距离模型,从学习者在培训中获取知识到最终产生长远迁移需要经历六个阶段。不过,这些阶段并不是线性的,各个阶段可能会存在融合与反复。"

小薛听得很入迷,大脑里不禁又产生了一个想法:"要是能整合六个阶段就好了,这样可以缩短培训迁移距离,提高效率呀!"陈老师好像会读心术,只听她说:"我们可以通过基于现场的做中学等活动设计,缩短培训距离。"接着,她用迁移距离模型分析了 W 老师的研修学习过程,又举了一些缩短培训距离的设计案例。这时,陈老师提出了一个问题:"你们想一想,在培训迁移中,知识是如何转化为能力的?"小薛陷入了思考。陈老师说:"我这里只给大家提供一种观点,你们有兴趣的话也可以用其他观点解释。我今天给大家介绍一下哲学家哈瑞的社会建构主义学习环路模型[①]。"

小薛心想,这个理论一定很难懂吧。没想到,听陈老师一讲,学习环路模型还挺好理解的。陈老师又讲了这个模型在实践中的应用,进一步加深了小薛的理解。小薛感到非常开心,她竟然也能用自己的话讲述这个理论了。获得新知识的快乐再次充满小薛整个身心。

(四)讲授新知识:鲍德温和福特的培训迁移模型及其应用

小薛不再惧怕理论学习。陈老师说:"我们再回到案例,除了感性认知之外,还有哪些理论模型能够用来解释影响 W 老师迁移行为的关键因素呢?"她自问自答:"真的有这方面的研究。其中,鲍德温和福特的研究贡献较大,他们于 1988 年提出的培训迁移模型(见图 4-7)为后续研究提供了方向。"

---

① 毛齐明,张正琼.教师学习中"学以致用"的困境与突破——兼论"学""用"关系的重构[J].教育研究与实验,2017(1).

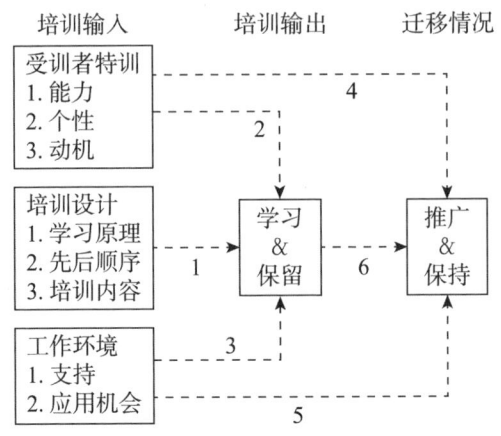

图 4-7　鲍德温和福特的培训迁移模型

陈老师先对这个模型进行了详细的解读,然后抛出了一个任务:"谁能够尝试应用鲍德温和福特的模型,对影响 W 老师研修迁移的关键因素进行分析?"由于前面进行了基于同伴已有经验的讨论,小薛觉得这个问题并不难,她用自信的眼神望着陈老师,这时坐在前排的一位比较年长的同伴站起来发言了。这位同伴的发言一听就很专业,他分析得头头是道,小薛不禁心生佩服。接着,陈老师呈现了她的分析,请大家补充修正。

同伴的发言、陈老师的例析,都加深了小薛对该模型的理解。小薛觉得有些奇怪:"我平时都觉得理论很晦涩、很难懂,今天怎么听到现在,觉得每个概念、理论都那么简单呢?"小薛的思维正在发散,只听陈老师说:"给大家留一道思考题,课堂上就不进行讨论了。鲍德温和福特的培训迁移模型对你们理解与规划教师培训有哪些启示?"

(五) 讲授新知识:霍顿的培训迁移模型及其应用

"不过,鲍德温和福特的培训迁移模型也有不足。"陈老师的话一下"揪紧了"小薛的耳朵。"啊,有不足,是什么不足呀?"小薛的兴趣顿时被激发起来了。

陈老师陈述了自己的观点:"我个人认为,主要有两方面不足:(1)研究方法缺乏实证数据,他们的结论主要来自对文献的研究;(2)对学员回到工作岗位后影响其运用的工作环境分析不足。后来,罗伊勒(Rouiller)等学者通过实证研究提出了培训迁移气氛二因素。特雷西(Tracey)等提出了培训迁移气氛的三维度模型。我

> ☞ 敲黑板
>
> 培训者只有深刻把握所讲授的内容,才能富有热情地把知识的美与力量传递给学员。

这里重点给大家介绍一下霍顿 1996 年提出的人力资源开发研究与评估模型①。这个模型可以帮助我们全面诊断与理解人力资源开发领域培训结果的影响因素，从而更有针对性地对抑制培训迁移的因素进行干预，提高迁移质量。"

之后，陈老师比较详细地讲解了霍顿的培训迁移模型（见图 4-8）。

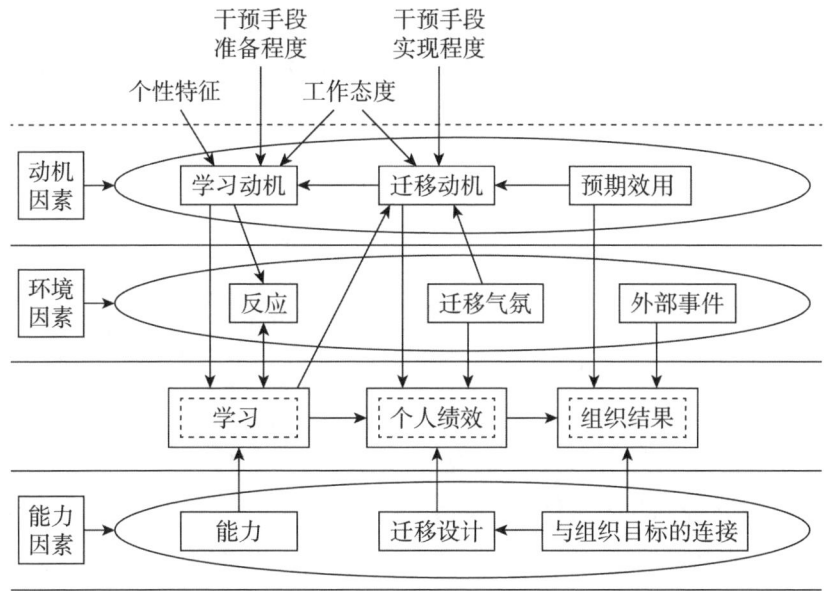

图 4-8　霍顿的培训迁移模型

小薛对迁移动机、迁移气氛、迁移设计等概念留下了深刻的印象，对霍顿的研究与理论充满了兴趣。这时，陈老师推荐了相关的书籍与论文，小薛迅速拿出手机拍照。她想马上学习起来。

> **☞ 敲黑板**
> 　　提供与主要内容相关的参考文献，可以帮助那些有兴趣的学员进一步拓展学习。不要把他们局限在培训者讲授的内容上。

然而，她困惑的是，这些概念以及这个模型，与鲍德温和福特的培训迁移模型之间有什么异同？小薛来不及思考，带着这个疑惑继续往下听。

（六）讲授新知识：一种整合的培训迁移模型及其启示

陈老师问："如果把鲍德温、福特与霍顿的培训迁移模型，以及罗伊勒、特雷

---

① Elwood F. Holton. The Flawed Four-level Evaluation Model[J]. *Human Resource Development Quarterly*, 1996, 7(1).

西等人的模型整合起来,会怎么样呢?"

"天啊!"小薛觉得陈老师真的很了解大家的需求。只听陈老师说:"我尝试整合了一下,大家可以看课件。如果你们有更好的意见,我们可以一起切磋。"这下,小薛把有关理论模型的关系梳理清楚了。

接着,陈老师带领大家应用整合模型,再次对影响 W 老师研修的因素进行了梳理。陈老师把基于整合模型的分析与基于鲍德温和福特模型的分析进行了对比。这更加有助于小薛理解模型的内涵与应用。

四、联系实际

小薛不自觉地开始反思自己与身边同事的日常培训行为,感觉有很多需要关注与改进的方面。这时,陈老师说:"大家今天学了理论,关键是要用它们来反思与改进自己的培训行为。我们现场

> ☞ **敲黑板**
>
> 在培训现场提供学以致用的机会或任务,不仅能够加深学员对知识的理解,而且能够架起学员现场学习与工作环境应用之间的桥梁。

有个作业:请大家从培训迁移理论模型出发,对照平时的工作实际,独立思考,至少提出一条提升培训迁移效果的建议。把思考结果通过扫二维码分享到群里,供在座同伴学习。我也会在后期梳理汇总好,让班主任发到群里,作为我们本次培训的一项成果。"

小薛拿出手机扫了屏幕上的二维码。令小薛感到惊喜的是,陈老师还提供了一个思考的线索支架。

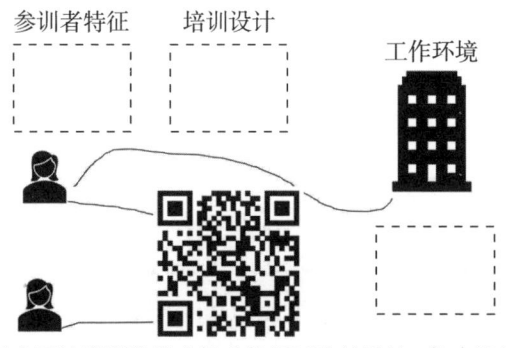

(应用培训所学提出提升培训迁移效果的N条建议)

图 4-9　线索支架

小薛提交的一条建议是"建立跟踪到岗的支持与评估机制,加强后期交流与评估"。

后来,小薛收到了陈老师把她个人以及学员建议整理后的"提升培训迁移效果的众筹建议"。

> ☞ **敲黑板**
> 重视学员现场生成的学习成果及其利用,不仅可以给学员带来成就感,而且有助于增强培训效果,同时也能丰富培训者的教学资源。

五、反思小结

陈老师问:"大家还记得我们出发时的目标吗?"小薛想了想,一时竟想不起来。陈老师出示了一幅图片。小薛对照着评估了一下,这些目标自己都达成了,

> ☞ **敲黑板**
> 带领学员反思目标达成情况,以及关键的学习内容,有助于他们通过复盘与评估,建立起关于学习内容的整体结构。

好兴奋呀。陈老师又问:"大家还记得我们一起走过的路吗?"小薛一边回忆,一边翻看笔记本。这时,陈老师出示了另一幅图片。小薛跟着陈老师,把今天的关键内容复盘了一遍。"Perfect!"小薛不禁脱口而出。

最后,陈老师说:"我也要不断反思与改进自己的教学,请大家最后扫一下二维码,完成一个调查。下课!"

第三节 案例解析

上述陈老师主讲的"培训迁移模型及其启示"就是一个以新知识的学习为主要目标的交互式教师培训,提取其关键步骤,分析每个步骤中关键的交互行为与策略,我们可以得到一些启示。

在上述案例中,有五个关键环节,见表4-1。

表4-1 培训教学的结构与关键环节

关键环节	具体环节
学习启动	1. 起点调查:通过课始小调查快速了解学员的学习起点
	2. 学习定向:通过学习目标与学习线路图帮助学员学习定向

(续表)

关键环节	具体环节
提出问题	3. 案例思考：通过案例把学员带入真实情境，并提出问题
学习新知识	4. 讲授新知识：培训迁移的含义
	5. 讲授新知识：迁移距离与学习环路
	6. 讲授新知识：鲍德温和福特的培训迁移模型及其应用
	7. 讲授新知识：霍顿的培训迁移模型及其应用
	8. 讲授新知识：一种整合的培训迁移模型及其启示
联系实际	9. 应用新知识：提升培训迁移效果的 N 条建议
反思小结	10. 回顾反思：学习目标达成情况

下面逐一分析五个关键环节对应的具体环节的交互目的、交互手段与方式、交互类型、交互发生条件等。

一、学习启动环节的交互活动解析

在上述案例中，学习启动环节由起点调查、学习定向两个具体环节构成。

（一）起点调查环节的交互活动

起点调查环节有助于培训者把握现场学员的学习起点，为以学定培提供关键的学情依据。该环节的交互活动解析见表 4-2。

表 4-2 起点调查环节的交互活动解析

交互目的	增进培训者对全体学员有关起点情况的了解
交互手段与方式	1. 借助 UMU 互动软件，现场调查并呈现调查结果，把结果作为资源进行分析 2. 学员与技术对话；培训者、学员与调查结果对话
交互类型	1. 人与技术交互 2. 培训者与学员交互 3. 学员与学员交互
交互发生条件	1. 技术上：培训者能够熟练操作 UMU 互动软件 2. 设备上：上课用的电脑应联网；学员手机能够联网扫二维码 3. 培训者应根据学习目标与学员情况，编制适切的调查题目

第四章 指向知识理解的交互式教师培训例析 | 95

（续表）

其他可行的交互方式	1. 采用提问形式，请个别学员或小组代表发言 2. 开展同伴或小组研讨并汇报研讨成果
关键点	在此背景下，交互质量取决于培训者调查题目的内容与调查的方式。一般而言，调查题目应指向关键目标，但数量应严格控制，完成时间应控制在3至5分钟

（二）学习定向环节的交互活动

学习定向环节有助于学员在正式学习前了解学习目标与路径，从而增强学习的目的性。该环节的交互活动解析见表4-3。

表4-3 学习定向环节的交互活动解析

交互目的	学员在正式学习前就能了解学习目标与关键内容，从而为自己的学习做好定向
交互手段与方式	1. 借助文字、图片与口头语言进行交互 2. 培训者讲，学员听
交互类型	1. 培训者与学员交互 2. 学员与资源交互
交互发生条件	1. 培训者站在学员的立场制定学习目标，表述清楚、准确、具体、可测；并且清晰告诉学员这一目标达成需要全身心投入与思维卷入，否则，目标不可能达成 2. 用文字、图片或情境按顺序呈现主要学习内容，发挥线路图的功能
其他可行的交互方式	采用形象的比喻或模拟表演，让学员明确学习目标与路径
关键点	1. 站在学员的立场，准确定位学习目标 2. 让学员强烈意识到，学习目标的达成需要自己发挥主体作用 3. 尽量把内容目录变成情境性的线路图

二、提出问题环节的交互活动解析

提出问题环节旨在用问题引发学员的思考，激发学员的学习兴趣。该环节的交互活动解析见表4-4。

表 4-4 提出问题环节的交互活动解析

交互目的	1. 吸引学员"进入"案例故事,带着任务去理解、去思考,激活已有知识经验 2. 为导入新知识做铺垫
交互手段与方式	1. 用问题、分析工具、故事等辅助交互 2. 学员与故事、同伴、自我、培训者对话
交互类型	1. 培训者与学员交互 2. 学员与学员交互 3. 学员与资源交互
交互发生条件	1. 采用与教学目标相关的典型案例 2. 提供引导学员深入理解与思考案例的问题、分析工具 3. 提供同伴交流的机会 4. 培训者对学员的分析给予反馈指导
其他可行的交互方式	1. 采用其他典型案例或事件 2. 让学员讲述亲身经历的事件
关键点	1. 案例应体现特定的教学目的,要典型,能够给学员真切的体验 2. 问题的设置要适切,从事实理解问题引向分析评价问题 3. 提供适当的学习支架,在有限的时间内提高学习效率 4. 给学员比较充分的思考时间

三、学习新知识环节的交互活动解析

学习新知识环节涉及五个知识点的学习,分别为:培训迁移的含义、迁移距离与学习环路、鲍德温和福特的培训迁移模型及其应用、霍顿的培训迁移模型及其应用、一种整合的培训迁移模型及其启示。该环节的交互活动解析见表 4-5。

表 4-5 学习新知识环节的交互活动解析

交互目的	1. 学员能够准确而深入地理解新概念或新理论的内涵、用途、应用方法 2. 学员在学习过程中逐渐降低对新理论学习的畏惧心理,体验到新理论的易学易用

第四章　指向知识理解的交互式教师培训例析

（续表）

交互手段与方式	1. 用文字、图表、口头语言、案例等辅助交互 2. 注重理论内涵讲解与理论实践应用的统一，每讲解一个新概念或新理论，必定提供如何应用它来分析或预测实际问题的案例 3. 在学员的疑惑处给予澄清指导
交互类型	1. 培训者与学员交互 2. 学员与学员交互 3. 学员进行新旧概念的交互
交互发生条件	1. 培训者熟悉所讲内容，具有丰富的理论与实践积累 2. 培训者对学员在理解上的困难点有比较准确的把握 3. 培训者语言幽默，富有人格魅力 4. 培训者采用的案例等贴近学员实际的工作环境
其他可行的交互方式	1. 请理论提出者本人讲解 2. 请案例当事人现身说法，或学员分享自身案例等 3. 其他专家从不同角度进行分析 4. 针对某个有争议或易混淆的内容，组织学员开展辩论或研讨 5. 基于真实或模拟情境的操作体验
关键点	1. 培训者对所讲内容有深刻的把握，能把理论讲透彻并通俗易懂 2. 辅助适切的案例、问题，加深学员对新知识及其应用的理解，提供丰富的基于真实情境的应用案例

对于学员学习中易混淆或难理解之处，培训者要加强相关理论的比较与重构。在上述案例中，多种培训迁移模型的引入容易给学员带来认知负荷与认知混乱。这时，培训者提出了自己对培训迁移模型的整合建构方案，有助于学员澄清困惑，实现新的认知平衡。该环节的交互活动解析见表4-6。

表4-6　一种整合的培训迁移模型及其启示环节的交互活动解析

交互目的	1. 学员能够将新获得的零散的或相互冲突的观点进行关联、辨别与整理，纳入或扩展已有的知识体系，形成新的平衡 2. 进一步加深对新知识的理解，巩固已获得的新知识 3. 学员体验到重构知识的快乐，同时增强自信心
交互手段与方式	1. 用文字、图表、口头语言、案例等辅助交互 2. 采用比较、分析、综合等方法，培训者和学员共同重构新知识 3. 应用重构的新知识来分析问题，加深对重构的新知识的理解

(续表)

交互类型	1. 培训者与学员交互 2. 学员与学员交互 3. 学员进行新旧概念的交互
交互发生条件	1. 培训者熟悉所讲内容,具有丰富的理论与实践积累 2. 培训者对学员在理解上的困难点有比较准确的把握 3. 培训者语言幽默,富有人格魅力 4. 培训者采用的案例等贴近学员实际的工作环境
其他可行的交互方式	1. 请其他专家从不同角度进行分析 2. 针对某个有争议或易混淆的内容,组织学员开展辩论或研讨 3. 请学员分享相关的经历或案例
关键点	1. 培训者对所讲内容有深刻的把握,有较深的理论造诣 2. 辅助适切的案例、问题,加深学员对重构的新知识的理解

四、联系实际环节的交互活动解析

联系实际环节有助于学员把培训所学与个人的工作实践联系起来,增强学与用之间的联系。该环节的交互活动解析见表4-7。

表4-7 联系实际环节的交互活动解析

交互目的	1. 学员能够将新获得的知识应用于个人真实的工作情境,进一步加深对新知识的理解,巩固新知识 2. 为学员在培训情境中的学与回到工作场所后的用之间,架起一座过渡转化的桥梁,便于学员在工作场所的实际应用 3. 汇聚培训者和所有学员的智慧,生成应用建议或方案,让每位学员都成为学习成果的贡献者
交互手段与方式	1. 用问题、分析工具等辅助交互 2. 以学员自主思考为主,让学员在充分理解新知识的基础上,对照自己所处或所观察到的真实情况,找出与理论一致、效果明显的做法;或发现与理论不一致之处,从而提出改进的建议或方案

(续表)

交互类型	1. 学员与理论对话 2. 学员与自我对话 3. 学员与学员对话
交互发生条件	1. 学员需要深度理解新知识 2. 学员需要用新知识去观照现实，发现经验，找出问题，提出建议 3. 学员需要具有相关的直接或间接体验 4. 学员需要高度投入，且具有较强的分析问题的能力
其他可行的交互方式	1. 研制行动方案 2. 进行深入的案例研讨与分析 3. 操作体验
关键点	1. 学员需要具有相关的直接或间接体验，对相关问题感兴趣且具有较强的分析问题的能力 2. 培训者整理学员建议，在整个培训结束前或结束后给到学员

五、反思小结环节的交互活动解析

反思小结环节有助于学员进一步复盘、反思与巩固培训所学。该环节的交互活动解析见表4-8。

表4-8 反思小结环节的交互活动解析

交互目的	1. 对照预期学习目标，评估学习成效 2. 总结与回顾主要学习收获，体验收获的喜悦 3. 带着收获的喜悦与满足离开，为培训画下一个完美的句号 4. 培训者获得相关反馈数据，以便改进教学
交互手段与方式	1. 用问题、图片、文字、口头语言等辅助交互 2. 以学员反思与评价为主 3. 借助UMU等互动软件收集数据
交互类型	1. 学员与自我对话 2. 人与技术交互

(续表)

交互发生条件	1. 学员具有一定的反思与评价能力 2. 学员认真投入 3. 培训者总结反思设计适切,语言富有激励性
其他可行的交互方式	1. 做测试题 2. 组织扔纸飞机、传帽子等反思游戏 3. 学员个人陈述
关键点	1. 培训者总结反思环节设计精练、有趣,直指核心问题 2. 学员认真投入,具有一定的反思与评价能力

上述五个环节,从开头到结尾基本形成了一个闭环,整个学习过程遵循"提出问题—反思研讨—学习新知识—联系实际—反思小结"的学习线路。在每个环节,借助多样化的交互手段、媒介与活动,学员充分调动情感与思维共同参与学习活动,在轻松的氛围中获得新概念或新理论,并且生成新的成果,带着获得的喜悦与满足愉快地完成培训学习。

从学员的表现来看,具有如下特征。(1)学员专注,学得投入。学员跟随着培训教学的进度同步卷入学习过程,或听中思,或开展同伴与小组研讨,或进行练习、操作、体验等,注意力集中,脑、口、手、并用。(2)建构生成,学得充分。学员自己或与同伴一起积极利用已有知识经验,建构新知识,并进行可视化呈现。学员生成的知识或资源受到充分重视,整理后作为学习成果在全体学员中分享。(3)学员主动,学得热情。学员在知识理解、问题思考、任务解决中,表现出极大的热情,他们在激励性的、友好的、轻松的氛围中调动全部的学习热情,学得快乐,学得满足。

从培训者的表现来看,具有如下特征。(1)有清晰的培训活动课程化思想。不管是一个小时的讲座还是半天的讲座,培训者的教学都有清晰的教学目标,有检查教学目标达成情况的活动设计,有与教学目标一致的教学内容和教学活动,体现出课程化的设计思想。培训者不是以自我为中心,会什么就讲什么,而是按照学员的实际情况与需求,定位学习目标、内容与材料、方式与方法等。这样的培训让学员感觉主题聚焦、浑然一体。(2)有统摄课堂的主线索。主线索有时是一个贯穿始终的主问题,有时是一个贯穿始终的主任务,有时是一个贯穿始终的主案例,有时是一个贯穿始终的主情境……不管具体表现形式是什么,它们都如同一根线,围绕教学目标,紧紧地把各项内容、活动串联起来。(3)"以学定教",灵活调整教学进程。培训者通过提问、UMU互动软件调查、讨论、汇报等多种交互方式,时时了解学员的知识、观点与看法,把这些知识、观点与看法作为起点或资源,不断推进教学,不留痕迹地调整教学安排。教学就如"师生共同谱写主题拟定的旋律,在不断交互、不断调整中向前流淌"。(4)在学员的疑惑处点拨指导。培训者及时把握学员可能产生的困惑、混淆点与困难点,给予澄清指导,让学员有一种"解渴、止渴"之感。(5)尊重、肯定与赞赏学员。培训者营造出一种相互尊重、平等、和谐的氛围,让学员安全感十足,不用担心因见解浅陋而遭到耻笑。

从教学环境来看,具有如下特征。(1)硬件环境支持学习。培训物理环境、硬件设备、网络设施等能够充分支持学习。(2)学习资源与学习工具有力支持学习。学习资源与学习工具的提供充分、适切。

✻ 互动 2

这些简单的题目能帮助您快速回顾本章要点,您只需要在合适的选项上打"√"。来做做看吧!

1. 指向知识理解的交互式教师培训在认知层次上主要属于(理解/记忆)层次。

2. 指向知识理解的交互式教师培训的学习过程一般由(七/五)个环节构成。

3. 指向知识理解的交互式教师培训适用于(小规模/大规模/两种规模都可以)的培训。

4. 指向知识理解的交互式教师培训适用于(现场教学/线上教学/混合教学/三种方式都可以)。

5. 指向知识理解的交互式教师培训对培训者的最大挑战是(能够使用信息技术/能够把教的活动转化成交互式学习活动)。

6. 指向知识理解的交互式教师培训对信息技术的要求是(有可以联网的便捷终端/不需要信息技术的辅助)。

【互动 1 参考答案】

专家 1 比较注重知识的科学性和系统性，较少关注学习者的需求。

专家 2 有一定的培训技巧与个人魅力，也比较重视知识的系统性，学习者听得津津有味，但基本以听为主。

专家 3 关注学习者的需求，与学习者有互动，针对学习者的需求精心安排培训内容。

专家 3 的做法值得借鉴。

第五章 指向习得应用的交互式教师培训例析

导语

指向习得应用的交互式教师培训关注学员在真实情境中综合运用习得的知识来解决问题的能力。在这种培训中,知识和技能的运用是现场教学极为重要的构成部分,拓展应用和迁移转化也是培训活动中必不可少的环节。在这一培训模式中,学以致用、知行合一得到了充分的体现。

本章中,学员老席体验的"化经验为课程——教师培训课程设计"研修坊就充分体现了指向习得应用的交互式教师培训实施模式的特点。

名人格言

知之真切笃实处即是行,行之明觉精察处即是知。

——王阳明

第五章 指向习得应用的交互式教师培训例析 | 105

✻ 互动1

如果您有机会参加一个单元教学设计工作坊,以下哪种培训活动设计更能促使您深度学习?请在您最认可的做法前打"√"。

（　　）A.培训者1对单元教学设计的理念、要素及撰写过程进行了详细的讲解,并配合案例加以说明。

（　　）B.培训者2组织学员按学段和学科组成学习小组,一边讲解,一边引导大家以小组为单位尝试设计一份单元教学设计方案。培训者2对方案提出修改意见,并指导各小组在培训现场完成修改,形成比较完善的单元教学设计方案。

（　　）C.培训者3在培训教学中给学员讲授了开展单元教学设计的具体策略,提供给学员单元教学设计工具单和使用说明,辅以案例供学员模仿和参照,并指出设计中容易出现的问题,推荐了单元教学设计相关资源供学员自主学习和设计。

（参考答案见本章末）

第一节　基本内涵

本书第三章简要提及指向习得应用的交互式教师培训实施模式,对其内涵与构成进行了初步的分析。本节着重对该模式的适用情境与使用要求进行论述。

一、指向习得应用的交互式教师培训的内涵与构成

指向习得应用的交互式教师培训的主要目的是促进学员在理解新知识和技能的基础上运用它们来解决实践中的问题,提升问题解决能力。在这种模式中也有新知识的生成与创造,但学习既定的新知识占到了总培训时间的50%及以上,学员主要通过习得与应用既定的新知识和技能来解决具体问题。

这一模式的学习过程由八个环节构成:提出问题—反思研讨—学习新知识—提出方案—检验方案—实施应用—反思改进—固化成果。需要说明的是,

这八个环节的顺序不是固定不变的，可以根据实际情况进行调整，从而产生不同的变式，如提出问题—学习新知识—反思研讨—提出方案—检验方案—实施应用—反思改进—固化成果。在该学习模式中，实时动态反馈依然贯穿始终。学习交流社区、资源支持同样发挥重要的辅助作用。八个学习环节各有侧重，又紧密联系。

（一）提出问题

提出问题环节旨在引发学员思考或认知失调，从而产生问题解决的需要。

（二）反思研讨

反思研讨环节旨在发挥学员的主体作用，充分调动学员已有的知识经验和智慧，群策群力，对提出的问题进行研讨、交流与分析，尝试提出初步解决方案。

（三）学习新知识

学习新知识环节旨在根据学员的问题或困惑，进行有针对性的新知识讲解，帮助学员在已有经验和知识的基础上，理解与内化新知识，建构新的问题解决思路或支架。

（四）提出方案

提出方案环节鼓励学员在学习新知识后，在培训者的引导和任务的驱动下，运用所学内容，提出问题解决的方案。

（五）检验方案

检验方案环节旨在方案正式实施前对方案进行论证、推敲、试点与修正。

（六）实施应用

实施应用是指正式实施方案并注重数据的收集工作。

（七）反思改进

反思改进是指根据实施情况进一步反思与改进方案，通过再应用、再反思……不断优化与完善方案。

（八）固化成果

固化成果环节旨在总结、提炼经验，形成成果并辐射应用。

基于学习过程，培训者与学员的典型活动参见第三章。

第五章 指向习得应用的交互式教师培训例析 | 107

二、适用情境

（一）适用活动类型

该模式适用于技能的学习。教师工作具有很强的实践性，教师培训要发挥改进教师实践的作用，就必须让教师愿意在教育教学中对培训所学进行迁移运用，形成熟练的技能。

教师作为课程实施最为关键的主体，在新一轮课程与教学改革中，不仅要了解课程改革的方向、理念、思路和提倡的育人方式，还要在了解理念和方法的基础上，将其转化为具体的教学活动，落实在课堂教学和学生身上。指向习得应用的交互式教师培训有着广泛的运用，所有期望教师能在教学中对培训内容进行实际运用并提升能力的教师培训，都可以采用这一模式。

（二）适用人群

该模式可以为具有一定培训经验的培训管理者与培训者提供切实帮助。教师的专业成长既需要有扎实的专业知识，也需要有高水平的专业实践能力，专业实践能力提升的前提是教师知道怎么做，有能够为教师提供实践方法的培训者。这些培训者既具有丰富的知识储备，又对知识运用的流程、方法和策略非常熟悉，有大量的案例可以分享；或具备开展实践活动的有效经验，通过梳理后，能够将关键环节、步骤要点、注意事项等说清楚。最为关键之处是培训者要能结合案例或自己的实践对学员学习过程以及在工作情境中运用知识和技能给予指导，明确指出其运用中出现的问题，并给出适当的建议，协助学员在工作实践中更好地运用知识与技能。

（三）适用时长

该模式适用的培训时长比较广泛。依据知识和技能的复杂性与操作难度，培训者可以设定合理的培训时间，既可以是1至4个课时的短周期培训，也可以是半年至一年的长周期培训，甚至更长时间。

（四）适用环境

该模式对培训环境的基本要求是有适合的教室或可用的交互终端。该模式适用于面对面的培训教学，也适用于线上的培训教学、线上与线下相结合的培训教学。这类培训一般以小组合作的形式开展，因此对学习空间有一定的要求，面对面的培训教学、线上与线下相结合的培训教学要求培训教室的布置是小组式的,线上的培训教学则要求具备分组研讨的在线学习软件或平台。不管是哪种形式的培训教学,均要求培训者与学员有可以便捷使用的交互终端,如可以联网的手机、电脑等。

（五）适用培训规模

该模式对培训人数有一定的要求,比较适合50人以下的小规模培训。此种类型的交互式教师培训注重小组间和小组内的研讨、交流、分享,因此,为保证小组成员都有参与的机会和研讨质量,每个小组以5至8人为宜,为保证各个小组都有讨论和交流展示的机会,小组数也不宜多,3至4个为宜,最多不超过6个,若达到4个小组,建议配备一名助教,或者由2至3人的培训者团队共同执教,便于观察每个小组的研讨过程,及时给予指导。

三、使用要求

指向习得应用的交互式教师培训主要指向以知识和技能运用为目标的培训,对培训者的要求较高,也要求学员发挥主体作用,高度参与。

（一）培训目标指向知识和技能的运用

该模式指向学员学习后能够进行运用,这里的运用既包括知识的运用,也包括各种技能的运用。因此,它的培训内容既包括知识,也包括技能。由于目标指向的是运用,即使是相同的培训内容,由于目标指向不同,活动的组织也有明显的不同,使用的培训模式也不同。

（二）对培训者的要求

该模式对培训者有较高的要求。从培训内容上看,培训者仅仅具备某一类知识是不够的,还必须知道这些知识和技能在实践中是如何具体运用和操作的,拥有实践操作的经验与智慧(可以是来自其他教师的经验,也可以是培训者自身的经验),能够对学员运用知识和技能进行指导。从培训形式上看,培训者要从学员的立场出发,设计促进学员参与互动的学习活动,而不是单纯的讲授,需要让学员在培训现场"做中学"。具体包括以下几点:

1. 培训者对知识及知识的应用富有专长

不同于指向知识理解的交互式教师培训和指向探索发现的交互式教师培训,指向习得应用的交互式教师培训对培训者的素质要求更为综合。培训者拥有较为完整系统的知识、清晰的操作策略和方法,这是培训者指导学员理解和应用知识、技能的前提条件。在这种模式中也有新知识的生成与创造,但学习既定的新知识占到了总培训时间的50%及以上,学员主要通过习得与应用既定的新知识和技能来解决具体问题,因此,培训者要有成熟的经验或专业的知识。

2. 培训者能够为学员提供应用指导

学员对所学知识和技能的运用不是仅仅通过"听"就能达成的,还需要转化为自己的行为,培训者需要在知识的习得与转化应用之间为学员搭建支架,即培训者需要有关于知识和技能运用的丰富实践经验与案例,帮助学员加深对知识和技能的理解,供学员借鉴。学员的运用需要结合实践情境,培训者还需要对学员实践应用的过程和做法进行指导,以便学员准确理解与应用。

3. 培训者具备设计与实施以"学"为中心活动的能力

指向习得应用的交互式教师培训需要培训者进行培训教学活动流程的再造,以此来推动培训的进程与培训目标的达成。根据培训主题,按照学员学习的逻辑,培训者把已有的知识和技能进行情境化的设计,确定每一个教学环节,设计清晰的学习流程活动,明确每个学习活动步骤的要点和注意点,匹配恰当的学习工具和支架,根据具体的活动情境进行优化和细化。这里,学习活动的主体是学员,因此要给予明确的指导语、原则和学习支架,便于学员开展讨论与合作,学习活动中需要用到的工具、学习单等相关教学材料也应提前准备。

4. 培训者要善于倾听、观察并及时反馈

相较以讲授为主的培训,在该模式中,培训者需要积极倾听,在接受信息、理解信息、确认反馈的过程中调整自己的结论,尽力尝试了解和理解学员,从学员的分享和交流中发掘更多有价值的问题。观察学员是衡量学习活动流程实施是否到位的重要途径,培训者应根据观察结果给予及时和适当的反馈。观察、反馈主要包括内容和进展状态两方面,在小组讨论和交流分享等环节,培训者需要通过观察来了解各小组的进展情况,对出现偏差、遇到困难的小组进行一对一指导;对出现的共性问题进行集中解释;对小组交流的观点进行分析、整合、引导,帮助学员主动建构。

5. 培训者要具备培训教学进度把控能力

在小组讨论和交流分享等环节,培训者需要确保各小组在预计的时间内完成既定的任务或步骤。在活动开始时提醒学员注意时间;在培训中,发现学员讨论进度过慢或跑题时要给予一定的支持和干预,必要时,根据学员讨论的内容和进度,对活动流程或时间进行调整。在过程中可以使用计时器、计时员等来协助计时。培训者的时间和进度把控能力对于培训的推进有重要影响。

(三) 对学员的要求

1. 主动参与,积极合作

学员是知识和技能理解与运用的主体,因此,指向习得应用的交互式教师培训要求学员主动参与,积极合作,能够根据培训者的引导,积极开展讨论,愿意和小组中的同伴合作,承担相应的角色,在合作完成学习任务的过程中贡献自己的力量和智慧。一般来说,参与的程度越高,主动承担的任务越具有挑战性,培训所学也就越深入,收获相应就越大。

2. 渴望应用,主动实践

学员与培训者和同伴共同建构形成的观点与结论,更容易在实践中迁移和应用。指向习得应用的交互式教师培训要求学员在培训现场以及培训后的工作情境中运用知识和技能,不断在实践中完善和改进,把培训所学真正转化为自己的行动实践。

3. 愿意尝试和掌握简单实用的网络互动技术

各种类型的交互式教师培训都可以借助一些方便快捷的信息技术来促进学习和互动。在培训者的引导下,学员需要尝试运用一些必要的互动技术,以便快捷地进行教学互动。

(四) 对授课环境的要求

面授式培训要求培训教室中的桌椅是小组式的,或者是可以移动的,能够自由组合,同时要求有一定的展示空间,如教室四周的墙面、白板架等,方便学员现场生成作品的展示和交流。线上的培训则要求提供支持分组研讨的在线学习平台,可以实现交互,如可以联网的手机、电脑,以及便于使用的软件,如腾讯会议、UMU 互动软件。

四、使用流程与操作要点

无论是被邀请承担某次教学培训工作的专家,还是集培训设计者、管理者和授课者于一身的培训者,在开展指向习得应用的交互式教师培训时,都可采取如下行动。

第五章 指向习得应用的交互式教师培训例析

（一）培训教学前可以采取的行动

1. 了解培训意图与培训对象需求

如果您作为专家被邀请开展一次培训，您需要尽可能多地了解培训背景、培训意图、培训整体安排等，尤其要了解培训对象的来源、构成、在拟培训的主题和内容上存在什么问题或具备什么基础等，必要时，可以委托邀请方对学员的问题和基础进行调研，以作为课程设计的基础。如果您（所在的团队）组织了一个研修项目，同样需要厘清培训的目的和意图，通过问卷调查等方式了解学员的基础和对培训的期待，基于学员的问题和需求，进行有针对性的课程设计。

2. 确定培训教学目标，设计核心评价任务

培训者要预设培训结束后期望学员达到的具体学习结果，提前确定现场检测学员学习结果的评价任务与方式。这样有利于教学目标的检测，也有利于评价与教学的有机整合。

3. 基于大项目或大任务确定培训内容

围绕培训目标和评价任务，以大项目或大任务为统摄，对项目或任务完成的步骤进行分解，按照步骤来设计培训课程框架。指向习得应用的交互式教师培训重视学员对知识和技能的运用，因此，通过任务的完成，促进学员对知识的运用，遵循的是教师学习和实践的逻辑，而不是知识的逻辑，这是设计指向习得应用的交互式教师培训的关键。在确定好整体的培训课程框架后，基于学员对知识、技能的充分理解和运用的逻辑，培训者充实课程内容，搜集、整理培训教学材料，让整个课程内容富有逻辑且生动有趣。

4. 设计以学员为中心的培训教学活动

遵循学员的学习特点与学习逻辑，按照"提出问题—反思研讨—学习新知识—提出方案—检验方案—实施应用—反思改进—固化成果"的过程，培训者设计教与学的活动，选择适切的教学方法，给学员提供充分的交流、分享时间和机会，促进学员积极思考和主动建构。

5. 编制培训教学课件，准备培训教学用具

按照实际培训教学展开过程，编制与完善培训教学课件，如讲义等。准备相应的培训教学用具，如学习单、便利贴、大白纸、记号笔等，为培训教学实施做好准备。

（二）培训教学中可以采取的行动

在培训教学中，培训者既是培训活动的引导者，又是培训内容专家。培训者既要引导学员开展多种形式的互动交流活动，根据学员的表现给予指导反馈，还要对培训内容进行解释与解读，促进学员对知识、技能的正确理解和有效运用。

培训者要充分尊重学员的已有知识经验，引导学员在共同研讨和完成任务的过程中习得新的知识和技能，并在具体的情境中进行运用。此外，培训者要认真倾听，不断观察，及时反馈和总结；做好培训教学进度把控工作，根据学员学习情况适时调整教学，促进学员在运用知识和技能的过程中创造知识。

（三）培训教学后可以采取的行动

指向习得应用的交互式教师培训受时间、周期等方面因素的影响，大部分的实践应用发生在现场培训之后，但在培训现场，学员需要在培训者的指导下开展练习，并形成应用方案。对于方案的实施和反思改进，培训者需要提供支持，并与学员保持联系，通过现场观察、在线沟通、答疑解惑等方式给予跟踪指导，以确保学员在实践中有效运用知识与技能。学员在实践运用过程中新生成的内容也可以成为培训者的课程资源。在这一过程中，培训者要为学员提供必要的学习资料、课件等，便于学员在实践中回顾和参考。

第二节　典型案例

> **案例简介**
>
> 案例来源：上海市师资培训中心"化经验为课程"研发团队举办的研修工作坊。
>
> 案例特色：1. 培训者采用线上引领、线下互动的形式，引导学员提炼教育教学经验，并将其转化成教师培训课程。
>
> 　　2. 培训者通过示证新知识，灵活运用测试、案例、小练习等辅助手段实现线上、线下交互；通过设置抢答题，帮助学员复习巩固新知识；通过实践操练，促进学员应用新知识。在培训者与学员、学员与学员多元交互与对话的过程中实现知识的迁移应用。
>
> 　　3. 从虚拟学员老席的视角来讲述案例，富有代入感；在体现以学员为中心的交互式培训要点处，以"敲黑板"的方式进行提示。
>
> 案例情境：一天线上线下"双师"集中教学，配合 UMU 互动软件的使用；适合骨干校长、教师、教师教育者等学习。

老席是某所初中的一位资深教师,在教育教学上颇有自己的心得体会,多年的工作经历使他积累了不少经验。学校领导非常希望老席能够整理、提炼自己的经验,将其开发成教师培训课程,以辐射集团校内更多的教师。然而,因缺乏相关的知识和技能,老席对于如何把经验转化为教师培训课程始终摸不着头脑。直到参加了一次聚焦教师培训课程开发的线上和线下相结合的研修工作坊,老席才豁然开朗。

一、学习启动

(一)暖场破冰:建立融洽、友好的学习共同体

在参加培训前,老席就从培训简介上了解到,这次培训由两位导师共同执教,采取研修工作坊模式,这样的培训形式老席从未体验过,带着期待与好奇,老席来到了培训现场。

只见现场座位并非秧田式摆放,而是摆放成了六个小组,每组约六个座位。怀着有些忐忑的心情,老席随机找了一个座位坐下。培训开始了,经主持人介绍,老席得知今天授课的导师有两位,一位是陈老师,一位是顾老师。陈老师由于工作原因无法亲临现场,她会在线上与在现场的顾老师相互配合,通过线上和线下相结合的方式开展一天的研修。

"线上和线下相结合?原来今天的课不仅是'双师'授课,还是一个线上一个线下,这样的培训效果会好吗?"正当老席心中纳闷的时候,顾老师拿着话筒来到了讲台上:"各位学员,大家好!欢迎来到我们的培训现场。刚才主持人已经介绍了我和陈老师,但是在座的各位,你们彼此还不认识。我们把座位安排成了六个小组,今天的培训中,你们要以小组为单位完成一个小任务。所以,在正式培训之前,大家先来做个暖场活动,认识一下自己所在小组的成员。"

原来,把座位排成一组一组是这个原因啊!老席终于明白了。

"下面请每组成员完成以下任务:用三分钟的时间介绍自己,互相认识,并找到组员之间的共同点,越多越好。结束之后,请每组最年长的学员代表本组进行交流分享!"顾老师话音刚落,各组学员就陆续开始了交流。

> **敲黑板**
> 习得应用型的工作坊常以小组为单位进行活动。培训过程中,小组成员互相交流、讨论,协作完成各项研修任务。因此,在培训之初,就应设计暖场破冰活动,增进组员的相互了解,营造活跃、融洽的现场气氛。

老席所在的小组非常活跃,各位组员依次自我介绍,最终找到的共同点是:(1)所有组员都来自初中学段;(2)所有组员教龄都在十年以上;(3)所有组员都有开发教师培训课程的需求或愿望。最后,作为本组最年长的学员,老席在全班进行了交流分享。在各组分享完毕后,老席发现,几乎所有小组都有一个共同点——大家都有开发教师培训课程的需求!

(二)学习定向:明确目标,把控方向

"经过刚才的暖场活动,大家都认识了自己组内的成员。下面,我们的培训就要正式开始了!"陈老师在线上出现了。老席拿出了笔记本,准备认真地听讲、记笔记。可这时,大屏幕上却出现了这样一张幻灯片,上面只有一行字:"一天的学习能带给你什么?"

陈老师接着说:"今天,研修工作坊的主题是教师培训课程设计。经过刚才的暖场活动,我们了解到大家都有开发教师培训课程的需求和愿望。工作坊式的培训不同于一般的培训,其中有知识的讲授,也有技能的操练。希望通过一天的研修,大家能够达成以下目标:(1)完整体验一门实用、易学的简易教师培训课程的设计过程;(2)掌握简易教师培训课程设计的基本知识与技能;(3)初步体验以'学'为中心的教师培训的特点。在此过程中,为了取得良好的学习效果,您需要具备积极的学习心态,专注投入,让自己的思维尽可能多地卷入培训之中。"

> **☞ 敲黑板**
> 在培训前告知学员学习目标,有利于学员明确本次学习的方向。把对学员的要求告知学员,可让学员在培训之初就明确自己在培训中的职责,为师生双方共同努力取得良好学习效果打下基础。

听完陈老师的这段话,老席了解了当天的培训目标,明白了只有积极投入,自己一天的培训才能取得良好的效果。

老席再次翻开笔记本,正期待着导师开讲,此时大屏幕上却出现了一幅图片(见图5-1)。陈老师解释道:"现在大家看到的这幅图片就是我们今天的学习线路图,学习的过程就像登山一样,中途会经过三个主要站点:(1)简易教师培训课程要素知识辅导;(2)复习活动;

> **☞ 敲黑板**
> 在培训开始前,把学习线路图展现给学员,有助于学员在头脑中形成关于培训内容和培训形式的基本框架,有助于他们做好心理准备,更好地参与培训。线路图采用图文结合的形式,比单纯采用文字的形式更有吸引力,更能给人留下深刻印象。

(3)简易教师培训课程要素实践操练。其中,第一个主要站点,知识辅导部分由我在线上主讲,其中会穿插一些小练习,由顾老师在线下辅助大家完成。后两个主要站点,复习活动和实践操练,主要由顾老师带领大家在线下完成。"

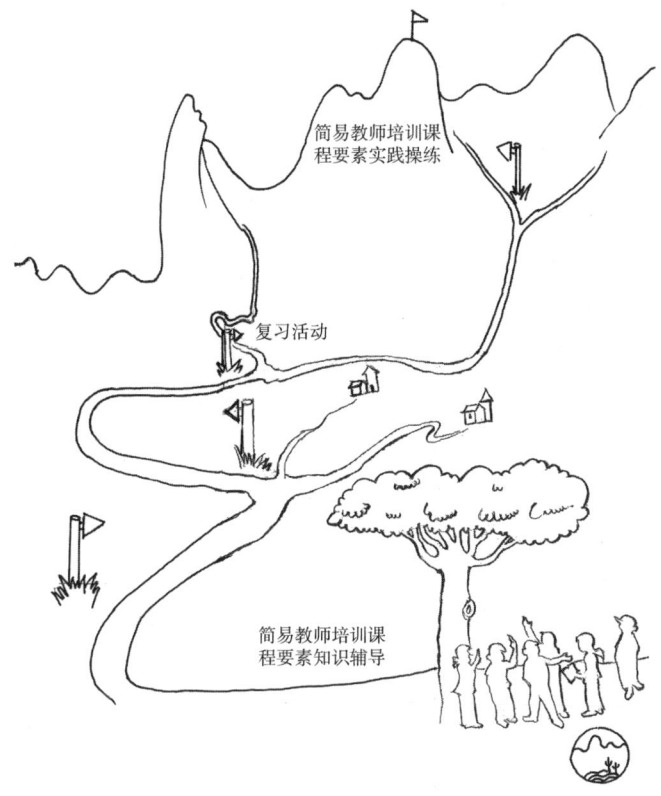

图 5-1 学习目标与学习线路图

"原来,今天的研修是这样安排的,好像与疫情中我们给学生上课的方式有点类似,空中课堂与面对面课堂相结合。没想到,这种新型的授课方式也可以用于教师培训!"老席这样想着,不禁对接下来的授课内容期待起来。

二、明确任务与要求

"今天我们研修的主题是教师培训课程设计,课程设计中的重要一环是课程纲要设计。大家的任务是以小组为单位设计一份教师培训课程纲要。我们首先来看一下教师培训课程纲要是什么样的。"陈老师说到这儿,大屏幕上出现了一个二维码。

老席赶忙拿出手机扫描,一份教师培训课程纲要便出现在了手机屏幕上。(这里使用的是 UMU 互动软件,可方便地将电子文档通过手机终端展示给学员。)

"大家可以看到,课程纲要由许多要素组成。对于一门简易的培训课程来说,至少应包括课程主题、课程目标、课程内容、课程评价四个要素。接下来,我们就逐一给大家进行讲解。"

老席第一次接触教师培训课程纲要,听了陈老师的介绍,他对课程纲要有了大致的印象,也清楚了今天的学习任务——以小组为单位设计一份教师培训课程纲要。可看着课程纲要的样板,包含这么多的要素,设计起来似乎不那么容易,看来,老席今天要和同组的小伙伴们一起加油了!

> ☞ 敲黑板
>
> 习得应用型培训多以学员完成一项具体的任务为主线,培训者应在培训伊始就告知学员学习任务。任务驱动能提高学员的参与度,激发学员的内驱力,并使其在参与的过程中把握正确的方向。

三、学习新知识

(一)学习新知识:课程主题的确立

"教师培训课程开发的第一步就是确立一个好的课程主题,但是,好的标准是什么呢?请看大屏幕上呈现的课程主题(见表 5-1)。"

表 5-1 课程主题示例

如何有效设计单元练习	教师命题能力提升指导
小学语文低年级句子教学方法指导	语文教学方法指导
师生沟通的六个诀窍	师生沟通
小学美术 50 个师生互动小制作	小学美术课堂教学
中学生议论文写作教学指导	中学生作文教学指导

只见大屏幕上出现了十个课程主题,老席边看边思考。这时,顾老师拿起了话筒:"大家觉得哪些课程主题比较好?有老师愿意谈一谈吗?"现场有好几位学员陆续举起了手。

学员1："我比较喜欢'师生沟通的六个诀窍'这个主题。六个诀窍很吸引人,让人感觉很实用,很想学一下这门课程。"

学员2："我比较喜欢'如何有效设计单元练习'这个主题。单元教学及单元作业的设计是当前的热点。"

学员3："我比较喜欢'中学生议论文写作教学指导'这个主题。议论文是中学生写作中很重要但对学生来说也是最难的一种体裁。我非常需要学习议论文写作教学方面的知识。"

……

老席听了之后很兴奋,因为他也认为这些是比较好的课程主题。"好在哪里呢?"顾老师问。

> **敲黑板**
> 培训者不要急于告诉学员答案。学员都是有丰富教育教学经验的成人,他们有自己的观点与想法。培训者要给予学员表达观点与想法的机会,从而促进他们思考,更好地建构新知识。

"好在主题更聚焦。"一位学员回答。许多学员不由得点头,表示赞同。"非常好!这样的主题我们可以用三个字来形容——小、实、快!下面我来具体解释一下小、实、快的含义……"

通过案例思考、观点交流、示证新知识的教学活动,老席对什么是好的课程主题有了较深刻的理解。

(二) 学习新知识:课程目标的制定

"有了课程主题后,第二步就是制定课程目标。课程目标的制定有一些基本要求……下面重点给大家介绍一种简单好记的课程目标设立原则——SMART原则。"接着,大屏幕上便出现了SMART所代表的五个单词及其含义(略)。

老席本身不是英语学科的教师,对这五个单词不太熟悉,只能对照着旁边的中文释义尝试理解。

"大家可能觉得这样看起来有些抽象,下面,我们就用一个具体的例子来说明。请大家对比大屏幕上左右两边的课程目标(见表5-1),说说哪边的课程目标更符合SMART原则。"

看着大屏幕上的课程目标,学员议论纷纷。顾老师把话筒递给了其中一位学员:"您能简单说一说吗?"

"我认为左边的课程目标比较符合SMART原则。"

"原因是什么呢?"

"右边的课程目标比较笼统,左边的则比较具体,有一些具体的数字,比较容易测量。"

"这位学员说得非常好!"陈老师在线上说道,"右边的课程目标在 A 和 R 上没有太大的问题,目标之间有相关性,在可达成度这一点上也比较好,没有把目标设定得过高或过低。主要问题出在 S、M 和 T 上,即课程目标太宽泛,不具体,难测量,这样的目标往往也没有时间限定……"

"原来,SMART 原则是这个意思!"听完这个例子,老席头脑中原本模糊的概念清晰了许多。

"再次提醒大家,一定要警惕课程目标制定中常见的四种误区。"

老席看着大屏幕,心中默默地记下了。本以为课程目标的制定介绍到这里就结束了,没想到,大屏幕上又出现了一张"改错小练习"的幻灯片。

"我们来做一个小练习:下面的三个课程目标(略)是否合适?如果不合适,可能存在什么问题?"

学员纷纷议论起来。很快,老席听到周围有学员说,"行为主体不是参训教师!""目标太宽泛,不具体,难测量!""目标数量不适切!"老席对照着刚才记下的四种误区,也很快识别出了这些问题。最后,顾老师总结了学员的答案。通过新知识讲授—案例解释—观点建构—纠错练习的活动设计,老席透彻理解了课程目标制定的要求。

> **敲黑板**
> 单纯的概念讲解往往因太抽象难以使学员消化理解,小练习是促进知识内化的有效工具。可采用判断、对比、改错等形式,结合具体的案例设计练习,与概念的讲解穿插进行,有效促进知识的吸收,同时帮助导师知晓学员对知识的掌握情况。

(三)学习新知识:课程评价的设计

"有了课程目标后,我们就可以设计课程评价了。课程评价必须指向课程目标的达成,注重过程性评价与终结性评价的有机统一,尽可能提供清晰、具体、可操作的评价标准或要求,发挥引导作用。"陈老师打开了一张展示课程评价范例的幻灯片并进行了讲解。

"原来,教师培训课程评价和学生课程评价有点相似!"老席看着幻灯片,觉得课程评价好像挺简单。这时,陈老师又打开了一张幻灯片:"请大家为下面的课程目标设计相应的评价任务和评价形式。"

老席看着幻灯片,一点方向也没有。周围也是寂静无声。顾老师拿起了话筒:"有老师愿意分享一下自己的想法吗?"见没有学员举手,顾老师给出了一些提示:"大家可以重点关注一下这些课程目标中的关键词,结合自己平时检测学生学习成果时命题的方式进行思考。"顾老师的提示仿佛打开了大家的思路,老席听见周围的学员纷纷议论了起来。

学员1:"我认为,第二条'运用所学方法,提升开场设计能力'的评价任务应该是让学员自己设计一个开场活动。"

学员2:"我认为,第三条'结合案例,分析逻辑模式'的评价任务应该是让学员分析一个具体案例。"

最后,陈老师在线上公布了她的想法。

对照着陈老师的想法,回想着其他学员的回答,老席很受启发,这些答案有些是他想到的,有些是他没有想到的,通过思考问题—尝试解决—参考借鉴,老席感觉在这个过程中自己对课程评价的认识深化了。

(四)学习新知识:课程内容的组织

"课程目标有了,目标达成度的评价指标也有了,下一步就是组织课程内容。我们先来做一个有意思的小练习:大屏幕上的这些图形(见图5-2)可以分成几类?包括多少种逻辑结构?"

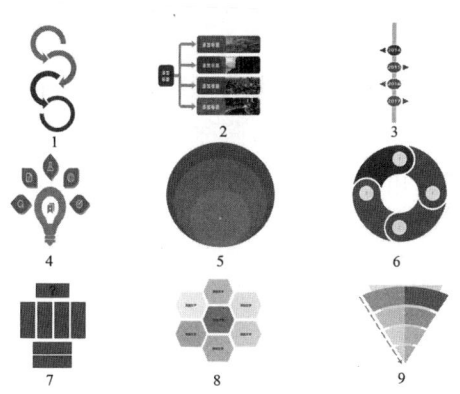

图5-2 九种随机分布的图形

老席看着大屏幕上的图形,一时有点迷惑,但又觉得挺有意思。慢慢地,他似乎看出了一些眉目,于是第一个举起了手。顾老师注意到了老席,便请他发言。

老席和几位学员先后发表了自己的观点。

"感谢大家的分享,下面我来谈谈我的想法。"陈老师交流了她的理解。

"嘿,我还真答对了一部分,1、3、6果然是一组,原来这种称为流程式结构。但这与课程内容有什么关系呢?"正当老席开始思索的时候,陈老师把幻灯片翻到了下一页。

"其实这些图形所代表的逻辑结构,也可以运用在课程内容的组织上。图5-3是某门课程的内容结构图,其中包含了哪几种结构?"

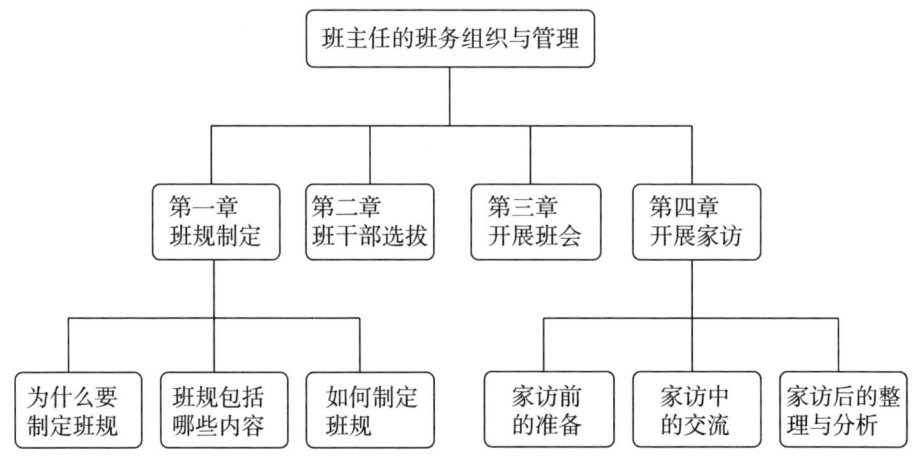

图 5-3 课程内容的组织逻辑例析

老席对照着刚才的图形分类,一下子就看出了这其中包含的三种逻辑结构,即并列式结构、"Why—What—How"(简称 3W)结构、流程式结构。

"相信很多老师都看出了这幅内容结构图中包含的逻辑结构。其实,这幅结构图本身也应用了一个原理,称为'金字塔原理'。"接着,陈老师结合案例对"金字塔原理"的含义与应用进行了讲解。

四、复习巩固新知识

下午的学习开始了。

"上午,陈老师已经带领大家完成了简易教师培训课程要素知识辅导,下面就到了复习活动和实践操练环节。在操练之前,我们回顾一下上午的知识要点。我们将采用抢答的方式,一共有四道题目,知道答案的老师请举手。"

"复习抢答？这个有意思，看看我能不能抢到一题。"老席正期待着，大屏幕上出现了第一道题："好的教师培训课程主题需要具备哪些特点？"

有学员很快举手了，并说出了正确答案："小、实、快。"

接着，大屏幕上出现了第二道题："教师培训课程目标制定中的常见问题有哪些？"

又有学员举手了，并说出了正确答案：(1)目标定位不明确、不准确；(2)行为主体不是参训教师；(3)目标表述宽泛、难测量；(4)目标的数量不适切。

大屏幕上出现了第三道题："教师培训课程评价最好由哪两大类型的评价构成？"

这道题很容易，许多学员都举手了。最终，举手最快的学员被邀请作答。

"过程性评价和终结性评价。"

"回答正确！"

"大家怎么都举手这么快？"老席一边听着，复习着正确答案，一边想，"最后一题，我一定要加油！"

大屏幕上出现了最后一道题："教师培训课程内容的组织可以运用哪几种逻辑结构？"

这道题目老席印象深刻，他立刻打开笔记本，翻到了答案，第一个举起了手："流程式结构，并列式结构，递进式结构，3W结构。"

最终，老席抢答对了一道题！

> 敲黑板
> 知识辅导常常采用演绎的方式，先介绍概念示证新知识，然后通过练习应用新知识。有时，适当打破这样的顺序会产生意想不到的效果。先让学员尝试练习，第一次引出新知识，再通过练习迁移运用，第二次引出新知识，以此类推。采用这种归纳的方式进行知识辅导，有时更能激发学员的学习兴趣。

> 敲黑板
> 若知识辅导部分内容较多，时间较长，可在实践操练前安排复习活动，一方面帮助学员巩固知识要点；另一方面帮助培训师把握学员知识掌握情况，及时查漏补缺。

五、小组实践操练

"下面就要正式开始实践操练了！每个小组要应用学到的知识，设计一门属于自己的教师培训课程。"

（一）交流碰撞：确立课程主题

各小组纷纷开始议论，老席所在的小组也不例外。

"我们都是初中学段的，这是我们的共同点，我们面对的学生群体都是一样的。"A老师说道。

"从班主任工作角度出发怎么样？"B老师提议道。

"从班主任工作角度出发确实有许多素材，但我们组有两位艺术学科的老师，他们没有班主任工作的经验。"老席提醒道。

"艺术学科的老师也需要和学生沟通，学生不重视艺术课，不交作业，或在课堂上做其他学科的作业，这种情况也是有的。"C老师说道。

"把如何进行师生沟通作为主题怎么样？"D老师提议道。

"同意！"大家纷纷表示这个提议不错。

这时，顾老师来到了组内，听了大家的想法后，认为师生沟通是个不错的方向，但也指出，一般不把问题作为课程的主题，另外，师生沟通中的"生"范围很广，建议明确"生"的范围。

> **☞ 敲黑板**
> 学员只有亲自动手实践操练，才能真正掌握技能。采用小组讨论的方式，有助于学员互相启发，拓宽思路。必要时，培训者需要介入，给予专业引领，但专业引领不能脱离学员自主建构的成果，而是必须建立在学员自主建构的基础上。

听了顾老师的建议，大家再次进行了讨论，最终把课程主题定为"初中学段师生沟通的方法和技巧"。

（二）复习新知识：制定课程目标

"我们的课程目标应该是教会广大初中学段的教师如何与初中生进行沟通。"A老师说道。

"同时，帮助教师与学生建立良好的师生关系。"C老师补充道。

"看看我们的课程目标有没有陷入四种误区。"老席提醒大家。

> **☞ 敲黑板**
> 实践操练中，当学员遇到困难无从下手时，培训者可提供一些实例供其参考。模仿是许多一线教师习得技能的第一步。

于是，大家一起翻开了笔记本。

"我们的目标好像比较宽泛，不具体，难测量。"B老师说道。

"行为主体也不是参训教师。"D老师说道。

怎么改呢？大家都犯了难，于是举手请求顾老师的帮助。顾老师没有直接给出答案,而是翻出了知识辅导时课程目标的那个案例,投到大屏幕上,提示所有学员,遇到困难,可以参考学过的案例。

老席所在的小组对照着大屏幕上的案例,重新进行思考,最终制定了如下课程目标:(1)聆听专题辅导报告,能说出与初中生进行沟通的典型方法和技巧;(2)通过实践,迁移应用所学的师生沟通方法与技巧,形成1至2个师生沟通案例。

(三)要点回顾:设计评价任务

"大家可以回想一下陈老师讲课时给大家做的练习题,解题思路是抓住课程目标中的关键词,设计相应的评价任务。"顾老师提醒大家。

"我们的第一个课程目标中的关键词是'能说出',可否设计一些客观题?"D老师说道。

"应该可以!还可以设计一些问答题,给出一些案例,让参训教师回答在特定情境下如何与学生沟通。"老席说道。

"我们是否还要考虑把过程性评价和终结性评价结合起来?"C老师提醒道。

"我们刚才已经说了一些,其中有过程性评价,也有终结性评价。另外,还要考虑参训教师的出席情况,把这些任务整合一下就行。刚才陈老师给的案例,我拍了照片!"D老师说着,便从手机中

> ☞ **敲黑板**
> 实践操练时,针对关键操作点,培训者要适时提醒学员。唤醒学员在知识辅导阶段的练习记忆、思路及方法,有助于其将所学知识迁移应用到新的情境。

翻出了那个案例。于是,大家参考案例,结合刚才讨论的结果,设计了评价任务(见表5-2)。

表5-2 学员评价练习示例

维度	权重	评价内容	达到合格水平的要求
过程性评价	60%	1. 学员的出勤率 2. 学员过程性作业的完成率	1. 现场出勤率达到80%以上 2. 过程性作业(填空题、选择题)正确率达到80%以上
终结性评价	40%	学员终结性评价的完成情况	学员主观题作业及案例作业的完成质量较高,分数在70分以上

(四)深度对话:组织课程内容

"课程内容的选择和组织是课程设计中最重要的一步,下面,请各组学员发挥自己的聪明才智,选择与课程主题相关的内容,按照陈老师教给大家的那些逻辑顺序,搭建一个金字塔结构。"

培训进行到这个时候,学员之间更加熟悉了,对课程设计也越来越有兴趣!以下是老席所在小组的对话过程。

"师生沟通不畅,我首先想到的就是学生的问题,如迟到、不交作业、不认真听讲。学生存在这些问题,教师该如何与他们沟通?"C老师说道。

"对,部分学生存在逆反心理,不服从教师的管教。我们可以借助一些实例,说说如何与这些学生进行沟通。"B老师说道。

"一些家长对孩子采取'棍棒教育',非打即骂,使孩子对学习失去兴趣。遇到这样的情况,最好是进行家访,和学生、家长一起沟通。"D老师说道。

"我同意D老师的意见,很多学生问题都是由家庭造成的。我们区有许多随迁子女家庭,这些家庭往往不重视教育,导致孩子出现种种问题。"老席补充道。

"大家说的都很有道理,可是,怎么梳理、整合这些内容呢?"A老师的提问让小组成员都陷入了思考。

这时,顾老师来到了组内,听了大家的想法后,给出了一些建议:"大家谈到许多学生存在问题,还分析了问题存在

> ☞ 敲黑板
> 实践操练中,当学员难以将所学进行迁移应用时,培训者需要就学员遇到的具体困难与学员进行讨论,并给予适当的提示和点拨,让学员在具体的情境中体会知识的运用。

的原因,有的是因为处在叛逆期,有的是因为家长粗暴管教,有的是因为家长忙于生计,不重视孩子的学习。大家可以思考,如何针对这三类情况,用不同的方法进行师生沟通。"

听了顾老师的建议,小组成员很受启发。大家把三类情况作为并列的三章,并开始思考章下面小节的内容。

"我认为,针对处于叛逆期、逆反心理严重的学生,教师需要了解学生叛逆的原因,以及这些学生的特点,然后与他们进行沟通。"A老师说道。

"对于家长粗暴管教的学生,我同意刚才D老师的意见,最好是进行家访,在与学生沟通的同时也和家长进行沟通。我们可以参考陈老师给的"金字塔"的例子,分为家访前、家访中和家访后三部分来组织内容。"C老师说道。

"关于随迁子女,我认为,教师先要了解他们的家庭状况和生活、学习状况,然后与他们进行沟通。"老席说道。

顺着这个思路,老席所在的小组把他们的想法梳理成了如下的金字塔结构(见图5-4),其中包含了流程式结构、并列式结构、3W结构。

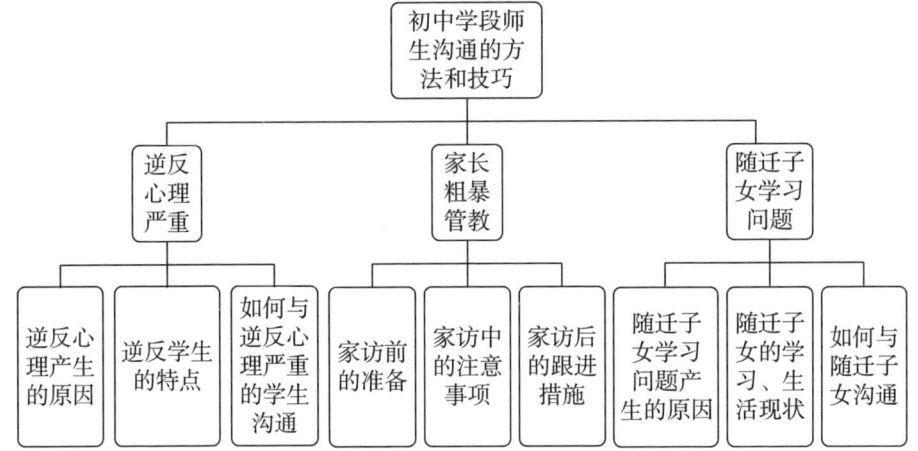

图5-4 学员小组课程内容的组织逻辑练习示例

(五) 总结反思:复习巩固所学

培训至此,各个小组都完成了初步的课程纲要,并在全班进行了交流分享。培训即将结束,这时,大屏幕上出现了一张幻灯片,上面的内容是:(1)完整体验一门实用、易学的简易教师培训课程的设计过程;(2)掌握简易教师培训课程设计的基本知识与技能;(3)初步体验以"学"为中心的教师培训的特点。

这些内容看起来怎么这么眼熟?老席努力回忆着。他想起来了,这就是今天的培训目标呀!

"大家还记得我们今天的培训目标吗?"顾老师问道。

"还真的达成目标了呢!虽然在培训开始的时候觉得有点难,但是自己用心投入了,真的有成效!"老席觉得这一天很充实。

☞ 敲黑板

培训结束前,重述培训目标与培训过程,有助于学员回顾自己的学习过程,感受自身的进步,获得成就感,并产生进一步迁移应用所学的想法和动力。

六、个人实践应用

培训结束后,老席头脑中依然回味着培训中和小组成员一起生成的培训课程。"师生沟通的确是身边很多老师关注的问题,自己做班主任工作多年,在这方面也积累了不少经验,何不继续完善'初中学段师生沟通的方法和技巧'这门课,开发出来后分享给集团校内有需求的教师?"想到这里,老席联系上顾老师,咨询进一步完善课程的方法。顾老师听了老席的想法,表示非常支持,并告诉他,目前他们小组的课程内容金字塔已经呈现了课程主题、章以及每章下面各小节的结构,接下来,他需要进一步细化每个小节的内容,形成目。例如,针对第一章第一小节"逆反心理产生的原因",需要列出几条具体的原因,每个小节都如此,以此类推。有了章、节、目三级提纲后,再将具体内容写下来,形成课程讲义。

> **☞ 敲黑板**
> 完善实施阶段,培训者要鼓励与支持学员,在其现有成果的基础上给予具体的操作建议和指导,让他们行动时有明确的方向。

"对于大部分的内容,我是有一些经验的,但也有少部分内容,我的经验还不足。怎么办呢?"老席问。

"没关系,可以查阅资料,或咨询其他有经验的老师!"

经顾老师指点后,老席开始行动起来。通过查阅相关书籍、论文,请教学校里一些资深的教师,老席逐渐将课程内容细化,形成了章、节、目三级提纲,并将主要内容落于纸上,一个月后形成了一份初步的课程讲义。

他将三级提纲和课程讲义发给了顾老师,请她帮忙提意见。顾老师看了后,发现老席的三级提纲条理清晰,富有逻辑,但课程讲义中缺乏实践案例,内容显得枯燥、乏味。

"教师的学习很多时候需要借助案例。单纯的理论讲解,教师往往难以吸收,给出一些实践案例,能取得更好的培训效果。回想一下上次您参加的教师培训课程建设研修坊,我们在培训中提供了许多案例,那些案例是否对您理解知识、应用所学起到了一些作用呢?"顾老师说。

回忆了一下那次的培训过程,老席觉得顾老师说得对,自己确实从案例中获得了很多启发!于是,他又开始了新一轮的查询资料、咨询同事,整理了一些典型的实践案例,一个月后,形成了一份新的课程讲义。

第五章 指向习得应用的交互式教师培训例析

"案例补充好了,现在的课程内容很充实了,应该可以实施了吧!"老席把所有讲义整理好,制作完成课件,感觉一切就绪,踌躇满志,准备实施。

七、实施反思完善

老席在集团校范围内发布了培训招生通知,欢迎在师生沟通方面有困惑的老师参与他新开发的培训课程,很快,20 余名教师参加报名。

根据报名的人数,老席预定好了一间教室,每周三下午召集教师参加培训。

两个月后,课程结束了。老席感觉自己精心准备的课程好像效果不如自己想象中那么好,教师参与的热情不那么高涨,提交的作业质量也不是很理想。"明明自己的课程内容已经很完善了,理论和案例都有了,为什么效果不好呢?"带着疑问,老席又找到了顾老师。

"你的课程是如何实施的?采用了什么样的形式?"顾老师问。

"我一边播放课件,一边给大家讲,讲完之后请有问题的教师提问。"

"你是怎么讲的呢?讲的时候有没有关注教师的反应?"

"我就是按照讲义,一条一条地讲。我觉得自己讲得挺清晰的,但是教师参与的积极性并不高。"

"教师参与的积极性不高,与你的授课形式有关。想要培训效果好,不仅要有好的内容,还要有好的形式。"

> ☞ **敲黑板**
> 实施后的反思完善阶段,培训者应充分了解学员的实施情况与困惑,可采用问题链的形式引导学员分析问题和寻找解决方案,适时指出问题症结,给出有针对性的指导意见。

"什么样的形式是好的形式呢?"

"以学员为中心,关注学员的学。您可以回想一下,自己参与过的培训中,有哪些好的形式让您觉得很有趣,同时又学到了知识?"

"上次您和陈老师的研修坊,采用分组的形式,有问答,有练习,有小组研讨,大家都学得很开心,也觉得很有收获。"

"问答、练习、小组研讨,这些都是具体的学习活动,课程设计者先要根据学员学的逻辑设计学习流程,有了学习流程后再匹配恰当的学习活动。学习活动可以是听讲,也可以是问答、练习、小组研讨等,只要能取得良好的学习效果,都可以尝试。"

"听上去,与给学生上课的教案设计有点像。"老席说。

"是的,两者很相似,只是教师群体和学生群体的学习特点不同,适用的学习流程和学习活动也有所差异。"顾老师回应说。

"我有点明白了。我再试一试,重新设计一下!"老席说。

咨询了顾老师后,老席认识到了培训形式的重要性,也知道了好的形式必须以"学"为中心。他把自己设想成学员,开始思考什么样的学习流程和学习活动能激发学员的学习兴趣,提升学员的学习效果。经过一段时间的思考和反复尝试,以及向顾老师多次咨询后,老席最终规划了"问题讨论—理论学习—案例分析"的学习流程,并设计了小组研讨、练习、抢答、角色扮演等有利于学员深度学习的活动。

老席在学校又招收了一批学员,采用了改进后的授课形式,学员学习的积极性和效果都有所提升。

八、总结经验

第二期培训课程圆满结束后,老席联系了顾老师,将自己第二次实施课程的经历进行了汇报,并向顾老师表示感谢。顾老师向老席表示祝贺,并建议他梳理自己的课程开发过程,总结经验,以便今后更好、更快地开发更多培训课程。

翻开最初参加教师培训课程建设研修坊时的笔记本,老席回顾了自己所在小组确立课程主题、制定课程目标、设计课程评价、组织课程内容的过程,又回想了回到学校后自己查阅资料、收集案例、细化课程内容、撰写讲义、制作课件,以及实施后调整课程形式,重新设计学习流程和学习活动的经历,细细复盘每一步的操作过程。最后,老席归纳了教师培训课程设计的六大步骤,即确立课程主题、制定课程目标、设计课程评价、组织与细化课程内容、设计学习流程与学习活动、撰写课程讲义与制作课件,并总结了每个步骤的操作要点和注意事项。

看着梳理的成果,老席心中充满了成就感——一年的时间,自己竟然有如此大的收获!老席希望借助这些经验,开发更多的教师培训课程,把这些方法传递给更多教师!

第三节 案例解析

与指向习得应用的交互式教师培训实施模式相比,"化经验为课程"研修工作坊的学习流程有一些小的变化。例如,模式中的步骤一"提出问题"在案例中变化为"明确任务与要求";步骤二"反思研讨"在案例中与步骤三"学习新知识"紧密结合在一起;步骤四"提出方案"对应典型案例中的"小组实践操练"与"个人实践应用";步骤五"检验方案"、步骤六"实施应用"、步骤七"反思改进"对应典型案例中的"实施反思完善";步骤八"固化成果"对应典型案例中的"总结经验"。由此可见,典型案例体现了指向习得应用的交互式教师培训实施模式中的步骤,但并不是一一对应的,在实际的培训中会出现步骤整合或顺序变更的现象。这些都是十分普遍的。

提取上述典型案例的关键步骤,分析每个步骤中关键的交互行为与策略,我们可以得到一些启示。在上述案例中,有八个关键环节,见表5-3。

表5-3 "化经验为课程"研修工作坊的关键环节

关键环节	具体环节
学习启动	1. 暖场破冰:建立融洽、友好的学习共同体
	2. 学习定向:明确目标,把控方向
明确任务与要求	3. 明确任务与要求:任务驱动学习
学习新知识	4. 学习新知识:课程主题的确立
	5. 学习新知识:课程目标的制定
	6. 学习新知识:课程评价的设计
	7. 学习新知识:课程内容的组织
复习巩固新知识	8. 复习巩固新知识
小组实践操练	9. 交流碰撞:确立课程主题
	10. 复习新知识:制定课程目标
	11. 要点回顾:设计评价任务
	12. 深度对话:组织课程内容
	13. 总结反思:复习巩固所学
个人实践应用	14. 个人实践应用:独立撰写课程纲要
实施反思完善	15. 实施反思:修正与完善
总结经验	16. 总结经验:固化成果

下面逐一分析八个关键环节对应的具体环节的交互目的、交互手段与方式、交互类型、交互发生条件等。

一、学习启动环节的交互活动解析

在上述案例中,学习启动环节由暖场破冰、学习定向两个具体环节构成。

(一)暖场破冰环节的交互活动

暖场破冰环节有助于彼此陌生的学员增进了解,打破彼此的隔阂与疏离感,迅速建立起和谐、融洽的人际关系。该环节的交互活动解析见表5-4。

表5-4 暖场破冰环节的交互活动解析

交互目的	增进培训者、学员(特别是小组成员)的相互了解,为后续小组交流协作、共同完成研修任务创设良好氛围
交互手段与方式	1. 通过寻找小组成员的共同点或类似的小游戏,引导小组成员相互了解 2. 通过交流分享环节,促进小组成员相互了解
交互类型	1. 学员与学员交互 2. 培训者与学员交互
交互发生条件	学员之间有较多的共同点可以分享
关键点	培训者事先大致了解学员情况,可根据研修任务的不同,在此步骤之前进行同质或异质分组

(二)学习定向环节的交互活动

学习定向环节有助于学员在正式开始学习前,对学习的目标与路径有清晰的认识,从而增强学习的目的性。该环节的交互活动解析见表5-5。

表5-5 学习定向环节的交互活动解析

交互目的	明确学习目标、学习线路及学习任务,为后续的学习指明方向
交互手段与方式	借助文字、图片与口头语言进行交互
交互类型	1. 培训者与学员交互 2. 学员与资源交互
交互发生条件	1. 学习目标适切、具体、可达成 2. 学习线路清晰,可操作性强 3. 学员应意识到,只有积极投入,才能达成学习目标

(续表)

关键点	1. 培训者应站在学员角度,制定适切、具体、可达成的学习目标 2. 学习线路图尽量采用可视化的图文形式 3. 培训者应提示学员,学习目标的达成需要他们积极投入

二、明确任务与要求环节的交互活动解析

明确任务与要求环节能够使学员清楚具体的学习任务,驱动学员学习,增强学员学以致用的动力。该环节的交互活动解析见表5-6。

表5-6 明确任务与要求环节的交互活动解析

交互目的	明确学习任务,以任务为驱动,激发学员内驱力
交互手段与方式	借助作业样例、作业模板与口头语言进行交互
交互类型	培训者与学员交互
交互发生条件	1. 学习任务难度适宜,具有一定的挑战性 2. 作业样例、作业模板清晰,具有可参照性
关键点	1. 培训者应根据学习目标,站在学员角度,设计难度适宜的学习任务 2. 精心挑选具有典型性的作业样例、作业模板,便于学员模仿和参照

三、学习新知识环节的交互活动解析

学习新知识环节涉及四个知识点的学习,分别为:课程主题的确立、课程目标的制定、课程评价的设计、课程内容的组织。该环节的交互活动解析见表5-7。

表5-7 学习新知识环节的交互活动解析

交互目的	1. 学员能准确理解新概念或新理论的内涵,并能初步应用 2. 学员在学习过程中逐渐降低对新理论学习的畏惧心理,体验到新理论的易学易用
交互手段与方式	1. 用文字、图表、口头语言、案例等辅助交互 2. 学用结合,充分利用驱动性问题、案例、练习等辅助手段帮助学员理解新概念或新理论
交互类型	1. 培训者与学员交互 2. 学员与学员交互

(续表)

交互发生条件	1. 培训者熟悉所讲内容,具有丰富的理论与实践积累 2. 培训者对学员在理解上的困难点有较准确的把握 3. 培训者采用的案例、练习等素材,与学员实际工作比较接近 4. 线上培训者应与线下培训者配合,根据学员状况及时调整授课节奏与内容
关键点	1. 培训者能站在学员角度,把理论讲透彻并通俗易懂 2. 培训者能灵活运用驱动性问题、案例、练习等辅助手段,与学员及时互动,检验学员的知识掌握情况,调整授课节奏与内容,维持学员的学习兴趣

四、复习巩固新知识环节的交互活动解析

复习巩固新知识环节既可帮助学员进一步复盘、反思与巩固培训所学,又能为接下来的小组实践操练做好铺垫。该环节的交互活动解析见表5-8。

表5-8 复习巩固新知识环节的交互活动解析

交互目的	1. 帮助学员巩固新学的知识点,为后续实践操作做好准备 2. 帮助培训者了解学员的掌握情况,及时查漏补缺
交互手段与方式	1. 通过抢答等游戏的方式进行 2. 用文字、图片等辅助交互
交互类型	1. 培训者与学员交互 2. 学员与学员交互
交互发生条件	1. 培训者应对新知识、新理念的关键点有较好的把握 2. 培训者应对学习者在理解上的难点、盲点有较好的预测 3. 复习的形式有趣,能吸引学员积极参与
关键点	1. 培训者应针对重难点设计难易适中的问题 2. 复习可采用抢答、小组竞赛等有趣的形式进行

五、小组实践操练环节的交互活动解析

小组实践操练环节应发挥小组成员的智慧,凝聚小组成员的力量,使其在互帮互助中尝试应用培训所学,通过做中学进一步巩固培训所学,提升能力。该环节的交互活动解析见表5-9。

表 5-9　小组实践操练环节的交互活动解析

交互目的	让学员在实践操练的过程中应用新学的知识和技能,促进新学知识和技能的迁移
交互手段与方式	通过小组合作,应用所学新知识和技能,完成自建构任务,自建构任务完成后可拍照上传至 UMU 等平台进行分享
交互类型	1. 培训者与学员交互 2. 学员与学员交互 3. 人与技术交互
交互发生条件	1. 学员能够互相协作,协作过程中能产生有意义的深度对话 2. 培训者能及时发现学员的困难,适时介入,提供支持
关键点	1. 培训者在培训之初就应通过暖场破冰活动营造融洽的培训氛围 2. 学员遇到困难时,培训者所提供的支持不应脱离情境,而应基于学员的自建构任务

六、个人实践应用环节的交互活动解析

个人实践应用环节有助于学员根据实际工作需要实践应用培训所学,进一步提升能力,促进知识的迁移应用。该环节的交互活动解析见表 5-10。

表 5-10　个人实践应用环节的交互活动解析

交互目的	学员完善课程纲要与课程内容,真正将习得的外在知识转化为个人的能力
交互手段与方式	学员自主思考、独立实践;学员向培训者请教与咨询
交互类型	1. 学员与资源交互 2. 学员与自身交互 3. 学员与培训者交互
交互发生条件	1. 学员具有强烈的实践应用意愿 2. 学员所在的工作环境不限制与反对学员的实践应用 3. 培训者给予及时、耐心的专业指导
关键点	1. 学员具有强烈的实践应用动机 2. 学员在实践应用中得到及时的支持

七、实施反思完善环节的交互活动解析

实施反思完善环节注重实践应用的效果与反思完善。学员通过开展实际

的培训，把课程纲要与讲义转化为实际的培训行为，根据培训实施的效果与反思，不断调整完善课程纲要与讲义。该环节的交互活动解析见表 5-11。

表 5-11 实施反思完善环节的交互活动解析

交互目的	通过应用方案，接受实践检验，不断修正与完善方案
交互手段与方式	1. 实践应用与实践反思 2. 咨询与指导
交互类型	1. 学员观念与行为的交互、行为与结果的交互 2. 学员与实践对象的交互 3. 学员与培训者或其他专家的交互
交互发生条件	1. 学员具有强烈的实践应用与反思意愿 2. 学员能够基于实践开展深度反思 3. 学员所在的工作环境不限制与反对学员的实践应用 4. 培训者或其他专家提供及时的专业指导
关键点	1. 学员具有强烈的实践应用与反思动机 2. 学员能够基于实践开展深度反思

八、总结经验环节的交互活动解析

总结经验环节注重通过反思、总结提炼实践经验，以便宣传、辐射给更多的教师。该环节的交互活动解析见表 5-12。

表 5-12 总结经验环节的交互活动解析

交互目的	通过总结提炼，把经验理论化、系统化，加强经验的传播辐射，促进知识创新
交互手段与方式	1. 深度反思 2. 咨询与指导
交互类型	1. 学员与个人实践、经验的深度对话 2. 学员与培训者或其他专家的交互
交互发生条件	1. 学员具有强烈的总结提炼成果的意愿 2. 学员具有总结提炼成果的能力 3. 学员成果有传播辐射的机会与平台
关键点	1. 学员具有强烈的总结提炼成果的动机 2. 学员具有总结提炼成果的能力

上述八个环节，从开头到结尾基本形成了一个闭环。在每个环节，借助多样化的交互手段、媒介与活动，学员充分调动情感与思维共同参与学习活动，在轻松的氛围中获得新概念或新理论，并且生成新的成果，带着获得的喜悦与满足愉快地完成培训学习。

从活动设计来看，重要的是设置高阶学习任务，提供学习支架。习得应用类培训要实现学员的深度学习，重要的一点是设置高阶学习任务。任务的难度适切，但必须具有一定的挑战性。培训者要把任务进一步划分为一些子任务，设计相应的教学活动，形成学习线路图，并在培训开始前，就把学习目标、学习线路图和学习任务告知学员。每一个子任务的完成，都需要设计相应的学习支架，如驱动性问题、练习、结构化的任务单。培训过程中，受高阶任务的牵引，学员的学习动机被激活，他们会自发地跟随培训的节奏，一步一步往前迈进，直至学习任务完成。有了学习支架的支持，他们也不会因畏难而放弃。

在教学资源上，需要合理利用线上资源，积极互动，以学定教。线上授课的一大优点就是不受时空限制，能够更充分地利用专家资源。但线上授课也存在局限，如培训者与学员的互动会受到一定限制。因此，利用线上平台授课时，尤其要灵活利用驱动性问题、练习、游戏等辅助手段，与线上讲授穿插进行，依据学员的反馈及时调整教学节奏和内容，这样才能使教学有的放矢，做到以"学"为中心。

在学习环境上，需要创设良好的学习环境，实现多方交互。理想的交互式培训应该是学员与周边环境、与同伴、与培训者、与培训材料、与自身过去经验及未来实践进行交互，并在交互的过程中建构出新的知识与经验。要取得这样的培训效果，必须创设适切的学习环境，以促进交互的达成。例如，将座位摆放成小组的形式，在培训开始前进行暖场、破冰、分组、团建等活动，学习任务以小组为单位完成，完成后在全班交流分享，任务成果以可视化形式呈现，并张贴在教室或上传至 UMU 等平台，学习过程中为学员提供结构化任务单，挑选与学员实际工作接近的案例。

❋ 互动 2

这些简单的题目能帮助您快速回顾本章要点，您只需要在合适的选项上打"√"。来做做看吧！

1. 指向习得应用的交互式教师培训在认知层次上主要属于(理解/应用)层次。

2. 指向习得应用的交互式教师培训的学习过程一般由(八/六)个环节构成。

3. 指向习得应用的交互式教师培训适用于(小规模/大规模/两种规模都可以)的培训。

4. 指向习得应用的交互式教师培训适用于(现场教学/线上教学/混合教学/三种方式都可以)。

5. 指向习得应用的交互式教师培训对培训空间的要求是(小组式/剧场式)。

6. 指向习得应用的交互式教师培训对培训者的要求是(善于倾听、观察和反馈指导/全面讲解)。

【互动1参考答案】

培训者1以讲授为主,虽然有案例讲解,但缺少实际练习的机会。培训者1也缺乏及时的反馈指导,对学员来说学习大多停留在理解水平,与真正能运用还有一定的距离。

培训者2让具有相似经验的学员形成学习团队,加强了学员的经验交流与对话研讨,有助于汇聚同伴的智慧;同时给学员提供了在培训中实践体验方案设计的机会,并给予指导反馈,这种活动有助于加深学员对知识的深度理解,使其真切体验到如何使用知识,有助于学员的迁移运用。培训者2对个体学员在真实情境中迁移应用的支持不够。

培训者3比较注重为学员迁移应用提供工具、案例等支架,有助于学员的迁移运用和自主学习,也能够激发学员使用的积极性。但前提是学员具有强烈的应用动机与较强的应用能力。

培训者3的做法值得借鉴。

第六章 指向探索发现的交互式教师培训例析

导语

指向探索发现的交互式教师培训以探索未知问题的答案为指向,在这种培训模式中,若不经过学员个人或团队反复迭代的探索与实践,依靠一般性的知识或抽象的理论是无法完全解决具体情境中的具体问题的。这种培训模式可以探索理论性问题,也可以解决实践问题。

本章呈现的典型案例侧重实践问题解决。典型案例以一线教师迫切需要解决的"新课程新教材'数学建模'单元教学设计问题"为驱动性任务,采用以"项目化学习"为特征的学习模式,通过"提出问题—学习新知识—反思研讨—明确任务—提出方案—实施应用—反思改进—发布成果"八个环节,引导学员探索如何在自己的课堂中开展"数学建模"单元教学设计与实施活动。

名人格言

 如果一个人掌握了他的学科的基础理论,并且学会了独立地思考和工作,他必定会找到他自己的道路,而且比起那种主要以获得细节知识为其培训内容的人来,他一定会更好地适应进步和变化。

——爱因斯坦

❋ 互动 1

下面是三位初中物理教师在遇到"班级学生缺乏物理学习兴趣"这一问题时的做法,请在您最认可的做法前打"√"。

(　　)A.张老师长期被"班级学生缺乏物理学习兴趣"这一问题困扰,他有些闷闷不乐,看到这些学生就苦口婆心地给他们讲学好物理的重要性,还挤出时间专门到班级里给学生提供辅导,可是主动请教的学生并不多。

(　　)B.范老师也被"班级学生缺乏物理学习兴趣"困扰着,他觉得要认真对待这个问题。他找了一些学生谈话、了解情况,总结了三点原因:一是部分学生基础较差,对物理充满畏惧心理,失去学习信心;二是学生反映教师的教学方法不够好,尤其是在实验教学中,讲得多做得少;三是物理学习评价方式比较单一,很多学生体验不到学习的成功与进步。范老师还没有想到具体的行动策略,一忙起来,采取行动的事情就搁置了。

(　　)C.史老师也被"班级学生缺乏物理学习兴趣"困扰着,他觉得需要认真解决这个问题。他找学生谈话、与同事交流,也找到了一些原因,主要是学生基础差,听不懂学不会,失去学习信心;自己的教学方法有待改进;物理学习材料不够丰富;物理学习评价方式比较单一。他认真分析了这些问题,决定从改进自己的教学方法入手,并制定了在讲解法之外增加小组合作学习等方法的行动方案。在行动前他对学生的物理学习情况进行了前测,一学期的教学改进后,他对学生的物理学习情况进行了后测,发现确实有令人兴奋的变化。他决定下学期继续改进教学方法。

(参考答案见本章末)

第一节　基本内涵

本书第三章简要提及指向探索发现的交互式教师培训实施模式,对其内涵与构成进行了初步的分析。本节着重对该模式的适用情境与使用要求进行论述。

一、指向探索发现的交互式教师培训的内涵与构成

指向探索发现的交互式教师培训的目的不是传递与习得既定的知识,而是通过问题导向的探索发现过程创生知识。通常的过程是:聚焦学习者在教育教学实践中的真实问题,在培训者的引导下,开展多主体、多视角的深入研讨与广泛交流,共同探索问题本质,提出解决问题的实践方案并付诸实施,在多轮迭代中发现新的解决方案或有效策略,形成新的知识,其基本模式见第三章。这一模式也有很多变式,从探索问题的性质来看,可以分为两大类:一类是侧重理论性问题的探索发现模式;一类是侧重实践问题的探索发现模式。本文聚焦侧重实践问题的探索发现模式。这种模式也有很多变式。下面着重介绍以"项目化学习"为特征的探索发现交互式教师培训模式(见图6-1)。

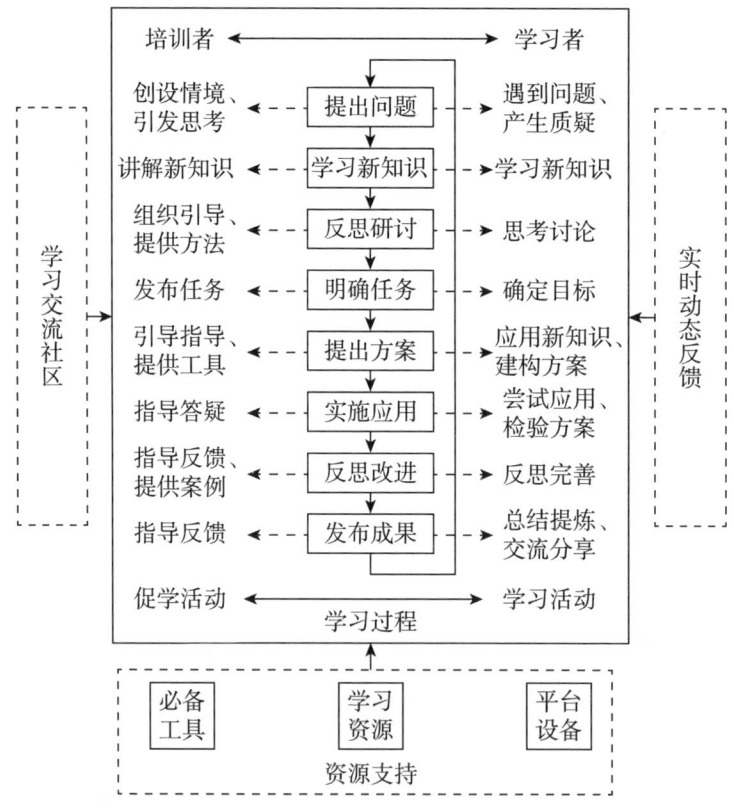

图6-1 以"项目化学习"为特征的探索发现交互式教师培训模式

第六章 指向探索发现的交互式教师培训例析

以"项目化学习"为特征的探索发现交互式教师培训模式中,有八个学习步骤:(1)提出问题,通过教学实践中亟待解决的真实问题来激发学习动机;(2)学习新知识,通过学习新知识来填补认知缺口;(3)反思研讨,通过反思研讨、分析问题,找准重难点;(4)明确任务,从问题导出任务,确定具体、可测量、可视化的学习目标;(5)提出方案,同伴协同建构完成任务的方案;(6)实施应用,对方案进行实施应用;(7)反思改进,通过对应用情况的反思来检验方案和优化迭代;(8)发布成果,通过发布活动将成果进行交流、共享与辐射。以上八个步骤中,5—7可以根据实际情况循环迭代。当然,上述八个步骤也可以根据实际培训需要,灵活进行调整。无论顺序如何,这种培训模式的典型特征是以驱动性任务为主线来推动探索发现的过程。以"项目化学习"为特征的探索发现交互式教师培训实施模式流程与典型活动见表6-1。

表6-1 以"项目化学习"为特征的探索发现交互式教师培训实施模式流程与典型活动

学习过程	培训者的典型活动	学习者的典型活动
提出问题	创设问题情境,引发学员的思考和共鸣,聚焦教育教学实践中亟待解决的真实问题,激发学习动机	感知问题,积极思考,联系个人教育教学实践中的难点、痛点与困惑点,思考问题解决方案
学习新知识	针对学员的知识缺口来讲解新知识,注重内容的实操性,提供教学实践案例,通过提问及时了解学员的学习情况	1. 全身心投入,在已有知识与新知识之间建立联系 2. 尝试运用新知识去分析相关问题
反思研讨	1. 给学员提供明确的小组研讨任务、研讨工具和时间要求 2. 关注学员研讨情况并及时给予指导和点拨 3. 组织学员对讨论结果进行交流,并给予点评和反馈	1. 积极参与小组研讨,反思、分享已有的经验和困惑 2. 聚焦关键问题的分析和解决 3. 运用研讨工具进行研讨
明确任务	引导学员从思考问题到明确任务,把教育教学实践中的困惑或困难转化为行动目标	明确学习目标和行动路径,进一步提升学习的动力和方向
提出方案	1. 给学员提供明确的小组共创任务、方案建构工具单和时间要求 2. 关注方案共创情况并及时给予指导和点拨 3. 推荐相关学习资源和答疑指导	借助工具单,与小组同伴一起通过应用新知识、协同建构、批判质疑、充分交流的方式完成方案建构任务

（续表）

学习过程	培训者的典型活动	学习者的典型活动
实施应用	跟踪学员实践进展情况，可以通过参与式观察提供现场指导或引领，也可以远程提供所需资源或线上答疑	学员按照小组分工实施方案，在方案实施过程中注重调研学生情况，咨询专家意见
反思改进	促进学员在组内或组间进行充分的交流与反思，鼓励学员在反思的基础上对实施方案进行多轮改进	同组学员通过组内研讨会的方式进行多轮的"调研学生情况—完成方案—课堂实践—反思研讨—修改方案"，优化迭代
发布成果	推动学员萃取和转化实践研究成果，为学员搭建发布成果的各类平台，将成果发布与培训评价相整合	深度总结学习中的经验与成果，积极参与成果发布，让研修成果在更大的实践范围内得到修正与完善

二、适用情境

（一）适用活动类型

指向探索发现的交互式教师培训实施模式适用于新问题解决的学习。当前，普通高中与义务教育阶段新的课程改革强调核心素养培育导向的教学。对于教师如何在自己的课堂中有效落实学科核心素养，目前并没有现成的答案，需要做中学、研中学。

在指向探索发现的交互式教师培训实施模式中，培训者需要充分激发学员的主观能动性，引导学员在与培训者、伙伴、学习资源等的互动中，共研共创，探索未知问题的答案。

（二）适用人群

该模式适合学校教研组组长或其他教师团队领衔人带领团队研究与探索具体问题的解决方法；也适合具有一定教育教学经验、目前面临教育变革挑战、迫切想解决教学实践中真实问题的教师使用。

（三）适用时长

该模式的适用时长很宽泛，可以根据问题探索和任务完成的实际情况来定，短则半天，长至一个月或者半年。在本章提供的典型案例中，"新课程新教材'数学建模'专题研修坊"培训时长为一个月（其中，课内学习16课时，课外学习8课时）。

（四）适用环境

该模式对培训环境的要求是：有适合结构化研讨和实践工作坊的教室环境。教室桌椅可以移动，便于摆放成培训所需要的各种研讨形式。教室里备有电脑、投影设备、4块以上的可移动白板。此外，还需要具有信息通畅的交互终端以及供多人同时使用的无线网等。

（五）适用培训规模

该模式的培训人数控制在30至40人之间为宜。培训中多开展小组研讨和协同实践活动，因此，通常将全班分为5至6组，每组5至8人。培训指导团队中，2至3位培训者共同执教最为理想，这样便于给每个小组提供及时的引导或指导。

三、使用要求

该模式对培训者和学员都有一定的要求。

（一）培训目标是探索新问题的解决方案

如果培训仅仅是为了传递信息与知识，或用已有的知识来解决问题，不适合采用此类培训。那些旨在探索发现规律或问题解决策略的培训比较适合采用这种模式。在这一模式中，学习新知识是为探索问题或完成任务服务的，因此需要有非常强的针对性，探索过程中需要什么就提供什么，什么时候需要就什么时候提供。

（二）对培训者的要求

1. 培训指导团队由多位知识互补、角色互补的培训者构成

在这一模式中，培训指导团队由学科专家、引导师、助教等人员共同组成。学科专家在学科领域富有专长；引导师设计与组织学习活动，调控学习节奏，评价学习效果；助教辅助教学。当然，学科专家与引导师两种角色有时可以合二为一。

2. 培训者具有以"学"为中心的教学观念与教学能力

通过集体备课，培训者将各自的优势融合起来设计以"学"为中心的培训教学活动。他们需要站在学员的立场考虑学员关注或亟待解决的问题是什么；针对这些问题思考可以提供哪些理论知识、实践案例和成熟的策略，并对这些内容进行结构化处理，去粗取精，形成培训内容；根据学员学习的特点设计学习流程，

激发动机、聚焦问题、反思研讨、明确任务、共创方案、实施应用等,沿着"学"的路径设计有效的共研与共建活动,并匹配恰当的活动工具和学习支架,准备相应的学习材料和活动用具。

3. 培训者具有现场答疑和指导的能力

在这一模式中,学员在探索问题或完成任务的过程中经常遇到问题和困难,这就需要培训者具有现场答疑和指导的能力。单向传递式的培训可能只需要准备好讲稿和课件,即使有互动也是针对讲座内容的可控的问答,但在该模式中,学员会产生各种非常有创意的想法或问题,需要培训者在现场给予答疑和指导。这要求培训者在备课时多准备几套实践案例和问题思考框架等,在研讨碰到卡顿现象时能够给学员足够的帮助和支持。这对培训者来说,前期教学准备的任务是相当重要且艰巨的。

4. 培训者具有组织引导小组活动的能力

在这一模式中,小组活动所占的比例较大,培训者一方面要通过有效的研讨工具和学习单组织学员开展小组研讨活动;另一方面要调控小组研讨的内容和方向。有的小组可能气氛沉闷,培训者需要介入到其中活跃小组气氛,激发学习动机,明确研讨规则,理清研讨思路,帮助他们进行有效的研讨;有的小组讨论很热烈但偏离主题,或仅限于浅层次信息的交互,或以个别组员发言为主,培训者要帮助他们调控研讨方向、规范研讨规则,使其开展有序、有效的研讨。

5. 培训者具有开放的心态、亲和力和情绪感染力

在这一模式中,培训者与学员之间的互动活动比较多,因此,严肃拘谨、高高在上的专家形象不利于该类培训的开展。培训者与学员之间更多的是共学共研的关系,除了讲授者的角色之外,培训者还充当着引导者、合作者、促进者,因此,培训者需要具有开放的心态、亲和力和情绪感染力。

此外,在探索发现的过程中,培训者会碰到一些自己也解答不了的问题,这也需要培训者具有学习的、开放的心态,与学员共同研讨、相互启发。

(三)对学员的要求

1. 积极参与,充分互动

学员作为探索发现的主体,要积极主动地参与各个学习环节。例如,在问题研讨时积极思考,反思已有的教育教学经验,倾听并学习同伴的观点,接受培训

者的指导；在任务推进时积极承担职责，与小组同伴合作共建，贡献自己的智慧和力量；在交流分享时积极发言，梳理提炼和辐射推广小组成果。

2. 深入思考，注重实践

探索未知问题或解决现实困难都需要深入思考，在培训者提供的研讨工具和思考框架的帮助下，学员应积极主动地尝试和深入思考，发展应用、分析、评价、创新等高阶思维。同时，探索发现指向的是实际问题的解决，只有通过实践，才能将培训所得转化为实际行动，在实践中检验和优化问题解决方案。

3. 具有开放和接纳的心态

指向探索发现的交互式教师培训有别于单向传递式教师培训模式，注重引导学员调动全部的知识、能力与智慧去创生新的教育教学实践知识。因此，学员需要以开放和接纳的心态去接受不同的观点和意见，勇于探索和实践新的教学方式。

四、使用流程与操作要点

指向探索发现的交互式教师培训从培训设计实施到结束，大致可以采取以下行动。

（一）培训教学前可以采取的行动

1. 明确培训需求

培训者接到培训任务后，一定要充分了解培训需求。一是充分了解培训委托单位和主办单位的需求，明白他们的初衷和初步设想，清楚他们希望学员通过学习取得怎样的培训效果等。二是充分了解培训对象的需求，如果有具体的学员名单，可以针对本次培训的相关内容进行培训前调研；如果只有关于培训对象的大致要求，可以从培训对象群体中邀请几位学员，通过访谈了解他们的培训需求。

2. 组建培训专家团队

根据培训需求组建适切的专家团队。专家团队成员不仅要有能力提供相应内容的培训、有效组织学习，还要有时间且愿意接受集体备课、小组指导、个别辅导等相对深入的指导工作。

3. 确定培训教学目标，搜集培训内容素材

组织专家团队进行集体备课，根据培训需求和学情确定适切的培训教学目

标。目标要言之有物、切实可行、可测量且可达成,避免大而空。专家团队根据教学目标分头搜集与培训相关的素材,并对其进行去粗取精的结构化处理。

4. 设计培训学习流程

组织专家团队进行集体备课,站在学员的视角来设计探索发现培训学习流程。如果学习目标是完成驱动性任务,就适合采用以"项目化学习"为特征的探索发现交互式教师培训实施模式。培训学习流程确定后,再根据实际内容匹配恰当的研讨工具和学习支架,并完成学习评价设计。

5. 创设学习环境,准备学习材料,组建班级社群

按照培训内容和学习活动的要求,创设适切的学习环境,如准备适合现场研讨、线上线下混合培训的教室环境、准备相关学习用具。与此同时,专家团队要根据培训内容准备讲座课件、学习工具单等相关学习材料。助教可协助培训者组建班级社群,方便培训期间的沟通交流。

(二) 培训教学中可以采取的行动

培训实施主要按照培训教学活动流程来进行。引导师在助教的协助下负责整个培训活动的组织工作;学科专家根据课表安排开办专题微讲座,在小组研讨汇报交流时给予点评,深入小组开展指导工作等。在引导师与学科专家合二为一的情况下,引导师在分小组活动时可能精力有限,指导不过来,这时,需要增派1至2位助教深入小组开展引导工作。

指向探索发现的交互式教师培训在实施中要注意以下几个要点:(1)问题的探索由浅入深,掌握好节奏,不能一下子太难,也不能始终停留在浅层次;(2)任务完成的过程中要鼓励学员多与教学实践相联系,学以致用,不要纸上谈兵;(3)尊重学员已有基础和知识经验;(4)可以把研讨和实践活动中表现突出的学员纳入助教团队,让其协助做好培训引导工作。

(三) 培训教学后可以采取的行动

1. 培训反馈与评价

培训结束后可以通过问卷调查和访谈等形式做好学员学习反馈工作。这一方面有助于了解各位学员的学习情况、对培训的满意度和建议;另一方面能为撰写培训总结提供数据支持。

培训结束后还要根据学员的考勤情况、活动参与情况、任务完成情况以及成果的优秀程度给予学习评价,并计入培训学分。

第六章 指向探索发现的交互式教师培训例析

2. 培训成果辐射推广

培训结束后可以继续搭建培训成果辐射推广平台,通过微信发布、教学论坛、课程转化、教学杂志等各种平台,促进学员迁移应用培训所学和优化辐射培训成果,使培训成效最大化。

3. 实施应用情况回访

培训结束后通过现场观察、在线沟通、答疑解惑等方式进行跟踪指导,半年内进行一次回访,了解学员对于相关学习成果的实施应用情况,给予适当的帮助和指导。

第二节 典型案例

案例简介

案例来源:上海市师资培训中心组织承办的"新课程新教材'数学建模'研修坊";培训团队主要成员:华东师范大学徐斌艳教授、朱雁副教授,复旦大学陆立强教授,上海市师资培训中心基教与学前部万立荣主任。

案例特色:1. 以一线教师迫切需要解决的"新课程新教材'数学建模'单元教学设计问题"为驱动性任务,采用以"项目化学习"为特征的学习模式,通过"提出问题—学习新知识—反思研讨—明确任务—提出方案—实施应用—反思改进—发布成果"八个环节完成学习任务,每个环节都提供研讨工具和实践练习支架。
2. 从虚拟人物郑老师的视角来讲述案例,富有代入感;在体现以学员为中心的交互式培训要点处,以"敲黑板"的方式进行提示。

案例情境:四个半天的线上线下混合培训;适合高中数学教师、教研员等学习。

郑老师是某普通高中一位有着15年教龄的数学教师,2020年秋季开学后,她所在的区域高一新生统一使用了数学新教材。从2020年7月开始,她所任教城市在市、区层面组织了多场面向高一数学教师的新课程理念和新教材解读培训,还为教师举办了多场释疑解惑和提升认知的线上线下混合培训。参加了这些培训后,郑老师对于新课程新教材有了一定的了解与把握,同时也深感焦虑。作为一名有经验的教师,她非常熟悉本学科的课堂教学。现在采用新教材了,她对教材不熟,教法跟不上,对考试评价怎么变心中也没底,怎么能不焦虑呢?

新课程标准中提倡的学科核心素养究竟如何落实到课堂教学中？新教材中"数学建模"等内容自己以前从没接触过，该如何教学生呢？郑老师感觉压力很大。有一天，她接到区教研员的电话，问她是否愿意参加市里举办的"新课程新教材'数学建模'研修坊"。郑老师一听，这不是雪中送炭吗？她赶紧答应下来，满怀期待地等着培训开始。

一踏进教室，郑老师就感觉这次培训与以往参加的专家讲座型培训有些不一样。教室的座椅都分组摆放，桌上放了几张大海报纸和一盒水彩笔。在签到处领取《学员手册》时，助教老师询问了她的教龄，然后递给她一根黄色的棒棒糖。郑老师好奇地拿着棒棒糖，在靠窗的地方找了个座位坐下，翻阅《学员手册》，里面有 2020 年修订版的《普通高中数学课程标准》，还有本次研修的课程安排（见表 6-2），其中的"结构化研讨""实践工作坊"等内容激发了郑老师的好奇心。

表 6-2 "新课程新教材'数学建模'研修坊"课程安排

时间		形式	主题
2020 年 12 月 2 日	13:00—13:30	学习共同体建设	破冰之旅
	13:30—14:30	专题微讲座	"数学建模"素养与建模教材分析
	14:40—15:30	结构化研讨	关于"教学建模"的疑问
	15:30—16:10	教授答疑	
	16:10—16:30	学习任务确定	"数学建模"单元教学设计与课时教学设计
2020 年 12 月 9 日	13:30—14:30	专题微讲座	从数学问题到建模问题
	14:40—16:00	实践工作坊	"数学建模"问题特征研讨与问题设计
	16:00—16:30	结构化研讨	"数学建模"单元教学设计中的问题
2020 年 12 月 15 日	13:30—14:30	专题微讲座	建模活动报告的写作与评价
	14:40—16:00	实践工作坊	"数学建模"活动报告评价研讨
	16:00—16:30	结构化研讨	"数学建模"课时教学设计中的问题
2020 年 12 月 22 日	13:30—14:30	展示与专家点评 1	研修成果展示与点评 1
	14:40—16:30	展示与专家点评 2	研修成果展示与点评 2

一、学习启动

培训开始了,教室里来了三位专家,加上引导师万老师和助教,一共有五位培训者。郑老师环视了一下教室里的学员,有三十余位,里面没有她认识的教师。她正准备听专家讲课,却见万老师要求大家拿出自己领到的棒棒糖。

万老师告诉大家,大家手里不同颜色的棒棒糖代表的是不同的教龄,绿色代表教龄在5年及以下的教师,黄色代表教龄在6至15年之间的教师,红色代表教龄在16年及以上的教师。万老师请大家起身重新组成小组,每个小组不超过6人,组员应持有3种颜色的棒棒糖,且同种颜色的棒棒糖不能超过3个(包括3个)。小组重组需要在两分钟内完成。大家立即行动起来,郑老师也赶紧按照要求去找组员,可是,一下子这组人数满了,一下子那组同种颜色多出来了……大家不断调换、手忙脚乱,终于在两分钟铃响时全部就位。教室里的气氛一下子热烈起来。

> **☞ 敲黑板**
>
> "棒棒糖分组"是一种常见的破冰游戏,能够迅速增进学员的了解,使其具有归属感。该游戏简单易操作,主要步骤是按分组参数(教龄或其他指标)分发不同颜色的棒棒糖,让手持不同(或相同)颜色棒棒糖的学员组成异质(或同质)小组。

接下来,万老师让每个小组在五分钟内通过交流找到组员三个及以上的共同点(越多越好),讨论和确定组名,推荐一位代表发言,将自己小组的情况分享给全班。郑老师所在的小组很快找到组员的三个共同点:都是数学教师、都戴眼镜、都喜欢旅游。大家正在为小组快速完成任务而庆贺,只听万老师说,能够一眼就看出来的共同点不能算,需要大家通过交流和讨论发现潜在的共同点。

郑老师所在的小组马上进行了调整,大家进一步交流后找到的共同点为:都喜欢听音乐、都喜欢吃美食、都喜欢旅游、今年都执教高一数学、家里都有女儿。随后,郑老师所在的小组确定了本组组名为"3+3",小组代表林老师介绍了这个名称的由来。她说:"'3+3'这个组名非常直观地表达了我们组的构成。我们组恰巧由三位男教师和三位女教师组成,这是一个非常平衡与稳固的团队组织结构,因此,团队力量也会非常强大。我们相信,在接下来的学习中大家会群策群力,完成好每一项任务。"其他小组也都确定了组名,如"单调""旋风""ΣM""冬日阳光"。各组在小组席卡的正面写上组名、背面画上组名的示意图,非常美观有趣。大家一下子有了强烈的归属感。

二、提出问题

破冰活动结束后,万老师呈现了一段有关"削菠萝"的文字材料,让大家猜猜这段话选自哪个学科的新教材。

大家七嘴八舌地说了几个学科。郑老师想:"不会选自数学新教材吧?但削菠萝与数学有什么关系呢?这样的教材该如何设计教学呢?"这时,万老师说"确实选自数学新教材",并给出了这段材料后半段的文字:"在品尝香甜的菠萝肉时,你是否想过水果店员工为什么这样削菠萝?请从数学角度来思考并给出说明。"

原来,这就是新教材"数学建模"单元中的一课,像这样的选题还有"红绿灯管理""车辆转弯的安全隐患""雨中行""出租车运价""家具搬运""登山行程设计""包装彩带""高度测量""外卖与环保"等。这次研修坊主要解决的问题就是"如何针对这样的'数学建模'内容设计适合高中生的数学教学方案,并通过课堂实践来修改和优化方案"。

三、学习新知识

在明确了学习目标后,万老师请授课专家徐教授为学员带来了题为"'数学建模'素养与建模教材分析"的专题微讲座。徐教授在讲座中对"数学建模"的性质、高中"数学建模"学习的目标与价值等进行了精辟的讲解。

郑老师一边听,一边记,一边思考,虽然自己在高中数学学科任教多年,但以前教材中没有"数学建模"相关内容,所以对这部分知识感到非常陌生,甚至不知道"数学建模"究竟是一个怎样的过程。从徐教授的讲解中郑老师了解到,"数学建模"过程主要包括在实际情境中从数学的视角发现问题、提出问题、分析问题、建立模型、确定参数、计算求解、检验结果、改进模型、最终解决实际问题。徐教授还提到"数学建模"与大家熟悉的"数学应用"非常相似,但两者的侧重点不同,建模重点关注从"现实世界"走向"数学世界"的过程,即引导学生站在数学之外向里看,思考"我可以从哪里找到数学知识来帮助我解决现实中的问题"。

接着,徐教授以"汽车加油"问题为例给大家进行了详细讲解。徐教授的讲座时间不长,但内容的针对性非常强,解答了郑老师心中关于"数学建模"的许多疑问,如"为什么要让高中生学习'数学建模'""'数学建模'的具体过程是什么"

"能否提供可借鉴的'数学建模'实践案例"。因此,讲座结束了,大家还感到意犹未尽。

学习新知识是这次研修坊中非常重要的环节,许多学员对于"数学建模"缺乏基本的了解,迫切需要补充这方面的本体性知识,因此,四次研修坊活动中有三次都安排了专题微讲座。朱教授进行了"从数学问题到建模问题"的讲解,陆教授进行了"建模活动报告的写作与评价"的专题辅导。郑老师都觉得很实用。她进一步了解了"数学建模"的三个特点,把"数学建模"与"数学应用"之间的差别弄清楚了,还学会了如何将数学应用题转化为"数学建模"问题,知道了如何呈现"数学建模"的学习成果。郑老师庆幸自己能有机会参加这次培训,感觉收获非常大。

为了满足大家的学习需求,这些专题微讲座不仅在研修当天通过直播平台进行了直播,为那些对"数学建模"感兴趣但不能到现场参加学习的教师提供了便利,并且在整个学习阶段及学习结束后一周都可以随时在直播平台上回看。郑老师所在学校教研组的多位教师在空余时间也观看了这些专题微讲座,他们还为郑老师的"数学建模"教学设计建言献策。

四、反思研讨

郑老师对课程安排中的"结构化研讨"环节很感兴趣。原来,"结构化研讨"是这样一种方法,针对学习中的疑惑,学员通过同伴研讨,在培训者的帮助下找到问题解决的思路与办法。"结构化研讨"的主题包括"关于'教学建模'的疑问""'数学建模'单元教学设计中的问题""'数学建模'课时数学设计中的问题"。

"结构化研讨"是小组成员反思、交流和研讨的重要平台。郑老师在"结构化研讨"环节中学会了和同伴一起借助研讨工具来展开讨论。万老师让大家在规定时间内先将自己头脑中关于"数学建模"的问题写在便利贴上,再在小组内进行分享。这样可以避免小组内"明星学员"把控研讨,其他人都沉默不语的现

> **敲黑板**
>
> "学而不思则罔",在以"项目化学习"为特征的探索发现交互式教师培训中,学员需要在有限的学习时间内共同完成驱动性任务,因此,不能像在传统培训中一样"带着耳朵来听听",而是要把自己碰到的问题梳理和呈现出来,通过同伴之间的研讨和专家的答疑找到问题的解决方法。

象。这种方法被称为"便利贴头脑风暴"。组内分享时,可以采用"鱼骨图"的形式对问题进行汇总、合并以及结构化呈现。郑老师感觉这些研讨工具非常实用和有趣,准备回到学校后在自己的"数学建模"教学中尝试应用。

各小组研讨结束后,由一位代表向全班介绍本小组聚焦的问题和研讨的情况,每组介绍结束后由徐教授针对问题进行分析和回应。郑老师感觉这个环节也非常有用,她不仅了解了其他组教师关注的问题,进一步启发了自己的思路,还发现大家关注的问题有一些共通之处。表6-3至表6-5呈现了第一次"结构化研讨"中部分小组的问题。

表6-3 "3+3"小组问题列表

序号	问题
1	如何寻找适合高中生的"数学建模"问题?
2	如何帮助高中生解决数据采集和处理的问题?
3	创设出情境后,学生的提问不聚焦,该怎么办?
4	如何在"数学建模"中找到理想状态和实际生活的平衡点?
5	如何评价"数学建模"活动?

表6-4 "单调"小组问题列表

序号	问题
1	如何选择对学生有价值的"数学建模"问题?
2	如何把握"数学建模"问题中变量的数量?如何判断哪些变量是主要影响因素?
3	"数学建模"报告撰写水平高能否说明学生的"数学建模"素养高?
4	如何更加公平、全面地评价"数学建模"学习活动?"数学建模"以小组为单位,小组中各有分工,如何公平地评价学生?

表6-5 "旋风"小组问题列表

序号	问题
1	我们分析问题、建立模型、模型求解的数据从哪里来?
2	如何确定数据的数量和质量?
3	建立模型的目的是什么?

五、明确任务与要求

郑老师看到第一次研修坊的最后一项内容是"学习任务确定"。万老师说，这个环节是整个研修学习的"灵魂"，大家参与的是一次以"学"为中心的"数学建模"教学设计研修，整个研修采用的是"项目化学习"方式。从任务开始启动学习，到任务完成结束学习，驱动性任务贯穿始终。

> **☞ 敲黑板**
>
> 明确任务与要求环节在指向探索发现的交互式教师培训中发挥"总司令"的作用，帮助学员明确学习目标，规划可行路径。驱动性任务源于学员亟待解决的真实问题。布置的任务要具体、清晰、可操作，切忌空洞和无法落地。

第一次研修坊的驱动性任务是"'数学建模'单元教学设计与课时教学设计"，具体要求是以小组为单位，选择和确定一个"数学建模"问题，以解决这一问题为目标，完成一次完整的"数学建模"单元教学设计，包括整个单元规划和每个课时教案设计。

明确任务与要求后，各小组开始研讨和分工。郑老师所在的小组商量了大致的思路与行动框架：一是选题思路，大家回去后仔细研读培训者下发的教材上的11个"数学建模"选题情境，如果有其他好的选题也可以提出来，两天后在小组群里进行研讨；二是分工思路，单元教学规划在下次研修活动时通过大家共同研讨来确定，课时教案的撰写由组员分工负责，撰写完成后再共同研磨。

六、提出方案

郑老师所在的小组在第一次研修结束后召开了一次组内研讨会，经过研讨，他们基本上确定了选题——"出租车运价问题"。这个选题中的出租车是学生非常熟悉的交通工具，但大多数学生还没有仔细思考过出租车运价问题。这是一个贴近学生日常生活、能激发学生探索兴趣、相对容易的现实问题。此外，这

> **☞ 敲黑板**
>
> 实践工作坊中，为完成学习任务，组长要充分调动每位组员的积极性，大家共同研讨、建构、实践、优化，创生新的知识和经验。工具单为学习者提供了共同建构的脚手架，学生调研为学习者提供了方案落地的指南针，专家指导为学习者破解难点出谋划策。

一选题也是新教材建模板块中的选题,选择教材中的题目对还不熟悉"数学建模"教学的团队来说是稳妥的。

在第二次研修活动中,万老师给大家提供了完成"数学建模"单元设计的两个工具单。其中一个是"高中'数学建模'单元教学规划工具单"(见表6-6),用于设计整个单元,主要包括设计者信息、选题来源、单元主题、学情分析、学习目标、分组要求、成果要求、配套资源、教学过程和教学评价。郑老师所在小组的学员从这个工具单中发现了一些与传统教学不同的地方,如学习目标由原来的"知识与技能""过程与方法""情感、态度与价值观"调整为"知识技能""数学学科核心素养""学生发展核心素养";专门设有一栏"分组要求",说明"数学建模"教学将以小组研讨和协作的方式来开展;成果要求放在教学过程前面(这是逆向教学设计的思路,先确定教学目标和成果要求,教学过程以此为纲向前推进);教学过程中包含了"数学建模"的六个步骤,即"提出问题、建立模型、求解模型、检验模型、修正模型、展示成果",这样的教学环节与传统的"学习新知识、举例说明和练习巩固"的环节有很大不同。最初,郑老师及同伴不知道如何填写,询问了万老师后方才明白。有了这样的工具单,"数学建模"单元设计在学员脑海里逐渐清晰起来,他们也知道如何设计自己小组的"数学建模"单元了。

表6-6 高中"数学建模"单元教学规划工具单

设计者信息	姓名	单位	联系电话
选题来源 (请打"√"或填写)	高中数学新教材	其他版本的教材 (请将版本填写在下面)	自选主题
单元主题			
学情分析			
学习目标	知识技能		
	数学学科核心素养		
	学生发展核心素养		
分组要求			

（续表）

成果要求	团队成果		配套资源	
	个人成果			
	展示方式			
教学过程	实施环节	实施步骤	实施形式	课时分配
	提出问题			
	建立模型			
	求解模型			
	检验模型			
	修正模型			
	展示成果			
教学评价	类别	评价维度	评价量规	
	项目结果			
	学习目标			

郑老师所在的小组在填写到"教学过程"这一环节时发生了分歧。他们不清楚学生对"怎样乘坐出租车更划算"将给出怎样的假设，而他们必须依赖这个假设才能进入下一步的"建立模型"。于是，小组中的陈老师建议大家培训结束后回到学校了解各自学生的情况，下次研修组内再研讨。她的建议得到了小组的一致同意。在了解了学生的假设后，他们对单元课时进行了规划，计划用3个课时完成教学，并且明确了各自的分工，两位学员负责第一课时、两位学员负责第二课时、一位学员负责第三课时、一位学员代表小组承担汇报任务。大家还运用万老师提供的另一个工具单——"高中'数学建模'课时教学设计工具单"，很快将里面的"基本信息和单元规划信息、课时信息、课时学习目标和重难点、学习评价设计"都填好了。在填写"课前—课中—课后活动设计"时，小组又碰到了必须了解学生反馈情况才能填写的内容，大家决定留到课后去完成。

七、实施应用与反思改进

经过两次研修活动,各组均完成了"数学建模"单元设计和课时教案的框架,有些需要调研学生后才能确定的内容安排在分散学习时间完成。针对调研情况,各组还组织了 2 至 3 次组内线上研讨会,交流调研学生结果,对方案进行了修改。小组成员在教学中对方案进行了实践应用,并基于实践应用的结果对方案进行了反思与完善。完善是个不断实施、反思与迭代的过程。郑老师所在的小组先是就"学生认为什么是'乘车划算'"问题对学生进行了调研,完成了这部分的教学方案设计,进行了课堂实践、反思研讨、修改方案;后来又就"学生会对'乘车划算'提出怎样的假设"问题进行了一轮从调研学生到修改方案的循环。由此可见,方案在进入"实践应用与反思改进"环节后会不断优化迭代,究竟需要经历多少个循环圈(见图 6 - 2),视具体情况而定。

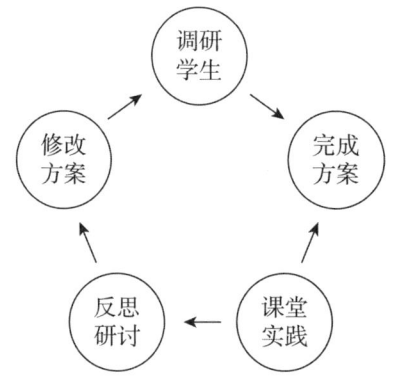

图 6 - 2 "实践应用与反思改进"环节的循环圈

八、发布成果

最后一次研修活动安排了各小组成果发布与专家点评,每个小组都介绍了他们实施、反思、完善后的"数学建模"单元设计和课时教案。郑老师代表他们组进行了汇报。学员都从其他小组的汇报中学到了很多。万老师还把各组的成果结集成册,供大家教学时参考!以下内容选自郑老师代表小组进行的汇报。

"3+3"小组的汇报

通过这几周的培训,我们对"数学建模"有了一定的认识,也尝试设计了"数学建模"单元教学。当我们着手去设计这些课的时候,我们会用到几位教授教给我们的内容,感到非常有帮助。

我们的选题是"出租车运价问题"。教学目标有三个:知识目标是会用数学语言建立合适的函数模型,解决实际问题;能力目标是能够在实际情境中经历"提出问题—建立模型—求解模型—检验模型—修正模型—展示成果"这一完整的"数学建模"过程;情感目标是体会"数学建模"在实际生活中的价值和作用。我们的教学重难点是了解"数学建模"活动的过程,学会建立和求解函数模型,理性设计乘车方案,体会建模的意义。

整个单元我们安排了三个课时。第一个课时主要解决的问题是"怎样理解乘坐出租车更划算",教师引导学生提出问题并做出合理的假设,建立适当的模型。第二个课时主要解决的问题是"乘客应该制定什么样的乘车方案",引导学生进行模型的求解(即乘车方案的研究),让学生分析模型,并根据实际情况检验、完善模型。第三个课时主要让学生汇报自己小组的"数学建模"成果,评价反思。

第一个课时的教学设计有四个环节。第一个环节是介绍建模知识,设置小组。第二个环节是创设情境,提出问题。第三个环节是结合实际,提出假设。陆教授曾说,路程等于速度乘以时间,这里的"速度"是在假设物体做匀速直线运动的情况下才成立的。如何提出假设呢?我们引导学生提出了与问题相关的一些影响因素……共同确定了模型的五个假设。第四个环节是点拨导学,建立模型。学生需要建立里程和费用之间的函数关系。学生可能从来没有考虑过用分段函数的方法来计算总费用,可以先让学生自己提出想法和他们设想的乘车方案,然后通过"数学建模"细化和修正乘车方案……

第二个课时的教学设计有三个环节。第一个环节是深层探究,求解结果。第二个环节是小组讨论,形成方案。第三个环节是结合实际,检验结果。

第三个课时主要是评价反思,建议以小组为单位进行交流,分享模型的意义和建模的经历,听取其他小组的汇报,当场质疑,反思不足,教师再给出评价。

郑老师的成果汇报全方位呈现了他们在研修坊中的学习所得。在学科知识方面,掌握了"数学建模"板块的本体性知识;在学科教学知识方面,学会了"数学建模"单元教学设计与实施方法;在教学研究方面,尝试了边学、边研、边教的行动研究过程;在教师专业发展方面,组建了专家引领、互帮互助、协同共建的教师发展学习共同体。

第三节 案例解析

上海市师资培训中心组织承办的"新课程新教材'数学建模'研修坊"属于以"项目化学习"为特征的探索发现交互式教师培训。提取上述典型案例的关键步骤,分析每个步骤中关键的交互行为与策略,我们可以得到一些启示。在上述案例中,由八个关键环节构成,见表6-7。

表6-7 "新课程新教材'数学建模'研修坊"的关键环节

关键环节	具体环节
学习启动	破冰活动:建立融洽关系
提出问题	情境思考:激发学习动机
学习新知识	讲授新知识:填补认知缺口
反思研讨	结构化研讨:聚焦学习疑难点
明确任务与要求	任务驱动:确立学习目标
提出方案	方案建构:同伴协同建构方案
实施应用与反思改进	检验方案:优化迭代
发布成果	成果发布:交流共享辐射

下面逐一分析八个关键环节对应的具体环节的交互目的、交互手段与方式、交互类型、交互发生条件等。

一、学习启动环节的交互活动解析

学习启动环节有助于学员增强培训动机,为培训做好心理与动机上的准备。团队破冰,增进学员的相互了解,组建学习小组有助于培训者把握现场学员的学习起点,为以学定培提供关键的学情依据。该环节采用了以破冰为主的活动,具体交互活动解析见表6-8。

表 6-8 学习启动环节的交互活动解析

交互目的	团队破冰,增进学员的相互了解,组建学习小组
交互手段与方式	1. 通过"棒棒糖分组"活跃气氛,组建异质学习小组 2. 通过寻找小组成员的共同点,共同研讨和确定组名,加快组员的相互了解
交互类型	1. 学员与学员交互 2. 培训者与学员交互 3. 信息分享类交互
交互发生条件	1. 场地与材料:座椅按 6 人小组摆放;提供绿、黄、红三种颜色的棒棒糖,各 20 支;每组桌上准备好空白组牌、各种形状的彩色便利贴、一盒水彩笔、一个白板 2. 设备:具有播放课件功能的电脑及投影设备 3. 引导师具有引导破冰活动的方法与能力
其他可行的交互方式	1. 采用问卷星等线上统计软件开展调查 2. 组内交流,全班分享
关键点	1. "棒棒糖分组"在分组的同时也有活跃气氛的功能,关键要限定时间,在有限的时间内效果才会出来 2. 小组团建活动中要鼓励组员提出有创意的组名,设计有特色的组牌 3. 破冰活动中,引导师的亲和力和引导技术也非常重要

二、提出问题环节的交互活动解析

提出问题环节有助于学员明确培训重点解决的问题,激发学员的学习动机。该环节的交互活动解析见表 6-9。

表 6-9 提出问题环节的交互活动解析

交互目的	聚焦新课程新教材背景下的难点问题,激发学员的学习动机
交互手段与方式	"削菠萝"问题情境与引导师的提问引发大家思考
交互类型	1. 培训者与学员交互 2. 学员与学员交互 3. 信息分享类交互
交互发生条件	1. 设备:具有播放课件功能的电脑及投影设备 2. 培训者创设问题情境并进行提问 3. 学员积极思考与参与

(续表)

其他可行的交互方式	1. 学员交流困惑或提出问题 2. 问卷调研
关键点	问题能够制造悬念,激发学员的好奇心

三、学习新知识环节的交互活动解析

学习新知识环节的主要目的是通过阐释有关新理念、新理论与新要求等,填补学员的知识空缺。该环节的交互活动解析见表 6-10。

表 6-10 学习新知识环节的交互活动解析

交互目的	1. 通过第一次研修活动了解"数学建模"素养、建模教材内容、建模基本步骤等 2. 通过第二次研修活动了解如何把数学问题转化为建模问题,了解"数学建模"的三个特点 3. 通过第三次研修活动了解"数学建模"素养评价、"数学建模"活动报告撰写、"数学建模"活动报告评价三方面的内容 4. 在学习过程中帮助学员降低对理论学习的畏惧心理与疏离感
交互手段与方式	1. 用文字、图表、口头语言等辅助交互 2. 学员与建模教材、实践案例、思考题等学习资料交互 3. 培训者在学员的疑惑处给予解答与指导
交互类型	1. 培训者与学员交互 2. 信息分享类交互 3. 深化认识类交互
交互发生条件	1. 培训者熟悉所讲内容,具有丰富的理论与实践积累 2. 培训者对学员在理解上的困难点有比较准确的把握 3. 学员具有学习理论知识的积极性 4. 学员对于理论具有较强的理解、分析和应用能力
其他可行的交互方式	专题微讲座结束后用"复盘工具单"组织学员回顾讲座内容,提出未听懂或有异议的地方,专家进行有针对性的答疑
关键点	1. 培训者对所讲内容有深刻的把握,能把理论讲透彻并通俗易懂 2. 引导学员对理论、案例、思考题进行深入思考、分析、对比和尝试应用 3. 学员在"数学建模"单元设计任务驱动下产生较强的学习动机

四、反思研讨环节的交互活动解析

反思研讨环节的主要目的是引导学员针对问题反思与分享已有经验,促进学员的相互学习与借鉴,汇聚同伴智慧。该环节的交互活动解析见表6-11。

表6-11 反思研讨环节的交互活动解析

交互目的	1. 引导学员分析问题本质、分享个人实践经验 2. 了解同伴想法,汇集观点,提炼共性
交互手段与方式	1. 小组研讨中借助便利贴、鱼骨图、四象限图等结构化研讨工具进行交互 2. 学员与自我对话、与同伴对话、与培训者对话
交互类型	1. 培训者与学员交互 2. 学员与学员交互 3. 信息分享类交互 4. 深化认识类交互 5. 协同建构类交互
交互发生条件	1. 研讨材料:每组两张彩色海报纸、各种形状的彩色便利贴、一盒水彩笔、一个白板 2. 提供三次研修活动的小组研讨主题 3. 提供小组结构化研讨工具的详细操作步骤 4. 引导师具备有效的引导技术
其他可行的交互方式	如果因条件限制不能现场研讨,可以通过直播平台进行线上分组研讨
关键点	1. 适当的研讨支架可以在有限的时间内提高小组研讨效率,结构化研讨工具能促使小组成员积极参与讨论,分享经验、激发思维、协作共创 2. 引导师要关注每个小组的研讨氛围,鼓励和推动沉闷的小组,调整方向偏离的小组,指导研讨工具使用不规范的小组 3. 各组分享后,培训者要对学员分享的内容进行点评和指导,帮助学员进一步深化问题探究和方案建构

五、明确任务与要求环节的交互活动解析

明确任务与要求环节的主要目的是实现任务驱动的学习,引导学员进一步明确学习任务与要求,增强学习动机。该环节的交互活动解析见表6-12。

表 6-12 明确任务与要求环节的交互活动解析

交互目的	学员在问题探究前,能够了解探索的总体目标与具体要求
交互手段与方式	用文字、图表、口头语言等辅助交互
交互类型	1. 培训者与学员交互 2. 学员与学员交互 3. 信息分享类交互 4. 协同建构类交互
交互发生条件	1. 培训者提出的任务清晰、具体、明确,能够驱动学员学习 2. 学员认可任务的价值,积极参与研讨
其他可行的交互方式	提供一些案例供学员自学、研讨
关键点	1. 培训者提出的任务清晰、具体、明确,能够驱动学员学习 2. 学员认可任务的价值,积极参与研讨

六、提出方案环节的交互活动解析

提出方案环节的主要目的是促进新知识的转化应用,促进学员运用新知识解决自己实践中的问题。该环节的交互活动解析见表 6-13。

表 6-13 提出方案环节的交互活动解析

交互目的	通过小组研讨建构"数学建模"单元教学的初步方案
交互手段与方式	1. 用文字、图表、口头语言等辅助交互 2. 借助相关学习支架(工具单)进行协同建构 3. 学员与自我对话、与同伴对话、与培训者对话
交互类型	1. 学员与学员交互 2. 培训者与学员交互 3. 信息分享类交互 4. 深化认识类交互 5. 协同建构类交互
交互发生条件	1. 研讨材料:每组两张彩色海报纸、各种形状的彩色便利贴、一盒水彩笔、一个白板 2. 提供方案建构工具单的详细操作步骤 3. 培训者具备有效的引导技术 4. 授课专家根据各小组方案建构的具体情况给予有针对性的指导

(续表)

其他可行的交互方式	如果因条件限制不能现场研讨,可以通过直播平台进行线上分组研讨
关键点	1. 适当的方案建构工具单可以为方案建构提供思考支架,引导师需要花一点时间介绍清楚工具单的使用方法,以及各内容板块与传统的数学教学设计模板存在怎样的差别 2. 引导师要关注每个小组的方案研制进展,鼓励和推动低效的小组,调整方向偏离的小组,指导建构工具使用不规范的小组,促进每位小组成员积极参与讨论,激发思维、协作共创 3. 授课专家要深入各组进行参与式观察,在组内研讨出现问题时给予及时有效的帮助

七、实施应用与反思改进环节的交互活动解析

实施应用与反思改进环节的主要目的是通过实践应用建构的方案,不断对其进行检验、反思与改进。该环节的交互活动解析见表6-14。

表6-14 实施应用与反思改进环节的交互活动解析

交互目的	1. 检验"数学建模"单元教学方案的实操性和教学效果 2. 根据实施情况进行反思改进
交互手段与方式	1. 借助行动研究支架(如循环圈)进行交互 2. 学员与自我对话、与同伴对话、与培训者对话
交互类型	1. 培训者与学员交互 2. 学员与学员交互 3. 信息分享类交互 4. 深化认识类交互 5. 主动实验类交互 6. 协同建构类交互
交互发生条件	1. 调研学生对于教学设计初步方案中的建模选题、条件假设、模型建立等步骤的反馈 2. 通过课堂实践了解方案的实操性和优缺点 3. 反思研讨和修正方案的过程中,学员需要与小组同伴在专家指导下共同建构

	(续表)
其他可行的交互方式	如果时间和条件允许,组内每位教师均要对教学设计方案进行课堂实践,汇集课堂教学录像,通过观摩录像来反思和优化方案
关键点	1. 本环节基本上安排在集中培训后由各小组自主进行,行动研究支架可以为方案的实施和反思改进提供清晰的操作路径,进入本环节之前,培训者需要对循环圈进行详细的说明,与每个小组一起协商规划他们的行动计划 2. 本环节需要较充裕的时间,最好与下次活动之间空出两周以上时间用于实施和反思改进,其间培训者要关注每个小组的进展,为进展不顺利的小组提供及时的帮助 3. 本环节需要学员与学生、组内同伴、指导专家开展多次深度研讨,对方案进行多轮打磨和优化迭代,直到方案取得令人满意的教学效果

八、发布成果环节的交互活动解析

发布成果环节的主要目的是总结提炼实践经验,分享、交流与辐射经验,促进更多的教师提升。该环节的交互活动解析见表 6-15。

表 6-15 发布成果环节的交互活动解析

交互目的	交流各组的学习成果和方案设计、实施应用、修正优化的研究过程
交互手段与方式	1. 采用小组发言人汇报、专家点评、交流问答的活动形式 2. 学员与同伴对话、与培训者对话
交互类型	1. 培训者与学员交互 2. 学员与学员交互 3. 信息分享类交互 4. 协同建构类交互
交互发生条件	1. 各小组在汇报前做好充分准备,包括幻灯片、发言稿等,提前在小组内试讲和打磨,成果报告提前三天发给点评专家 2. 点评专家具备丰富的理论与实践积累,能够现场给予有针对性的指导 3. 成果发布活动主持人要有充分的预案准备和有效的引导技术
其他可行的交互方式	可以通过直播平台进行成果汇报,线上参与者可以通过在留言区留言和提问的方式参与互动

（续表）

关键点	1. 本环节是整个学习流程的最后一站，兼有成果交流和学习评价的功能，因此，各小组在汇报前在小组内要多次研磨，研磨的过程也是反思实践和经验萃取的学习过程 2. 专家点评环节除了点评和指导汇报成果，还兼有回顾知识、指引下一步学习方向的功能，因此，点评专家最好以培训者团队成员为主，在点评过程中能够联系前面的内容给予总结性指导

上述八个环节引领学习者从遇到问题、产生怀疑开始，在学习相关新知识和反思研讨的基础上，经历团队协作下的探索发现之旅，具体包括明确任务、提出方案、实施应用、反思改进、发布成果等。在这个过程中，学习者、培训者及相关人员进行深度交互，共同探索和解决教育教学中需要探索的真实问题。

✳ 互动 2

这些简单的题目能帮助您快速回顾本章要点，您只需要在合适的选项上打"√"。来做做看吧！

1. 指向探索发现的交互式教师培训适用于（知识理解类/知识创生类）培训。

2. 指向探索发现的交互式教师培训的学习过程一般由（八/六）个环节构成。

3. 指向探索发现的交互式教师培训适用于（小规模/大规模/两种规模都可以）的培训。

4. 指向探索发现的交互式教师培训适用于（现场教学/线上教学/混合教学/三种方式都可以）。

5. 指向探索发现的交互式教师培训对培训空间的要求是（小组式/集体式）。

6. 指向探索发现的交互式教师培训对培训者的要求是（善于引导、讲解和反馈指导/生动讲解）。

～～～～～～～～～～～～～～～～～～～～～～～～～～～～～～

【互动 1 参考答案】

张老师意识到了问题，也做出了改进的尝试。只不过他的这些尝试与其以往的经验无异，没有深入分析问题并找准切入点。

范老师不仅意识到了问题，而且通过与学生交谈等分析了问题产生的原因，找到了一些关键因素，但没有采取改进行动，因此，问题也就不能得到解决。

史老师不仅意识到了问题，分析了问题产生的原因，而且找准了切入点，切实进行了教育教学改进，取得了不错的效果。

史老师的做法值得借鉴。

第七章 指向体验认同的交互式教师培训例析

导语

真实情境中的体验会带给学习者真切、生动、深刻的体悟。指向体验认同的交互式教师培训实施模式的主要目的是促进学习者深刻体验与反思个人习以为常的态度、观念与行为方式,从而自主建构与确立新的态度、观念、行为,发生质变学习。

本章中,王老师描述了自己在市级培训课程"萨提亚模式下的和谐师生关系构建"第三个模块"'冰山隐喻'在构建和谐师生关系中的应用"中对指向体验认同的交互式教师培训实施模式的应用案例,让我们真切感受到体验与对话在教师深度学习中的重要作用。

名人格言

  道德准则,只有当它们被学生自己去追求、获得和亲自体验过的时候,只有当它们变成学生独立的个人信念的时候,才能真正成为学生的精神财富。

——苏霍姆林斯基

✻ **互动 1**

某位有三年教龄的小学语文教师非常害怕上公开课,学校请来专家对她进行指导。您比较赞同下面哪位专家的指导方法?请在您最赞同的选项前打"√"。

( )A. 专家1耐心地给这位教师摆事实讲道理,告诉她上公开课对其专业发展具有重要价值,即使上得不理想,领导与听课教师也不会对她有不好的印象……总之一句话,就是告诉这位教师上公开课其实没什么好怕的。

( )B. 专家2先询问了这位教师的基本情况、兴趣爱好等,拉近了彼此的距离,然后讲自己当初也害怕上公开课,与这位教师共情,并讲述了自己当初害怕上公开课的种种感受与想法,接着请这位教师思考并讲述她害怕上公开课的原因。针对这些情况,专家2讲述了自己的经历与经验,并教给这位教师具体的应对策略和实用的方法。

( )C. 专家3找来了两位与这位教师相同教龄、上过多次公开课的教师,请他们分享上公开课的各种感受、体验与心路历程,现身说法。专家3请这位教师说出关于害怕上公开课的种种想法,然后与两位上公开课经验多的教师一起给予其有针对性的指导。专家3还模拟上公开课的情境,请这位教师现场应用学到的克服恐惧的策略与方法。

(参考答案见本章末)

第一节　基本内涵

本书第三章简要提及指向体验认同的交互式教师培训实施模式,对其内涵与构成进行了初步的分析。本节着重对该模式的适用情境与使用要求进行论述。

一、指向体验认同的交互式教师培训的内涵与构成

指向体验认同的交互式教师培训实施模式的主要目的是促进学员在情感与态度上认同某个理念、观念或行为,实现态度、观念或行为的真正转变。

这一模式的构成与交互式教师培训实施一般模式有所不同,具体见第三章。这一模式的学习过程一般由八个环节构成:(1)提出问题,培训者或学员提出需要解决的问题;(2)反思研讨,激活学员已有知识经验,对问题展开交流与研讨,尝试分析问题与寻找解决问题的对策;(3)主题辩论,针对其中模棱两可或多元的观点,学员可以分正方、反方展开辩论;(4)澄清认识,通过辩论与培训者的引导,逐渐澄清模糊的认识;(5)真实体验,培训者创设情境,引导学员进行应用新知识的真实体验,根据学员体验情况给予及时的反馈指导;(6)反思交流,培训者组织学员对真实的体验感悟进行坦诚的表达和交流,发现问题,加强反思改进;(7)积极实践,学员在真实情境中积极实践新的理解,根据实践不断反思改进;(8)迁移应用,将逐渐稳定的新态度与新行为渗透在日常工作中,进行持续应用。

这一模式也有许多变式,下节提供的典型案例就是其中一种变式。实时动态反馈依然贯穿始终。学习交流社区、资源支持同样发挥重要的辅助作用。

二、适用情境

(一)适用活动类型

该模式适用于促进情感、态度、观念与行为发生转变的培训活动。这是一种非常富有挑战的培训活动,因为情感、态度、观念与行为的转变不是靠简单的说教就能达成的,需要晓之以理、动之以情、导之以行、持之以恒。

(二)适用人群

指向体验认同的交互式教师培训适用于希望提升学员师德与育德能力的培训者、学校管理者等。

(三)适用时长

指向体验认同的交互式教师培训适用于半天以上的培训。

(四)适用环境

指向体验认同的交互式教师培训适用于面对面的培训。

(五)适用培训规模

指向体验认同的交互式教师培训对学员规模要求比较严格,适用于 40 人及以下的教师培训。

三、使用要求

指向体验认同的交互式教师培训对培训者的要求较高,同样也要求学员高度投入与配合。

(一) 对培训者的要求

1. 培训者有比较高超的体验式培训技巧

培训者要创设安全、真实的体验情境,使学员能够全身心投入体验。体验越深刻,领悟才能越深刻。

2. 培训者要花费大量的时间与精力准备教学

创设体验情境需要培训者提前做大量的准备,因此,前期需要的时间与精力投入也比较多。

3. 培训者具有教学生成智慧

培训者要基于学员的现场表现给予及时的引导与指导,引领学员从体验走向反思,解构已有的不恰当的情感、态度、观念与行为,主动形成新的情感、态度、观念与行为。这需要培训者具有一定的教学生成智慧。

(二) 对学员的要求

1. 全身心参与,思维卷入

学员要发挥主观能动性,根据培训者的指导,全身心参与培训活动,积极思考与交流。

2. 坦诚、开放地交流与表达

学员能够坦诚、开放地交流与表达自己的真实感受和观点。

四、使用流程与操作要点

在开展指向体验认同的交互式教师培训时,可以采取如下行动。

(一) 培训教学前可以采取的行动

1. 精心准备教学内容与教具

为了更好地让学员体验与反思自己的情感、态度、观念与行为,培训者应提前思考"创设怎样的体验情境""如何设计体验活动""需要准备哪些体验教具"等问题。这些都需要培训者在培训前精心设计与安排。

2. 布置体验环境

根据教学需要,培训者要提前布置教室环境,创设体验情境,给学员营造沉浸式、有安全感的体验氛围。

(二) 培训教学中可以采取的行动

在展开教学计划的同时,培训者要关注学员现场反应,根据学员实际反馈适时调整培训教学,关注现场互动与生成。

(三) 培训教学后可以采取的行动

授课结束后,培训者需要对教学中实际生成的内容进行优化、完善,将其融入课件,并将完善后的课件、资料等作为学习资源发送给学员,供学员参考。

第二节 典型案例

> **案例简介**
>
> 案例来源:上海市虹口区教育学院心理教研员王红丽老师的市级培训课程"萨提亚模式下的和谐师生关系构建"第三个模块"'冰山隐喻'在构建和谐师生关系中的应用"。
>
> 案例特色:1. 王老师的培训注重体验,注重培训者与学员、学员与学员的深度对话,通过体验与深度对话引发学员的深度反思,从而转变习以为常的观念与习惯,形成新的观念与习惯。
>
> 2. 从培训者王老师的视角来讲述案例,真实、生动;在体现交互式教师培训要点处,以"敲黑板"的方式进行提示。
>
> 案例情境:半天(4课时)的现场面授;适合班主任、心理教师、普通教师等学习。

从 2016 年开始,王老师在××市范围内开设了一门市级培训课程,课程名称为"萨提亚模式下的和谐师生关系构建"。该课程以萨提亚家庭系统治疗理论为基础,帮助学员用萨提亚模式的理论和技术去看见、读懂学生,建立和谐师生关系,真正成为学生成长道路上的"重要他人"。该课程以体验与对话为主要培训形式,总共有六个模块。其中,第三个模块的主题是"'冰山隐喻'在构建和谐师生关系中的应用"。从这一主题中就可以看到,这次培训的重点是分享萨提亚模式下的"冰山隐喻"理论及其运用。怎样帮助学员准确理解这一隐喻并实际运用呢?王老师想到了三个要点:一是要与学员自身体验相联系,帮助他们快速、深刻理解知识;二是把学员专业生活中具有普遍性和代表性的典型案例或者情境作为教学资源,使学员感同身受;三是循序渐进,从学员的练习与实践开始,然后应用到真实的师生互动中。

基于这样的考量,王老师把四课时的培训分为五个部分,在每个部分都采用了体验与对话的培训形式。

一、学习启动

这次培训中的学员来自不同的区,只是因为共同选修了这门课才走到了一起,学员之间的熟悉度和联结度是不够的。当学员之间比较陌生时,他们很难获得安全感,也就不愿意打开心扉,坦诚地进行分享。安全感与坦诚分享对团队和个人来说,都是重要的。因此,王老师首先要做的就是增强学员之间的联结度,同时激活每位参与者的经验。

> ☞ **敲黑板**
> 当学员之间比较陌生时,他们很难获得安全感,也就不愿意打开心扉坦诚交流。培训者需要通过破冰活动等增强学员之间的联结度,帮助他们建立安全、融洽、和谐的人际关系。

王老师选择了"天气报告"活动,该活动是萨提亚模式下的一种沟通方法,可以让学员有所表达、能表达想表达的内容,从而促进学员的沟通。具体来说,该活动鼓励学员在团队中分享个人的感受,倾听他人的心声,拉近彼此的距离,建立人际联结。"天气报告"活动里可以表达的内容包括个人在当下、感谢与欣赏、困惑与担忧、抱怨与建议、新信息、希望与期待六个方面。

（一）学员间眼神交流

按照"老规矩",王老师组织所有人围坐成一个圆圈,开始了"天气报告"活动。课程伊始,王老师邀请所有参与者从自己右边的同伴开始用眼睛跟每位同伴进行交流,可以点点头,也可以微笑。一股暖流在团队中蔓延开来。

（二）表达对自己和他人的感谢与欣赏

从王老师开始,从左向右,大家轮流发言,表达对自己和他人的感谢与欣赏。如果暂时想不出对他人的感谢与欣赏,可以只说对自己的部分。在表达对他人的感谢与欣赏时,要尽可能具体,用第一人称"我……"的陈述句式;保持目光接触,真诚表达自己的感激。

（三）表达自己在学习和互动中的困惑与担忧

这次从右向左，大家轮流分享。学员可以分享自己在之前培训中的疑问和困惑、自己在工作中的烦恼、对后续课程学习的担忧等，如果其他人对这位同伴的分享有所触动也可以及时回应。这一环节的分享拉近了学员的心理距离，有些困惑是他们都经历过的，很容易产生共鸣。看到他人有和自己相似的体验和经历，学员更容易接纳和认同彼此，之前的焦虑感也降低了很多。

（四）表达自己的抱怨与建议

在这个环节里，有不少学员提出了对课程实施的建议，如"中间可以不休息，提早一点下课"，这个建议也得到了很多学员的呼应。也有学员提议，可以采用线上和线下相结合的学习方式。

> **敲黑板**
> 培训者要抱着平等、尊重、开放的心态倾听学员的心声，即使是学员的批评建议也要笑纳。这有助于营造安全、开放的交流氛围。

这些建议既表达了呼声，也给出了切实可行的办法，增强了团队的凝聚力。给出建议的学员也因自己的智慧帮助到其他人而感到自豪。

（五）表达自己学到的新信息

在这个环节里，学员分享了自己在这段时间里学到的新知识，以及自己在工作中运用培训所学内容的情况。这也给其他学员带来了鼓励和支持。新信息的分享也是知识的普及。学员借助他人的分享拓宽了个人的知识结构。

（六）表达自己对团队的希望与期待

最后，学员分享了自己对后续课程的期待。例如，学员尚老师激动地说："王老师，我希望我能在课程里学到一些有用的方法，应用到工作中，能管好我们班级里的一个'刺头'。"王老师立刻回应她："尚老师，好像这个学生很让你恼火啊。"尚老师的语气中充满无奈："是啊，我从来没遇到过这样的学生，他简直是油盐不进。上个星期，他天天迟到，害得我们班级行规总是扣分，我好好跟他谈，还给他买了小礼物，软硬兼施，请他一定要按时到校。这几天，他总算踩着铃声进来了。可是，今天好几位学科教师又来告状，说他一直不交作业，催也没用，谈话也没用。"

王老师听到这里，心里有了主意：接下来可以把尚老师的师生互动作为演示和讨论的案例。其他学员是否也有相似的经历？于是，王老师马上询问其他学

> **敲黑板**
> 培训者要在互动中及时捕捉有价值的信息，将其转化为培训教学内容或资源，让培训教学充满灵动与活力。

员:"尚老师的这个学生看来真是让人头疼,不知道其他老师有没有接触过这样的学生?"王老师话音一落,学员就开始热烈讨论,"这样的学生,几乎每个班级都有1至2个。""有啊,我们班级就有,好像比尚老师的学生还要难管理。""这样的学生,家长也不给力,找了也白找。""王老师,我们正在学习师生关系构建,面对这类学生,教师该怎么办呢?"太好了,王老师等的就是这句话。既然这个案例具有普遍性,且学员都觉得为难,束手无策,王老师就决定用这个案例。

当"天气报告"活动完成的时候,整个团队的氛围已经非常融洽了,彼此的感受、心得、烦恼、困扰都被"看见",学员释放了压力,找到了归属,彼此变得更亲近,也有学员发现原来他们是一个区的,相约培训结束后一起乘车回去。而王老师也发现了学员的需求,确定了一个接下来可以用于讨论的案例。至此,导入部分已经顺利完成,也为下面的活动做好了铺垫。

> **敲黑板**
>
> "天气报告"活动可以帮助不熟悉的学员打开封闭的系统,或者让系统保持开放;可以提升学员的自我价值感,让学员与他人产生联结;鼓励学员充分参与,使得每位学员在对等的情况下表达出自己的满意与不满;给予和接收各种信息。

二、提出问题

在"天气报告"活动中,学员已经开始回忆自己遇到的那些难管理的学生。尚老师尤其激动,显然是被这个学生气得不轻。王老师决定把尚老师所说的案例作为师生互动学习的案例。以下是王老师的培训教学实录。

王老师:尚老师,你刚才说的那个学生,着实把你气得不轻啊。

尚老师:是啊,我真是拿他没办法。开学后,他先是和同学起冲突,惹得同学都来投诉。我天天找他谈话,让他做小队长,希望他能和同学友好相处。人际交往的情况好转后,他又开始和老师起冲突,上课要么就是说怪话,扰乱课堂秩序,要么就是说笑话,惹得同学哈哈大笑。再后来,他总是迟到,就像我前面跟大家说的,班级行规每次都因为他扣分。最近,他总是不交作业,鼓励、惩罚都没用。我是没办法了。这样的学生,我怎么跟他构建和谐的师生关系啊?

王老师:听上去,这真是一个令人头痛的学生,而且,他的"捣蛋"行为好像是"按下葫芦浮起瓢",让尚老师"四处救火"啊!

尚老师：就是。有什么办法能让他乖一点呢？

王老师：所以，你的诉求是找个有效的方法让这个学生改变，最好像换了一个人似的，对吧？

尚老师：对呀。其实我也知道改头换面不可能，能让他乖一点，遵守纪律就好。

王老师：在想到好办法之前，我们多了解一下这个学生，好不好？

尚老师：我刚才把他的行为表现都说了，他就那副样子。

王老师：如果有机会深入了解这个学生，你愿意尝试吗？

尚老师：那……行吧。

三、角色扮演

尚老师有点不情愿。在她看来，给她一些建议，找到一些有效的方法，回去应对这个学生是最重要的，情况她已经讲得很清楚了。很多时候，教师也好，家长也好，他们的诉求都是非常直接的，那就是"你告诉我，该怎么做，做什么孩子能发生改变"，潜台词就是"这个孩子有问题，都是他的错，只要他做出改变，问题就解决了"。至于"这个孩子为什么会有这样的行为""他是怎么想的""和教师（家长）理解与判断的是否一致""教师（家长）是否看到了问题的全部""教师（家长）对自己的角色和正在表现出的行为是否有清晰的认识"等重要问题，则常常被忽视。因此，王老师想要通过角色扮演让尚老师及其他学员深切体验和感受一下这个孩子的内在。

> **☞ 敲黑板**
>
> 学员急于得到问题的答案，说明他们有强烈的获得答案的欲望。如果培训者告知其答案，他们就会丧失自己获得答案的机会。这时，培训者要发挥引导与指导作用，通过适切的教学活动将学员的思维引向深处。

（一）讲述真实案例

王老师：尚老师，接下来我想邀请您参与一个角色扮演的活动。您能否描述一个您和这个学生互动的场景，越详细越好。请大家认真听这个师生互动的片段。

尚老师：好呀！他最近的问题是不交作业。他昨天明明答应我今天会准时交作业的，又没有做到！我一下子就生气了，冲进教室，对着他喊，金涛（化名），你到我办公室来一下。我说，"你怎么回事？你怎么说话不算话！你再这样的话，我是要叫家长的！"

王老师:金涛是什么反应呢?

尚老师:他低着头,什么话也没说。我更生气了,"你说话啊!你是什么意思?你觉得自己有理了,是吗?"

(二) 角色扮演

王老师:好。尚老师,我们先停在这里。我想请您来扮演一下金涛。他是12岁吧?您说他是六年级的学生。

尚老师:对的。他目前读六年级。我是他的班主任兼数学老师。

王老师:尚老师,现在请您在同伴中选一个人来扮演你,好吗?

尚老师环顾了一下,选择A老师来扮演自己,A老师也同意了。

王老师把写有"金涛"的姓名牌贴在尚老师身上,接下来的活动中,尚老师就"化身"为金涛。王老师又把写有"尚老师"的姓名牌贴在A老师身上,请她扮演尚老师。王老师接着请其他学员在心里默默选择一个角色,参与其中。王老师请"尚老师"和"金涛"在现场重现刚才的一幕,语言、表情要到位。

王老师:[对着由尚老师扮演的"金涛"]金涛,刚才尚老师和你之间有些对话,你现在觉得怎么样?你可以再看看尚老师。

"金涛":我觉得尚老师很凶,表情有点吓人,也很烦,天天叫我到办公室。我下课本想和同学出去玩,现在也不能去了。办公室还有很多老师,尚老师骂我的时候其他老师也在看着。我感到很丢脸。

王老师:所以,金涛,你当下的感受是害怕、烦、丢脸,对吗?

"金涛":对,还有生气。尚老师天天找我麻烦。其他人也有没交作业的,他只针对我,不公平。

王老师:你好像还有点委屈,是吧?其他人也有没交作业的,但尚老师只看到你没交,对吗?

"金涛":对的。这不公平。尚老师处处针对我。

王老师:你的感受是害怕、烦、丢脸、生气、委屈、不公平。

"金涛":对的。我也担心尚老师叫家长,我爸知道了会揍我的。

王老师:哦?爸爸会揍你吗?

"金涛":上次也是尚老师告状,晚上回去我爸就揍我了。尚老师就是会煽风点火、挑拨离间。我讨厌尚老师。

王老师转向其他学员:各位伙伴,你们刚才也在"金涛"和"尚老师"之间选择了一个角色。如果你是"金涛",在这种情况下,除了这些感受,还有其他感受吗?

有学员补充:忐忑、讨厌、紧张、无助、恨……

(三)体验聚拢与归因分析

王老师把"金涛"在与"尚老师"互动中的感受全部写在 A4 纸上,每张纸写一种感受,共 12 张。这些 A4 纸被一一排列在地板上。

王老师:金涛,请你再看看你的这些感受。

"金涛":我觉得自己很可怜。没人帮我,大家都讨厌我,尚老师告诉家长的话,我爸就会揍我。

王老师:金涛,你觉得爸爸揍你是因为尚老师挑拨离间,对吗?你在与尚老师互动中,还可能有其他的想法吗?

"金涛":我认为,尚老师针对我;她是故意的;别的同学也不交作业,她不说,只针对我;尚老师很凶,她不是个好老师。还有,有些题目我不会做,所以没写,但我没有像别的同学那样抄作业。

王老师:还有吗?你还有什么想法呢?

"金涛":我知道我有很多地方做得不好。我爸妈说他们不会叫我起床的,我要自己起来,但我总是听不到闹钟,有时听到了想着再睡一会儿就又睡着了。后来我放了 3 个闹钟在床头,总算能起来了。

王老师:所以,你也在想办法改正你的一些行为。

"金涛":是的。

王老师再次转向其他学员:请代入"金涛"角色的老师补充一下,金涛可能还有哪些想法。

(四)体验发现,再次聚拢

王老师再次把"金涛"的这些想法写在 A4 纸上,一一铺开在地板上,请"金涛"和"尚老师"一起仔细看看。

王老师:金涛,这些都是你的观点,是不是这样?

> 敲黑板
> 培训者通过层层递进的对话活动,让学员获得各种体验,形成"多了解与理解学生""学会换位思考"等观念。

王老师转过去,面向"尚老师"以及其他学员:这些是这个 12 岁孩子的想法,大家可以看看。

很多学员离开位置,走过来,看着地板上写满了这个孩子感受和想法的二十几张 A4 纸。一时间，整个教室非常安静。有些变化已经开始出现了。

王老师：金涛，可能正因为你是这么想的、这么认为的，所以你才在与尚老师的交流中出现了很多问题。如果尚老师能够改变，你期待她怎么变呢？

（五）共同寻找对策

"金涛"想了一会儿，说：她改变不了的。（全场都笑了。）

王老师：每个人都有改变的可能。金涛，如果尚老师能改变的话，你希望她是怎样的老师？

"金涛"：我希望她不要太凶。她可以说话慢一点，态度好一点；不要动不动就叫家长；不要一上来就骂我，至少先听听我是怎么想的；不要在办公室里骂我，可以找个只有我们两个人的地方谈谈；我希望她能看到我的努力。

王老师：金涛，你说得很好啊。你对尚老师说过这些话吗？

"金涛"：没有，她没让我说。我不敢和她说，也不想和她说。

王老师：金涛，那你对自己有期待吗？你希望改变自己吗？

"金涛"：我希望自己学习能努力一点；希望自己早上能起得早一点，不要迟到；希望自己会做作业，能每天完成作业。

王老师：所以，金涛，你对尚老师和自己都有一些期待，也比较清楚地知道自己可以做些什么。这些思考和发现对你来说是重要的吗？

"金涛"：是的。

（六）对策聚拢

王老师请其他学员帮忙把"金涛"对尚老师和自己的期待以及自己可以做些什么等都写在 A4 纸上，每张纸上写一条。大家又写了十几张 A4 纸，上面是满满当当的期待。

王老师：金涛，每个人都有一些深层次的渴望，你希望尚老师可以先听你说说心里话，你希望尚老师不要当着其他老师的面批评你，其实，你是想得到尊重，是吗？

"金涛"：是的，我也需要被尊重。

王老师再次把"金涛"的渴望写下来。5 张 A4 纸上分别写着被爱、被尊重、被理解、自由、有价值。

王老师请"金涛"再次用心看看自己的渴望。

其他学员也都聚拢过来，一起看着地板上这几十张写满字的纸。

王老师：金涛，如果用1至10计分，1分表示很糟糕，10分表示非常好。你大概是几分？

"金涛"：大概是4分吧。

王老师在A4纸上写下4。

（七）活动复盘小结

王老师把刚才写下的所有内容逐层排列在地板上，按照这样的顺序：金涛的感受—金涛的观点—金涛的期待—金涛的渴望—金涛的状态。几十张A4纸分成几个板块，全部呈现出来，非常令人震撼。

王老师请"金涛"（尚老师）和其他学员一起，从头来看看这个孩子。大家从4分的生命状态开始，一层一层慢慢往上走。当王老师和"金涛"（尚老师）一起走过这个历程时，王老师感受到了尚老师的变化。她的脚步越走越慢，在每个层面停留的时间越来越长。其他学员也一层一层探究着"金涛"的内心。王老师和学员从"感受"走到"生命力"，又从"生命力"走回"感受"，来回走了好几遍。

（八）角色体验交流与分享

王老师再次对着尚老师。

王老师：尚老师，现在我要拿走你身上贴着的"金涛"的姓名牌，请你做回自己并说说刚才这个过程中你的体验和感受。

尚老师：我扮演金涛，然后层层表述自己内心想法的这个过程，真的特别震撼。我有很多很多的发现，原来这个看上去调皮捣蛋的孩子内在如此丰富，原来他有这么多信息我没有看到，我现在觉得我根本就不了解他，也没有想着去了解他，我只是生气，因为他给我的班级管理带来了很多困难。如果他在我眼前的话，我真想抱抱他，跟他说声对不起。

> ☞ **敲黑板**
> 请注意，尚老师这里的用词是"特别震撼"。这不正是我们培训的目的吗？让学员受到深深的震撼，对已经习惯或视为理所当然的观念与行为进行深刻的反思，进而形成新的观念与行为。

王老师：我们也听听其他学员的分享，好吗？

王老师请尚老师坐下来，仍旧坐回大圈。

A老师：前面我扮演了尚老师，呈现了尚老师和金涛的一段互动。那些话我很自然地就说出来了，因为那些话我几乎都说过，我非常能理解尚老师当时的情绪，所以让我扮演她说出那些话一点困难也没有。在刚才的过程里，我和尚老师

第七章 指向体验认同的交互式教师培训例析

一起深入理解了这个孩子,这对我来说也特别震撼。因为我第一次发现,这个孩子的内在这么丰富,我们之前对他的了解少之又少。这给我非常非常大的启发,在和学生互动的时候,我也要充分地去了解他、理解他、尊重他。

B老师:刚才的过程中,我也在默默地扮演着"金涛",我想试着体验一下这个学生的内在,这也是我作为教师想要了解的。当我听到"尚老师"声音很响、机关枪一样的话语时,我真想调头就走,我一句话也不想和她说,我更不想看她的脸。

C老师:我从来没有想到,一个12岁孩子的内在是这么丰富,地板上几十张白纸满满地写着这个孩子的感受,可能这还只是一部分。不管这个孩子多大,不管他的行为是否符合要求,他的内在都应该被看到、被重视。

四、学习新知识

这个案例引发了学员的共鸣。分角色扮演和参与,为他们开启了一扇新的门。

王老师:谢谢各位伙伴的分享。每个学员的分享对我们来说都是重要的智慧。正如大家看到的那样,每个人在外在的行为下面都有着丰富的内在系统,有自己的感受、观点、期待、渴望和自我的生命状态。这如同一座冰山,露在海平面以上的只是这座冰山很小的一部分,而海平面以下庞大的内容才是这座冰山的关键。同样,外在的行为只是每个人很小的一部分,那些我们肉眼看不见的丰富的内在才是最重要的。

王老师配合着课件,对"冰山隐喻"进行了解读。

(一)萨提亚模式下的冰山理论

萨提亚模式下的冰山理论实际上是一个隐喻,它指一个人的"自我"就像一座冰山一样,人们能看到的只是表面很少的一部分——行为,而更大一部分的内在世界却藏在更深层次,不为人所见,恰如冰山。教师需要做的工作往往是透过学生的表面行为,去探究他们的内在冰山,从中找出解决之道——每个人都有自己的冰山,认识到自己的冰山,你的人生就会改变。

(二)萨提亚模式下个人冰山理论的隐喻

萨提亚模式下个人冰山理论的隐喻包括七个层级(见图7-1):(1)行为,包括行动、故事内容;(2)应对方式,包括姿态;(3)感受和对感受的感受,感受包括喜悦、兴奋、着迷、愤怒、伤害、恐惧、悲伤等,对感受的感受是指关于感受的决定;(4)观点,包括信念、假设、预设立场、主观现实、认知;(5)期待,包括对自己的期待、对他人的期待、来自他人的期待;(6)渴望,包括爱、接纳、归属、创意、连结、自由等;(7)自我,包括生命力、精神、灵性、核心、本质等。

一般来说,大家看见的都只是冰山一角,那就是外在行为的呈现。但在下面还蕴藏着情绪、感受、期待、渴望等。在与人沟通时,个体往往很难体会和察觉下面的冰山。有时,个体甚至对自己冰山下面的东西也没有觉察。

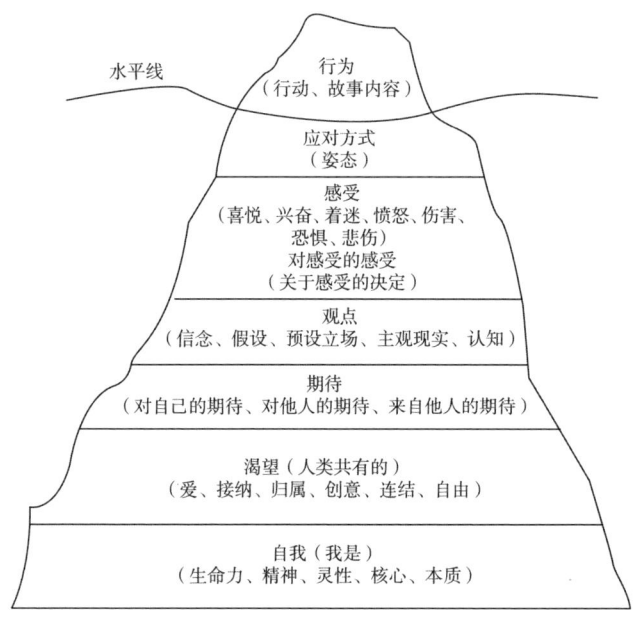

图7-1　个人冰山理论的隐喻

(三) 冰山技术适用的场景

冰山技术使教师在面对自己或者学生时,可以透过表面的行为,顺着冰山的七个层级,逐层去探索,对自己和学生有更深入、更全面、更客观的认识。

冰山技术帮助教师看清行为背后的个体的期待和渴望,不被行为表面所迷惑,从个体的期待和渴望入手,找到相应的方法与途径,真正帮助学生成长。

冰山技术适用于对"人"的了解和帮助。因此,它适用于自我探索、对学生和家长的了解等。

至此,关于"冰山隐喻"的理解和学习,也通过深刻的体验和互动完成了。

第七章 指向体验认同的交互式教师培训例析

五、应用知识

王老师：亲爱的伙伴们，刚才我们共同体验了金涛的"冰山"，对这个孩子有了非常多的认识和了解，这对于尚老师和金涛的互动是非常重要的。在这个案例中，还有一位主角，那就是尚老师。就像刚才有伙伴说起的那样，尚老师身上也有自己的影子。所以，接下来的课程，我想请大家回到小组（全体学员之前就有固定的小组，每组5至6人），试着从不同的层面去了解尚老师，获取更多的信息。我已经征得尚老师的同意了。

（一）小组练习

各小组将尚老师的"冰山"（即内在系统）写在冰山图的各个层级。冰山图画在发给各小组的海报纸上。（过程略）

（二）小组逐一分享

小组逐一分享自己的讨论结果。更有小组，一边分享一边与尚老师核对，课堂里不时传出阵阵笑声。

冰山描述没有对错之分，每个小组的描述都为尚老师提供了一种"看见自己"的视角。

（三）活动反馈

最后，王老师请尚老师对整个活动进行反馈。

尚老师：首先，我要谢谢王老师和各位小伙伴。说实话，今天下午上课前我很郁闷，一是为了这个学生，二是手头的工作实在太多了。最初来上这门课，我的目的就是拿学分，这门课有2.5个学分，值得来。（大家都笑了。）我也希望能学到一些有用的东西，最好直接拿回去就能用。所以，我一上来就很着急，想知道有什么好办法能让这个学生改变，好像全部问题都出在这个学生身上。王老师邀请我进行角色扮演时，我有点不情愿，但为了了解更多，就答应了。其次，大家说和我的这个案例很有共鸣。当我跟随课程一步一步走下去的时候，我进入了"金涛"的角色，我的思路一下子打开了。原来我没有想过这么多，我嫌他一直给我添乱，恨不得把他转到其他班级。现在我对他的了解更深入了，我知道他对老师和对自己的期待。刚才有伙伴问我，我是怎么知道金涛的感受和期待的。很神奇，当我进入这个角色，看着我的老师很凶地质问我时，所有的感受自然而然地浮现了出来，我一点没有表演，这就是我在那个时候的真实反应。今天的学习对我来说太重要了,我可能都没有真正地了解过这个学生,从来没有真正走进过他的内心世界,虽然我有时耐着性子,好像很温和地跟他沟通。现在想来,不耐烦、愤怒是掩饰不住的,学生是很聪明和敏感的。今天的体验和感悟太多了。"冰山隐喻"对我的启发非常大,欲速则不达。我都没有理解这个学生,我一定帮助不了他。其次,我要谢谢每个小组,包括我自己所在的小组。每个小组的讨论都让我看清楚自己。谢谢大家的鼓励,因为大家都看到了我的责任心和对金涛的爱。可惜,金涛没有看到和感受到。这是我的问题。体验式的学习方式特别好。下次大家也可以来体验一下。

王老师:谢谢尚老师的分享。您的分享特别真诚,令人感动。尚老师说欲速则不达,我很认同,了解是改变的开始,了解是建立和谐师生关系的基础。今天分享的"冰山隐喻"可以帮助大家更多地看见和理解学生、自己,这对于互动和建立关系很重要。

> **☞ 敲黑板**
> 了解是改变的开始,了解是建立和谐师生关系的基础。

(四)布置作业

为了巩固课堂所学,王老师还给学员布置了课后作业:

1. 回忆自己与学生相处的一个片段,画出当时自己与学生的冰山图。
2. 在生活中尝试使用冰山技术来了解自己与他人。

第三节 案例解析

上述案例就是一个以体验认同为主要目的的交互式教师培训。不过,该案例的模式与指向体验认同的交互式教师培训的一般实施模式有所不同。在该案例的模式中,没有"主题辩论"环节,而是放大体验环节,在角色扮演体验中聚拢学员不同的感受与观点。

提取上述典型案例的关键步骤,分析每个步骤中关键的交互行为与策略,我们可以得到一些启示。在上述案例中,有五个关键环节,见表7-1。

表 7-1 "'冰山隐喻'在建构和谐师生关系中的应用"培训教学的关键环节

关键环节	具体环节
学习启动	1. 学员间眼神交流
	2. 表达对自己和他人的感谢与欣赏
	3. 表达自己在学习和互动中的困惑与担忧
	4. 表达自己的抱怨与建议
	5. 表达自己学到的新信息
	6. 表达自己对团队的希望与期待
提出问题	7. 利用学员提供的案例生成问题
角色扮演	8. 讲述真实案例
	9. 角色扮演
	10. 体验聚拢与归因分析
	11. 体验发现,再次聚拢
	12. 共同寻找对策
	13. 对策聚拢
	14. 活动复盘小结
	15. 角色体验交流与分享
学习新知识	16. 萨提亚模式下的冰山理论
	17. 萨提亚模式下个人冰山理论的隐喻
	18. 冰山技术适用的场景
应用知识	19. 小组练习
	20. 小组逐一分享
	21. 活动反馈
	22. 布置作业

下面逐一分析五个关键环节对应的具体环节的交互目的、交互手段与方式、交互类型、交互发生条件等。

一、学习启动环节的交互活动解析

学习启动环节有助于增进学员的相互了解与熟悉度,营造安全、和谐、开放的学习氛围,同时激活学员的已有感受与经验,增强学员学习的积极性与投入度。该环节的交互活动解析见表 7-2。

表 7-2　学习启动环节的交互活动解析

交互目的	1. 增进学员的相互了解与熟悉度,营造安全、和谐、开放的学习氛围 2. 激活学员的已有感受与经验,促进学员与学员、学员与培训者相互学习,也为随后的学习做好铺垫
交互手段与方式	1. 采用"天气报告"活动的技术与方法 2. 通过眼神、语言进行交互
交互类型	1. 学员与学员交互 2. 培训者与学员交互
交互发生条件	1. 培训者能够娴熟运用"天气报告"活动的技术与方法,营造良好的学习氛围 2. 培训者具有现场教学智慧,能够从学员交流中捕捉到重要信息 3. 学员敢于坦诚表达和交流自己的感受与观点
其他可行的交互方式	分小组按照"天气报告"活动流程进行交流,然后大组交流
关键点	培训者能够娴熟运用"天气报告"活动的技术与方法,且具有现场教学智慧

二、提出问题环节的交互活动解析

提出问题环节有助于明确学习聚焦的问题,增强学员学习的主动性与积极性。该环节的交互活动解析见表 7-3。

表7-3 提出问题环节的交互活动解析

交互目的	1. 提出问题,聚焦主题 2. 把学员自己提出的案例作为教学资源,贴近学员实际,让教学具有生成性与灵动性
交互手段与方式	1. 培训者与学员对话 2. 学员讲述自身的经验
交互类型	培训者与学员交互
交互发生条件	1. 培训者及时捕捉学员交流中有价值的信息,及时提出问题、引导学员思考 2. 学员能够跟随培训者的引导,坦诚表达和交流自己的感受与观点
其他可行的交互方式	培训者提出问题
关键点	1. 培训者能够及时捕捉学员交流中有价值的信息,及时提出问题、引导学员思考 2. 学员能够跟随培训者的引导,坦诚表达和交流自己的感受与观点

三、角色扮演环节的交互活动解析

角色扮演环节通过学员的角色代入,实现换位思考,给学员不一样的体验。该环节的交互活动解析见表7-4。

表7-4 角色扮演环节的交互活动解析

交互目的	通过让学员尚老师扮演学生,体会学生的感受,聚拢与分析学生的感受、观点与期待,引导学员在体验中理解学生、读懂学生,对自己已有的观念与行为进行深刻反思,自发建构出新的观念与行为
交互手段与方式	1. 通过角色扮演活动促进学员体验,用相应的姓名牌等角色扮演道具帮助学员进入角色 2. 培训者与学员之间进行动态对话 3. 借助纸、笔呈现各种体验成果

（续表）

交互类型	1. 培训者与学员交互 2. 学员与学员交互
交互发生条件	1. 培训者具有高超的引导技能与培训教学能力 2. 学员跟随培训者的引导，积极参与，坦诚表达自己的感受，进入角色、体悟角色、扮演到位 3. 必要的角色扮演道具
其他可行的交互方式	1. 学员三人一组分角色进行体验，然后大组交流 2. 请学生代表扮演案例中的学生
关键点	1. 培训者对学员的学习心理、讲授的内容都有深刻而透彻的把握，在学习的关键点给予引导与引领 2. 培训者具有角色扮演教学智慧 3. 学员跟随培训者的引导，积极参与

四、学习新知识环节的交互活动解析

学习新知识环节通过示证新知，引导学员建构新知识。该环节的交互活动解析见表 7-5。

表 7-5　学习新知识环节的交互活动解析

交互目的	帮助学员建构理论框架，透过现象看本质，从特殊发现一般原理，促进体验与理论的结合
交互手段与方式	1. 用文字、图表、口头语言、案例等方法辅助培训者与学员交互 2. 注重理论与学员体验、已有经验的关联
交互类型	1. 培训者与学员交互 2. 学员进行新旧概念的交互
交互发生条件	1. 培训者对所讲内容融会贯通，具有丰富的理论知识与实践经验 2. 培训者对学员在理解上的困难点有比较准确的把握
其他可行的交互方式	1. 自学研读原著 2. 其他专家从不同角度的分析
关键点	培训者对所讲内容有深刻的把握，能把理论讲透彻并通俗易懂

五、应用知识环节的交互活动解析

应用知识环节引导学员应用新获得的知识进行模拟练习,促进新知识的巩固与保持,增强学习与应用的统一。该环节的交互活动解析见表 7-6。

表 7-6 应用知识环节的交互活动解析

交互目的	学员运用角色扮演技术与学到的"冰山隐喻"理论,扮演案例中的"尚老师",从不同的层面去了解尚老师的感受、观点与期待
交互手段与方式	1. 小组角色扮演练习 2. 小组分享 3. 培训者反馈指导 4. 通过作业巩固培训所学
交互类型	1. 小组学员通过角色扮演实现交互 2. 培训者与学员交互
交互发生条件	1. 学员需要深刻理解角色扮演的要求并进入角色 2. 学员坦诚表达和交流自己的感受与观点 3. 培训者及时给予点拨、指导
其他可行的交互方式	用理论分析角色、体验成果
关键点	1. 学员理解角色扮演的要求和"冰山隐喻",认真投入地进行角色扮演活动,坦诚表达和交流自己的感受与观点 2. 培训者及时给予点拨、指导

在每个环节,培训者借助深度对话、多元互动与角色体验,引导学员体会学生的感受,反思已有的观念与行为模式,从而明确改进的方向与路径。

✿ 互动 2

这些简单的题目能帮助您快速回顾本章要点,您只需要在合适的选项上打"√"。来做做看吧!

1. 指向体验认同的交互式教师培训适用于(知识学习类/观念转变类)培训。
2. 指向体验认同的交互式教师培训适用于(小规模/大规模/两种规模都可以)的培训。
3. 指向体验认同的交互式教师培训适用于(现场教学/线上教学/混合教学/三种方式都可以)。

4. 指向体验认同的交互式教师培训对培训者的最大挑战是能够使用(信息技术/体验式培训技术)。

5. 本章典型案例中的交互式教师培训采用的体验技术是(情景剧表演/角色扮演)。

6. 本章典型案例中的交互式教师培训采用的学习启动活动是(天气报告/案例讲述)。

～～～～～～～～～～～～～～～～～～～～～～～～～

【互动1参考答案】

专家1比较注重摆事实讲道理,侧重从认知方面帮助学员转变。但情感、态度的转变仅仅关注知识的输入是不够的。

专家2注重共情,通过营造亲近、友善的氛围让这位教师敞开心扉表达自己的感受与担忧,并给出了具体的操作方法。专家2不仅关注认知的改变,还关注情感的共鸣。比较遗憾的是,缺乏跟进的应用练习。

专家3请来与这位教师教龄相仿的拥有异质经验的教师,同辈人之间更容易建立亲近的关系,也更容易发挥榜样的示范、激励作用。专家3也关注这位教师真实感受的表达,针对这位教师的真实感受与其他教师一起提供有针对性的策略与方法指导,并注重新知识的应用练习。

专家3的做法值得借鉴。

第八章 交互式教师培训活动工具箱

导语

　　依据交互活动目的,本章把教师培训中形式多样的交互活动分为五类,即信息分享类、深化认识类、协同建构类、主动实验类、创造应用类。针对每类交互活动,提供了一些常用的操作指南,从而使交互式教师培训更好地落地。

名人格言

授人以鱼,不如授人以渔。

——谚语

✳ **互动1**

董老师正在带领团队成员研制一份关于某省乡镇一级中学120位教研组组长的培训需求调查问卷,请在您最认可的做法前打"√"。

（   ）A.董老师先让团队成员小张根据培训需求方提供的信息拟一份需求调研问卷;然后组织4人对这份问卷进行修改讨论;最后,根据大家的意见进行完善并定稿。

（   ）B.董老师请团队每位成员根据培训需求方提供的信息,独立思考并提出需求调研的内容与方式;然后组织大家交流与讨论各自的想法,引导大家就需求调研的内容与方式达成共识;接着每个人分工负责调研问卷的拟定、访谈问题的拟定等;最后形成需求调研方案与工具。

（   ）C.董老师先与培训需求方进行了沟通,请他们提供一些补充性的材料,并推荐一些有代表性的目标学员以便进行访谈;然后把相关信息分享给团队成员,并请大家分别思考访谈的内容与形式;接着请大家交流与讨论各自的想法,达成共识;再然后进行了具体分工,组织大家在交流与讨论的基础上形成了需求调研方案与工具的定稿;最后组织团队成员对目标学员进行了预调研,根据调研结果再次修订了需求调研方案与工具。

（参考答案见本章末）

第一节　信息分享类交互活动工具箱

信息分享类交互活动的主要目的是通过信息的交流与分享,促进信息的快速传播与扩散;或通过信息的分享增进相关人员的了解,拉近彼此的距离,从而建立相互熟悉、相互信任的人际关系。本节按照信息分享类交互活动的目的与内容,把信息分享类交互活动工具箱分为四类,即破冰活动工具、典型经验分享活动工具、教育故事讲述活动工具、文献资源共享活动工具。

一、破冰活动工具

（一）画"自画像"活动工具

活动目的：营造轻松愉快的氛围，深度交流组员的特点和特长，帮助组员快速认识、熟悉。

活动组织：把相互不熟悉的学员分成若干小组（每组 6 人左右）。

活动时间：20 分钟。

活动材料或工具：各种颜色、形状的（大号）便利贴 30 张以上；大白纸 1 张；各种颜色的水彩笔，共 10 支（芯不要太粗）；各种颜色的铅笔，共 10 支（包括黑色）。

活动步骤：

步骤 1 画：每位组员取一张便利贴 A，用水彩笔画出"自画像"，画风自选，可以是简笔画、卡通画、水彩画、铅笔素描等。

步骤 2 写：再取一张便利贴 B，写上自己的姓名和描述自己特点的词语，如"王小琳，小巧玲珑""赵大伟，性格开朗"。

步骤 3 再写：再取一张便利贴 C，写上自己的任教学科、喜欢的教育名言或著作、这次来参训的原因等。

步骤 4 说：由组长组织大家逐个介绍自己的 3 张便利贴上的内容。

步骤 5 分配：组长收齐组员的便利贴 B 和 C，将其顺序打乱，正面朝下放在桌上；收齐组员的便利贴 A，让每位组员分别从中抽取一幅"自画像"。

步骤 6 找：每位组员对照抽取的"自画像"，找到与其相匹配的便利贴 B 和 C，将其一起贴在大白纸上，找寻时间限制在 1 分钟以内。

步骤 7 奖：匹配正确且速度最快的组员荣获一等奖，其他匹配正确的组员荣获二等奖。

特别说明：在时间分配上，一般是"画＋写＋再写"8 分钟、"说"8 分钟、"分配"2 分钟、"找"1 分钟、"奖"1 分钟，这个活动特别适合在有书画基础的教师培训班中使用。

（二）设计创意名片活动工具

活动目的：团队破冰，深入了解同伴的基本信息；设计创意名片，方便后续活动中师生和生生相互了解。

活动组织：把彼此陌生的组员分成两人一组（一般是同桌的两位组员）。

活动时间：20分钟。

活动材料或工具：每人1张彩色A4纸，可供选择的颜色尽量多一些；水彩笔3至4支（芯不要太粗）；双面胶1卷。

活动步骤：

步骤1访：两位组员轮流充当记者，采访对方的姓名、单位、教龄、任教学科、兴趣爱好、教学特色、喜欢的教育名言或著作等。

步骤2选：两位组员挑选同一色彩的A4纸各一张，开始为对方制作名片。

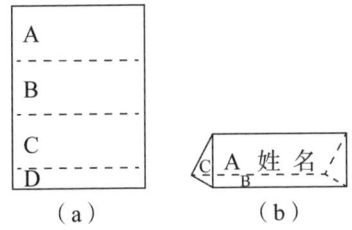

图8-1 用A4纸制作名片示意图

步骤3折：如图8-1(a)所示，将纸折三下，A、B、C 3个区域面积相等，D区域宽为1厘米。

步骤4写：在A区域写上姓名；在B区域写上单位、教龄、任教学科；在C区域写上兴趣爱好、教学特色、喜欢的教育名言或著作等。

步骤5审：将纸上所写内容交给对方审核修改，共同修饰美化，画上有创意的图案或标志。

步骤6粘贴：如图8-1(b)所示，将纸折成三角棱的样式，在D区域贴上双面胶，将D区域与A区域的边缘粘贴起来，漂亮的创意名片就做好了。

步骤7说：请最先做好的三组学员来介绍他们的创意名片。

特别说明：这个活动能够引导陌生的两位组员通过动嘴、动脑、动手制作对方名片的方式，逐渐了解对方的基本信息，进入攀谈和合作的状态，取得良好的破冰效果。同时，培训中需要每位组员有一张名片，方便授课专家点名或小组研讨时大家能叫出对方的名字。与传统的名片相比，创意名片由学习伙伴制作，内容更加丰富，形式更加多样，更能营造轻松愉快的氛围。

在时间分配上,一般是"访"4分钟、"选"1分钟、"折"1分钟、"写"2分钟、"审"2分钟、"粘贴"1分钟、"说"9分钟,由培训者统一控制时间。

(三)找共同点活动工具

活动目的:团队破冰,交流小组成员的主要特点,快速打破陌生气氛。

活动组织:把彼此陌生的组员分成若干小组,每组6至10人。

活动时间:10分钟。

活动材料或工具:无。

活动步骤:

步骤1 找:在限时2分钟内,小组成员通过快速交谈找到3个以上的共同点。

步骤2 比多:满2分钟时,各组报数,比比哪个小组找到的共同点多。

步骤3 说:由找到共同点数位列前三的小组来交流他们的共同点。

步骤4 比深:比比哪个小组找到的共同点比较深入,不是一眼望去就知道,而是要通过深度交谈才能了解到的共同点。

步骤5 说:由找到共同点比较深入的小组举手打擂台来交流他们的共同点。

特别说明:这个活动可以在非常短的时间内让教室的气氛活跃起来。各位组员必须在两分钟内找到全组的共同点,大家马上行动起来,有人推动研讨,有人负责记录,组员们七嘴八舌,马上就热络起来。接下来的任务具有小组竞争性,比比哪个小组找到的共同点多,而且这些共同点必须通过深度交流才能找出来,比赛气氛使交流更加热烈。在时间分配上,一般是"找"2分钟、"比多"和第一次"说"共4分钟、"比深"和第二次"说"共4分钟,由培训者统一控制时间。这个活动花费时间不长,适用于时间比较紧的培训。

(四)画手活动工具

活动目的:团队破冰,了解小组成员的基本信息,打破陌生气氛。

活动组织:把彼此陌生的组员分成若干小组,每组6人左右。

活动时间:20分钟。

活动材料或工具:大白纸1张;马克笔3至4支。

活动步骤:

步骤1 画:每位组员把自己的右手按到纸上,手腕贴着纸的边缘部分,用左手握马克笔画出右手5根手指的轮廓。

步骤2写：依从大拇指到小拇指的次序，请学员在右手5根手指轮廓的空白处(见图8-2)，填写以下内容：(1)星座；(2)学科优势，可从文科、理科、艺术、跨学科中选择；(3)教龄，如0至2年填A，3至5年填B，6年及以上填C；(4)业余爱好，可从阅读、听音乐、绘画、做手工、旅行中选择；(5)暑假是否有出游计划，如准备出游填A，不准备出游填B。

图8-2 手指轮廓示意图

步骤3连：在本小组中寻找填写内容相同的2个大拇指进行连线；接着是分别寻找填写内容相同的2个食指、中指、无名指、小拇指进行连线(注意：填写内容相同的不同手指之间不允许进行连线)。

步骤4数：每位组员数一数自己手上的线头数，并将这个数字填在手掌上，签上自己的姓名。

步骤5说：由小组手掌上的数字最大的学员代表本组向全班介绍自己每个手指找到的朋友。

特别说明：这个活动引导小组成员共同动手绘画，在轻松的氛围中打破僵局。连线的过程中，组员找到了和自己具有相同点的伙伴，分享了各自的基本信息，拉近了距离。可以多准备几种色彩鲜艳的马克笔，这样画出来的"手连手"的图案五颜六色，可以起到活跃气氛的作用。5根手指上写的内容可以根据实际情况调整，例如，组员都是中学语文教师，"学科优势"就可以改为"语文教学优势",包括作文教学优势、散文教学优势、小说与戏剧教学优势、古文教学优势等。在时间分配上,一般是"画"1分钟、"写"3分钟、"连"6分钟、"数"2分钟、"说"8分钟,小组内安排一位组员负责控制时间。

二、典型经验分享活动工具

(一)画苹果树活动工具

活动目的:交流教学实践经验,分享优秀教学案例。

活动组织:把相互熟悉的组员分成小组,每组6至8人。

活动时间:30分钟。

活动材料或工具:大白纸1张;各种颜色的苹果形状的便利贴,共20张;各种苹果树的图片(见图8-3),共6张;各种颜色的水彩笔,共10支(芯不要太粗)。

图8-3 苹果树轮廓示意图

活动步骤:

步骤1画:每组组员共同选择一张喜爱的苹果树图片,对照图片在大白纸上画出大的苹果树,包括树干和树叶部分。

步骤2思:每位组员针对研讨主题(如"如何做好与小学生家长的家校沟通工作")进行反思,回忆自己或其他教师在教育教学实践中的优秀案例。

步骤3写:将优秀案例写在苹果形状的便利贴上,内容包括教育教学实践中解决的问题、采用的策略、取得的成效、存在的创新点(例如,解决了家校沟通中的什么问题、采取了什么策略、成效如何、创新点有哪些);每张便利贴上写一个案例,一位组员可以写多个案例。

步骤4贴:在组长的组织下,每位组员将便利贴贴在苹果树上自己喜欢的位置。

步骤5看:大家观赏本小组的苹果树,观赏过程中有不懂的地方可以随时向案例提供者咨询,要求每位组员了解并记住小组同伴提供的优秀案例。

步骤6说:培训者组织各组在全班交流,由培训者从各组随机挑选一位学员发言,这位学员需要在2分钟内把本组苹果树上的优秀案例整合起来介绍给大家。

特别说明:这个活动通过个人反思、组内分享、学习吸收、全班交流四个关键环节,有效地引导学员将平时教育教学实践中的优秀经验进行了初步提炼和呈现;同时,在参加全班交流的任务驱动下,学员高效地学习吸收同行的优秀教学经验;共画、共贴苹果树的过程让学员通过协作完成任务增强了团队凝聚力,营造了轻松愉快的学习氛围。在时间分配上,一般是"画"3分钟、"思+写"10分钟、"贴"2分钟、"看"5分钟、"说"10分钟,小组内安排一位组员负责控制时间。

(二) 召开记者招待会活动工具

活动目的:交流教学实践经验,分享优秀教学案例,提炼教学策略。

活动组织:把相互熟悉的组员分成小组,每组6至8人。

活动时间:35分钟。

活动材料或工具:空白的问题索引卡60张;黑色水笔,每位组员1支。

活动步骤:

步骤1选:培训者发布3至4个相关主题(如"新课程新教材背景下的课堂教学变革""指向学生核心素养培育的单元教学设计""学科育德的课堂教学实践路径")。每组根据实际情况选择其中一个主题,并推荐一个在该主题上具有较多实践经验的组员作为本组的新闻发言人。每组选派一名记录员负责记录本组新闻发言人回答的问题及内容,其他组员充当记者。

步骤2备:记者可以从培训者提供的采访框架中选取问题(例如,您在××方面有哪些实践尝试?您在××方面碰到了哪些问题?您在××方面找到了哪些好的策略?能否介绍一下您在××方面印象最深刻的一次教学?),也可以提出自己想问的与主题相关的问题,将问题写在空白的问题索引卡上,每位组员最多写3张问题索引卡。新闻发言人在这段时间内可以根据(但不局限于)采访框架,就本组记者招待会的主题进行充分的准备。

步骤3问:在培训者的组织下,以每场10分钟、每次两场同时举行的形式,各小组分头组织开展小型的记者招待会,组员可以参加本组或其他组的记者招待会,作为记者积极举手提问。

步骤 4 答：各组的新闻发言人负责回答记者提出的问题，每场记者招待会中回答问题不少于 5 个。

步骤 5 写：各组的记录员负责记录、整理本组记者招待会的主要问题和内容，发布在培训学习群中供大家课后学习。

步骤 6 奖：整个活动中成功提问次数排名前三的记者学员和各组的新闻发言人学员获得本次活动的最佳参与奖。

特别说明：这个活动通过模拟记者招待会的形式，让在相关主题教学实践方面有较多经验的学员作为新闻发言人，其他学员作为采访记者，从而将学员在教育教学方面的优秀实践经验全面而深入地挖掘出来。其中，第一步非常重要。如何在短时间内选出富有经验和思考的新闻发言人呢？培训者可以在课前对学员的教学和研究情况进行一个全面的了解，对班级里面有哪些专家型学员做到心中有数，在活动中通过适当引导，帮助小组选出组内既有实践又有研究的新闻发言人。

本研讨工具非常适合高端教师研修班，因为班级中富有教学和研究经验的学员较多。在时间分配上，一般是"选"5 分钟、"备"5 分钟、"问＋答＋写"22 分钟（其中，每场记者招待会 10 分钟，以开两轮计）、"奖"3 分钟，由培训者统一控制时间。

三、教育故事讲述活动工具

活动目的：在轻松愉快的氛围中分享教育教学故事，分析故事背后的问题。

活动组织：把相互熟悉的组员分成小组，每组 6 至 8 人。

活动时间：45 分钟。

活动材料或工具：大白纸 1 张；各种颜色的方形便利贴，共 20 张；各种小火车图片（见图 8-4），共 6 张；各种颜色的水彩笔，共 10 支（芯不要太粗）；黑色水笔，每位组员 1 支。

图 8-4　小火车图片示意图

活动步骤：

步骤 1 画：每组组员共同选一张喜爱的小火车图片，对照图片在大白纸上画出大的小火车,车厢部分的大小应适合便利贴贴入,车厢的节数不少于10节,或先不画车尾,等接龙结束后再添上。

步骤2 发:培训者发布研讨主题(例如"家校沟通群里每天都在发生的故事")。

步骤3 搜:每位组员根据主题回忆和搜寻资料(例如,翻看家长群的聊天记录,回忆相关事情的具体发生过程;与场外同行连线,询问与故事相关的细节)。

步骤4 写:将故事写在便利贴上,内容包括时间、地点、人物、事情发生的过程与结果。每张便利贴上写一个案例,一位组员可以写多个案例。

步骤5 说—析—贴—问:组长带头把自己写的教育故事讲述给组员听,同时请组长右手边的组员分析这个故事背后的问题和原因。组长讲述结束后将便利贴贴在小火车的第一节车厢。接下来由组长询问组员是否具有类似问题的故事。由具有类似问题的故事的组员来分享第二节车厢中的故事,分享结束后贴好便利贴,进入下一轮的说—析—贴—问。具有类似问题的故事接龙完毕,组长引导没有参与发言的组员讲述下一类故事。不同类故事之间间隔一节车厢,上面写上后一类故事的类别。

步骤6 分享:活动结束后将大家贴好的"故事火车"拍照发在培训学习群中供各位组员学习和保存。

特别说明:这个活动以故事讲述的形式帮助大家整理和分享教育教学中的典型事件,共同分析事件背后的问题和原因。在组长的组织下,每位组员都参与到活动中来,分享教育教学故事,分析同伴故事中蕴含的本质问题,充分挖掘和共享小组经验。各位组员分享的故事中可能包含着优秀的教育策略,也可能只呈现了典型的问题,这些交流有助于组员在短时间内全面了解教育实践现状。

火车接龙的方式营造了轻松愉快的氛围,让大家在画画、说说、议议中开展学习。在时间分配上,一般是"画"3分钟、"发"2分钟、"搜+写"10分钟、"说—析—贴—问"25分钟、"分享"5分钟,小组内安排一位组员负责控制时间。

四、文献资源共享活动工具

(一)绘制文献地图活动工具

活动目的:相互交流文献及查找文献的方法,共同完成一次全面的文献查找工作。

活动组织：把相互熟悉的组员分成小组，每组 6 人左右，每组包含 2 位以上具有课题和项目研究基础的组员。

活动时间：30 分钟（课上），一周（课后）。

活动材料或工具：大白纸 1 张；空白卡片若干张；各种颜色的便利贴，共 20 张；各种颜色的水彩笔，共 10 支（芯不要太粗）；黑色水笔，每位组员 1 支。

活动步骤：

步骤 1 发：由组长发布小组即将共同研究的主题（如"基于项目化学习的初中跨学科探究课程开发与实践"）。

步骤 2 思：各位组员思考本主题所需要的文献资料索引的关键词、文献类型和文献来源（例如，需要查找的关键词是项目化学习、跨学科、探究课程等；文献类型包括图书、期刊、学位论文、报纸、会议文献等；文献来源有手头现有的资源、知网、数字图书馆等），将这些内容整理在一张便利贴上。

步骤 3 画：各组委派一位绘制员，对照卡片将内容画在轮廓图中。

步骤 4 说：在组长的主持下，各位组员依次交流自己便利贴上的内容，记录员将关键词和文献类型分布均匀地写在卡片上，如果碰到相同的则跳过。结束后全组共同检查是否有缺失的内容，完善后再划分好文献地图（见图 8-5）。

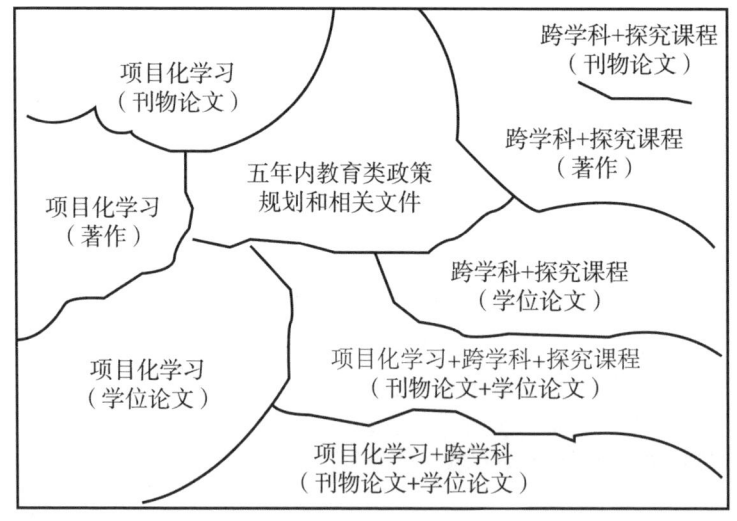

图 8-5 文献地图示意图

步骤5 选：每位组员根据自己熟悉的内容或类型，从文献地图中挑选任务。每位组员挑选的任务不超过2个，确保每位组员都有任务。

步骤6 搜：在接下来的一周时间内，各位组员分头去搜集自己负责的文献板块的资料。

步骤7 写：各位组员把查找到的文献的清单和百度网盘链接网址写在自己的任务区域。

步骤8 说：各位组员在绘制文献地图时应简要讲述一下查找文献的经过和方法。

特别说明：小组成员共同绘制文献地图，一方面让在文献查找上有经验的学员分享了经验；另一方面让对此非常陌生的学员学到了方法。同时，针对一个既定主题，大家分工合作搜集文献，在短时间内达到了全面收集和共享文献资源的目标。在活动中，一般由具有课题或项目研究基础的学员来担任组长和文献地图绘制员，他们比较熟悉文献查找，可以发挥引领作用。

在时间分配上，一般是"发"2分钟、"思＋画"5分钟、"说"10分钟、"选"3分钟、"搜"课后一周、"写＋说"10分钟，小组内安排一位组员负责控制时间。

（二）召开文献专题研讨会活动工具

活动目的：共同查找文献；从不同视角深入分析和研究文献，探索后续研究方向。

活动组织：把相互熟悉的组员分成小组，每组6人左右，每组包含2位以上具有课题和项目研究基础的组员。

活动时间：90分钟（课上），4周（课后）。

活动材料或工具：电脑（供播放课件用）。

活动步骤：

步骤1 发：由组长发布专题研讨会的文献主题（如"中国学生发展核心素养与学科核心素养"），讲解专题研讨会的任务与要求。

步骤2 搜：组员各自根据主题查找文献，一周后将初次搜寻到的文献清单发至培训学习群里共享。

步骤3 写：每位组员根据所查文献选择一个视角来撰写4000字左右的文献综述。可以从组长提供的视角中选择，也可以自己选择视角（如"中国学生发展核心素养与学科核心素养的关联、区别是什么""中国学生发展核心素养与学科核心素养如何落实到课堂教学中""中国学生发展核心素养与学科核心素养的评价体系如何建构""中国学生发展核心素养、学科核心素养与其他国家的学生核心素养的异同之处")。

步骤4 做:在文献综述的基础上准备专题研讨会上发言的课件。内容呈现要求:(1)文章的数量和来源;(2)研究发展的主要脉络;(3)几个主要的研究结论;(4)目前存在的问题;(5)后续的发展方向。以上五点内容要聚焦所选视角来阐述,不要过于宽泛或空洞。

步骤5 讲+评:在组长的主持下,每位组员讲10分钟,3位学员讲完后由专家点评10分钟。

特别说明:这个活动能够组织学员对文献进行全面的搜寻和深入的分析,帮助学员学会文献研究的核心方法。高校硕士、博士研究生在学习期间经常会在导师的组织下开展这样的专题研讨会(seminar),研讨会中学生根据自己近段时间的研究,准备好汇报内容,大家轮流发言和接受指导。当前,很多中小学的一线教师也承担或参与了课题(项目)研究,但他们往往缺乏开展教育研究的基本方法,其中,文献研究这块更加薄弱,这样的活动能够帮助一线教师补足短板,提升教学研究能力。

在时间分配上,一般是"发"10分钟、"搜"课后1周、"写"课后2周、"做"课后1周、"讲+评"80分钟,小组内安排一位组员负责控制时间。

第二节 深化认识类交互活动工具箱

深化认识类交互活动的主要目的是通过创设冲突或令人认知失调的情境,使学员在批判质疑、对话协商、学习新知识等基础上加深对某一知识或态度等的理解。本节根据深化认识类交互活动的具体内容与重点,把深化认识类交互活动工具箱分为加深与巩固理解类活动工具、创设冲突情境类活动工具、变换视角类活动工具。

一、加深与巩固理解类活动工具

（一）讲座复盘工具单活动工具

活动目的：回顾专家讲座内容，交流学习中的思考，规划学习后的应用。

活动组织：把相互熟悉的组员分成小组，每组6至8人。

活动时间：40分钟。

活动材料或工具：电脑（供记录员记录用）；每位学员1张讲座复盘工具单（可以在听讲座前下发）；每位学员1支黑色水笔。

活动步骤：

步骤1发：培训者发放讲座复盘工具单（见表8-1），介绍活动规则。

表8-1 讲座复盘工具单示例

组名	印象深刻的内容	可以借鉴的内容	打算回去立即实施的内容	希望向专家请教的问题

步骤2分工：各小组确定研讨活动分工。由组长作为采访员，采访小组每位成员；分别确定一位记录员和发言人，记录员负责整理大家谈到的内容并填写工具单，发言人在小组研讨结束后代表小组发言。

步骤3访：在采访员的组织下，每位学员（包括采访员、记录员和发言人）至少提供两点内容。

步骤4说：由各组发言人介绍本组讲座复盘所整理的内容，与全班交流分享，并代表本组提出"希望向专家请教的问题"，每组提出的问题不超过2个。

步骤5答：在各组分享结束后，由专家针对提出的问题简要作答。

特别说明：这个活动通过填写讲座复盘工具单引导学员回顾专家讲座中的重点和亮点，思考如何学以致用。传统的教师培训中专家讲座占很大比例，时常出现学员"听讲座时感动、激动,回去后一动不动"的现象。本研讨工具能够推动学员及时回顾讲座内容以加深印象,向专家咨询学习中产生的疑问以加深理解,寻找所学知识在教学实践中的应用点以促进迁移。通过小组研讨和全班交流的形式,学员还可以借鉴同伴的视角与观点。

在时间分配上,一般是"发"2分钟、"分工"3分钟、"访"10分钟、"说"15分钟、"答"10分钟,第三个步骤"访"由小组内安排一位组员负责控制时间,其他步骤由培训者统一控制时间。

(二)思维导图复盘活动工具

活动目的:结构化呈现专家讲座内容,思考如何学以致用,提出个人观点与思考。

活动组织:把相互熟悉的组员分成小组,每组6至8人。

活动时间:45分钟。

活动材料或工具:每组1张大白纸;思维导图(例图)6张(见图8-6);各种颜色的水彩笔,每组6支(芯不要太粗);便利贴40张;每位学员1支黑色水笔。

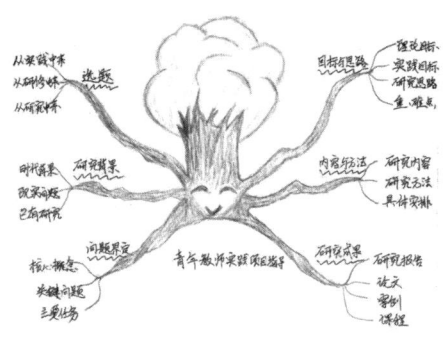

图8-6 复盘思维导图示例

活动步骤:

步骤1讲:培训者介绍思维导图复盘的活动规则,提供思维导图例图6张,包括气泡图、树状图、流程图、括号图等,供各小组选择。各小组也可以另选或自主绘制思维导图。

步骤2分工:各小组确定研讨活动分工。由组长作为引导师,引导小组每位成员发表观点;分别确定一位绘图员和发言人,绘图员负责整理大家谈到的内容并绘制思维导图,发言人在小组研讨结束后代表小组发言。

步骤3思:各位组员通过回忆和思考,在便利贴上写下从刚才的专家讲座中学到的印象最深刻的内容、还没弄懂的问题、在自己实践中可以借鉴学习的地方。

步骤4议：在组长的引导下，大家共同绘制复盘图。引导框架建议包括如下几点：讲座内容由哪几个主要部分组成？哪些是你们感到有趣的、有用的、理论性强的、实践性强的？哪些是你们教育教学实践中可以用的、对谁用、如何用？哪些是你们感到理解模糊的、问题不清的、操作困难的？你们还有哪些想法或经验希望和大家分享？

步骤5说：由各组发言人介绍本组思维导图复盘所整理的内容，与全班交流分享，并代表本组提出"希望向专家请教的问题"，每组提出的问题不超过2个。

步骤6答：在各组分享结束后，由专家针对提出的问题简要作答。

特别说明：在时间分配上，一般是"讲"4分钟、"分工"3分钟、"思"5分钟、"议"8分钟、"说"15分钟、"答"10分钟，第三、四个步骤由小组内安排一位组员负责控制时间，其他步骤由培训者统一控制时间。

二、创设冲突情境类活动工具

（一）选择立场活动工具

活动目的：引发深入思考，提升概念认知，理解教育理论。

活动组织：把相互熟悉的组员分成小组，每组6人左右。

活动时间：40分钟。

活动材料或工具：大白纸4至5张；彩色马克笔3支；各种颜色的便利贴，共60张；每位学员1支黑色水笔。

活动步骤：

步骤1发：培训者发布研讨主题关键词（如"学习"），介绍活动规则。

步骤2思：各位组员针对主题关键词进行思考，个人对其下定义，描述关键词的内涵特征，并将相关内容写在一张便利贴上。

步骤3贴：培训者将事先写好的关于主题关键词的权威定义的4至5张大白纸分别贴在每个小组的白板上（例如，行为主义学习理论、认知主义学习理论、建构主义学习理论、人本主义学习理论等对"学习"的内涵界定）。每种权威定义写在一张大白纸上，每个小组的白板上贴有一张权威定义。

步骤4览：各位组员离开原来座位，在教室里浏览大白纸上的各种定义，与自己便利贴上的个人定义反复比较，最终站在自己认为最合适的权威定义前。

步骤5议：站在同一处的学员形成小组，小组成员交流各自对于主题关键词的理解，形成一致意见。

步骤6说＋辩：先由各小组派代表发言，说明选择某一类定义的理由，阐述本小组的选择优于其他小组选择的地方；再由其他小组通过提问或反驳的形式进行辩论，每小组有一次发言机会。

特别说明：这个活动通过选择立场的方式引导学员对于主题关键词进行深入的个人思考和对照反思，从而找到与自己的教育教学理念最契合的教育理论，同时，通过同伴的辩驳，拓宽视角，明白自己的认识也有不足的地方，其他理论也有其值得借鉴的地方。在本活动的准备工作中，培训者最好选择争议较大的关键词，或各流派都有自己站得住脚但又不完美的关键词，每张大白纸上的权威定义也不用写明出处，只需要呈现内容，否则会影响判断。在活动末尾可能出现谁也说服不了谁的局面，培训者也不必出来统一思想和下定论。

在时间分配上，一般是"发"2分钟、"思"5分钟、"贴"2分钟、"览"6分钟、"议"5分钟、"说＋辩"20分钟，由培训者统一控制时间。

（二）问题帽活动工具

活动目的：针对主题深入思考，同伴互助解决问题。

活动组织：规模小的组每组6至8人，规模大的组每组不超过20人。

活动时间：30分钟（6人小组），大组视人数而定。

活动材料或工具：1顶帽子（见图8-7，或1个盒子、1个花瓶等）；方形纸片；每位组员1支黑色水笔。

图8-7　帽子示例

活动步骤：

步骤1发：组长发布研讨主题，介绍活动规则。

步骤2写：组员围坐一圈，领取一张纸片，在纸片上写下目前自己最希望解决的与主题相关的问题。（例如，线上教学中如何选择合适的设备？线上教学中师生互动无法进行该怎么办?线上教学因看不见学生造成管理困难该怎么办?)问题的表述中不要透露个人信息。

步骤3 集:组员将写好的纸片对折两次,放入帽子中。

步骤4 抽:组长收齐纸片后,将帽中的纸片混匀。从组长开始,依次在帽子中抽取一张纸片,然后将帽子传递给左手边的同伴,直至帽子回到组长手中。抽到自己所写问题的组员举手示意,与他人交换纸片。

步骤5 思:各位组员认真思考纸片上的问题,将回复提纲写在纸片背面。

步骤6 答:在组长的组织下,组员依次发言回复纸片上的问题,同类问题可以汇总在一起回复和研讨,一类问题结束后再开始另一类问题。

特别说明:这个活动可以引导学员对相关主题进行深入思考。学员通过不暴露身份的方式将自己面临的问题和困难坦白地提出来,让同伴从其他视角给予分析和建议,让整个团队共同分担困难。由于问题提出者不用暴露自己的身份,大家可以在一种比较轻松和建设性的氛围中研讨这些问题,有利于问题的深入分析和共研共建。而且,每位组员都有表达自己问题、经验和看法的机会,处于一种平等交互的状态。

在时间分配上,一般是"发"2分钟、"写"3分钟、"集"2分钟、"抽"3分钟、"思"5分钟、"答"6人小组15分钟(大组视人数而定,每人2分钟回复时间),小组内安排一位组员负责控制时间。

三、变换视角类活动工具

(一)角色扮演活动工具

活动目的:通过角色扮演,更加深刻地体验事件相关者的不同视角,对相关教育教学问题产生更深的理解与共鸣。

活动组织:把相互熟悉的学员分成小组,每组6人左右。

活动时间:60分钟。

活动材料或工具:写有角色名称的席卡2套;角色扮演的相关道具2套;录像设备。

活动步骤:

步骤1 情境描述:由培训者给学员描述教育教学实践中的一个案例情境。情境一般呈现的是矛盾和冲突的场景。例如,家长来幼儿园找老师反映自己孩子星星在学校受了委屈,回家哭得特别伤心,请老师予以解决。事情的经过是这样的,星星在幼儿园的游戏活动中没有得到巧克力蛋糕的奖励,而与他同桌的两个小朋友都得到了。星星妈妈在和班主任刘老师交流情况时因意见不同争吵起来,这时正好园长路过,便把她们叫到办公室去进行了调解。

步骤 2 角色分配:以上情境中的角色有三个,即星星妈妈、刘老师和园长。培训者鼓励具有类似经验或体验的组员主动报名选择自己擅长扮演的角色,确定"本色出演组"。剩下的组员随机抽取角色,组成"随机扮演组"。

步骤 3 随机扮演:由"随机扮演组"根据以上情境,模拟这个案例的具体过程,各角色的对话台词由扮演者即兴发挥,时间控制在 8 分钟之内。培训者录制视频。

步骤 4 本色出演:由"本色出演组"根据以上情境,模拟这个案例的具体过程,各角色的对话台词由扮演者即兴发挥,时间控制在 8 分钟之内。培训者录制视频。

步骤 5 视频分析:培训者回放两段视频,请两组扮演者交流角色扮演时的体会和自己观看视频后产生的新想法。

步骤 6 专家点评:由专家对这一案例情境进行专业的分析,对学员的角色扮演进行点评与指导。

特别说明:学员沉浸式体验,在扮演自己熟悉的或不熟悉的角色,以及观看同伴表演的过程中体会看待这一事件的不同视角,从而深入而全面地理解案例中所呈现的教育教学实践问题。例如,在"本色出演组"中,扮演星星妈妈角色的学员就演得十分真实。班主任刘老师解释说巧克力蛋糕是奖励给活动获胜的小朋友的,总共只有六份。星星妈妈说这样让孩子非常伤心,虽然回家后她也给星星买了一模一样的蛋糕,但孩子说不是老师给的,哭闹不止。她恳请刘老师把她买来的蛋糕作为星星的专属奖励,在课堂上发给星星。她恳求的表情打动了在场的所有人。后面听这位扮演者说,她自己就是一位幼儿园老师,经历过类似的事件,当时的那位家长就是这样说的,她有切身体会,才能表演得比较真实。通过角色扮演,我们可以唤醒学员已有的经验和经历,让其他学员身临其境地感受事件的发生过程。学员也能在扮演中表达自己的观点和立场,取得非常好的学习效果。

在时间分配上,一般是"情境描述"5 分钟、"角色分配"5 分钟、"随机扮演"8

分钟、"本色出演"8 分钟、"视频分析"14 分钟、"专家点评"20 分钟,由培训者统一控制时间。

（二）六项思考帽活动工具

活动目的:采用平行思维的方式从不同视角思考问题,汇聚智慧。

活动组织:把相互熟悉的学员分成小组,每组 6 人。

活动时间:60 分钟。

活动材料或工具:每位学员一套蓝、白、红、黄、黑、绿 6 种颜色的思考帽(见图 8-8,可以用 A3 彩色纸折成戴在头上的帽子,也可以用彩色纸片折成戴在大拇指上的三角形帽子);大白纸 4 至 6 张;彩色马克笔 3 支;每位组员 1 支黑色水笔。

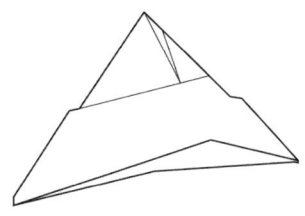

图 8-8　思考帽示例

活动步骤:

步骤 1 发布主题:培训者发布研讨主题(如"'双减'政策下的学校教育教学变革"),介绍选题背景和相关内容。

步骤 2 讲解规则:给每位学员发放一套思考帽,并介绍不同颜色思考帽的含义和使用方法。蓝帽子控制和整理思考过程,白帽子中立客观地运用数据来思考,红帽子提供感性的看法,黄帽子进行正面积极的思考,黑帽子思考弱点和缺点,绿帽子代表创造力和新点子。

步骤 3 发散思考:培训者引导每位组员介绍自己对于主题的关注点和思考点。例如,"双减"政策下学校教育教学有哪些新举措？这些举措的优缺点是什么？还有哪些新点子？学校、家长和社会等对"双减"政策的感想是什么？"双减"政策实施以来有哪些成效和问题？培训者委派一位学员担任记录员,将以上问题写在大白纸上,每张纸上写两个问题,留足回答的空间。

步骤 4 平行思考:培训者引导组员分析以上问题适合用什么颜色的思考帽来进行思考,并戴上合适的思考帽来思考和发言。例如:(1)"双减"政策下学校教育教学有哪些新举措？白帽子。(2)这些举措的优缺点是什么？黄帽子和黑帽子。(3)还有哪些新点子？绿帽子。(4)学校、家长和社会等对"双减"政策的感想是什么？红帽子。(5)"双减"政策实施以来有哪些成效和问题？黄帽子、黑帽子、白帽子。(6)调控研讨方向和节奏(以培训者为主，其他组员也可以使用)。蓝帽子。

步骤5 记录分享：组员轮流承担记录员工作，对大家研讨的内容进行梳理汇总，写在大白纸上，结束后拍照发在培训学习群里供大家学习和保存，如果有多组同时讨论就在组间进行一次分享交流。

特别说明：这个活动的主要内容改编自爱德华·德·博诺(Edward de Bono)所著的《六项思考帽》。六项思考帽采用不同颜色的思考帽来帮助人们在一个时间段内用一个视角进行思考，在另一个时间段内用另一个视角进行思考。采取这样平行思考的方式能使人们更加全面地思考问题，较大程度地汇聚众人智慧。六项思考帽可以单独使用、选择其中几项使用或全部使用，使用的数量和顺序都根据所研讨的主题和目标来确定。

在时间分配上，一般是"发布主题"10分钟、"讲解规则"5分钟、"发散思考"5分钟、"平行思考"25分钟(每个问题5分钟左右)、"记录分享"15分钟，由培训者统一控制时间。

第三节 协同建构类交互活动工具箱

协同建构类交互活动的主要目的是实现对异质观点的深度探究、理性分析、博弈互质，最终达成共识。它主要包括分析与交流问题活动工具、汇聚与重构经验活动工具。

一、分析与交流问题活动工具

（一）亲和图活动工具

活动目的：帮助学员有效界定问题的性质并使隐藏的问题显现出来；帮助学员组织并整理混乱的想法，使其在解决问题的过程中快速找到方向。

活动组织：把相互熟悉的学员分成小组，每组6至8人。

活动时间：30分钟。

活动材料或工具:每组 2 张大白纸;每组 4 种不同颜色的便利贴;水彩笔 3 至 4 支(芯不要太粗)。

活动步骤:

步骤 1 明确主题:由培训者发布研讨主题(如"线上教师培训存在的挑战")。

步骤 2 收集语言资料:由小组的活动主持人组织组员通过个人思考、头脑风暴、观察和研究收集语言数据。

步骤 3 资料卡片化:组员把每一段语言数据分别写在卡片上。

步骤 4 卡片整理分组:活动主持人组织大家一起对卡片进行分类,根据感觉上的相似性或关联性将其排列在一起。

步骤 5 制作和摆放亲和卡:在空白卡片上,写下一条条能够描述每组卡片的特性条目。这些就是亲和卡。把亲和卡放在它所描述的数据卡上面。可以重复此步骤 2 至 3 轮,直到归类非常明晰。

步骤 6 制作亲和图:把排列好的几堆卡片放在一张大白纸上,根据亲和卡的相似性排列这几堆卡片,并贴在大白纸上,在每组卡片堆周围画上分隔线,或在大白纸上重新誊写亲和卡上和数据卡上的内容(见图 8-9)。

人的因素	设备因素	互动因素
·授课者的线上授课素养 ·学员的主动参与性 ·组织者的沟通能力 ·参与者的信息技术水平	·软件功能 ·网络流畅度 ·设备匹配度 ·设备数量	·缺乏面对面交流 ·学员互动意识不强 ·难以根据现场情况调整教学
教学设计	评价因素	环境因素
·培训内容的针对性 ·培训内容的实效性 ·与软件功能的匹配性 ·流程的合理性	·线上反馈困难 ·授课者看不到学员 ·不能用表情、眼神反馈 ·反馈的及时性	·与其他教学工作冲突 ·缺乏独立安静的环境 ·缺乏匹配且便捷的移动设备

图 8-9 "线上教师培训存在的挑战"亲和图示例

步骤 7 分享交流:亲和图完成后,由小组发言人组织组员共同讨论,进一步梳理关系,统一认知,再由发言人代表小组进行全班分享交流。

特别说明:这个活动中组内成员通过对主题的研讨来更新观念,破除已被采用的不正确的观念,提倡新思维、新观念。在"收集语言资料"环节,可以通过直接观察法、面谈调查法、阅览调查法、个人思考法(回忆法、自省法)、团体讨论法

(脑力激荡法、小组讨论法)等方式进行。在"分享交流"环节,可用图解的方式说明小组解决方案的内容、措施、计划、结论及存在的主要问题。与其他的结构化研讨工具相比,亲和图更加聚焦问题,能够充分收集学员的各种经验、知识、想法和意见,通过系统的分析方法汇总意见,并能够按其相互接近的程度(亲和性或相近性)加以综合整理,求得一致认识,有利于问题的有效解决。

在时间分配上,一般是"明确主题"4 分钟、"收集语言资料"2 分钟、"资料卡片化"2 分钟、"卡片整理分组"2 分钟、"制作和摆放亲和卡"4 分钟、"制作亲和图"6 分钟、"分享交流"10 分钟,由培训者统一控制时间。

(二) 转圈圈活动工具

活动目的:以有趣的方式在全班范围内进行观点分享。

活动组织:把学员分成若干小组,每组 6 人左右。

活动时间:15 至 20 分钟。

活动材料或工具:每位学员 1 张问题清单;每位学员 1 支黑色水笔。

活动步骤:

步骤 1 发:培训者事先准备问题清单(问题以 3 个左右为宜),现场将准备好的问题清单下发给每位学员,并介绍活动规则。

步骤 2 填:每位学员根据清单上的问题作答填写。

步骤 3 站:把学员按人数平均分成两组,一组围成内圈,另一组围成外圈,内外圈学员一对一、面对面站好。若学员人数为奇数,培训者可参与其中。

步骤 4 说—转—说—分享:培训者发出指令,请学员就问题清单上的第一个问题进行交流。面对面的学员互相交流观点。交流完毕后,培训者再次发出指令,请内圈学员顺时针旋转一人位,换一位同伴交流观点。以此类推,可根据需要,旋转多轮进行交流。培训者邀请几位学员,分享他们与其他学员交流后对问题的认识和想法。

步骤 5 循环:培训者请学员交流第二个问题,学员继续按照说—转—说—分享的流程交流,直到问题清单上的所有问题都交流完毕。

特别说明:这个活动以活泼的形式组织学员进行观点的交流分享。大多数研修坊的研讨活动以小组为单位,这类在全班范围内进行的交流活动可以突破小组的界限,让学员了解更多同伴的观点,特别适用于阶段性的课程内容回顾或研修结束前的总结与复盘。

在时间分配上,一般是"发"1分钟、"填"3分钟、"站"1分钟、"说—转—说—分享"10至15分钟(每轮3至5分钟,循环3次左右为宜),由培训者统一控制时间。

二、汇聚与重构经验活动工具

(一) 圆桌论坛活动工具

活动目的:汇聚实践经验,提出批判质疑,建构有效方案。

活动组织:把相互熟悉的组员分成小组,每组6人左右。

活动时间:120分钟。

活动场地或工具:把教室课桌排列成圆形;放置3至4个手持话筒;每张桌子上备有"圆桌论坛研讨步骤与要求"、A4纸3张、黑色水笔1支。

活动步骤:

步骤1 抽题与分组:培训者准备2至3个研讨主题,每位学员抽取议题(如"'双新'背景下学校教育面临的挑战与应对""'双新'背景下的单元教学设计的难点与策略")。根据抽取的议题分为2至3组。

步骤2 准备:各组学员分头按活动步骤与要求进行准备。20分钟后以小组为单位入座圆桌。

(以下3至6步循环进行,第一组完成3至6步后,第二组再完成3至6步)

步骤3 按顺序发言:小组学员按顺时针顺序依次陈述个人观点。每位学员发言时间不超过2分钟。

步骤4 自由发言:小组学员自由发表观点,主要内容是本组研讨议题中的关键问题、创新想法、对刚才同伴发言的质疑等,不要重复前面的内容。

步骤5 组内整理:组内推选一位发言人,组员帮助他一起整理组内观点,形成逻辑清晰、重点内容突出的发言提纲。

步骤6 总结陈述:由发言人代表小组进行5分钟的总结陈述。

步骤7 组间问答:几个小组的总结陈述都结束后,每组由一位代表向其他组提问,可以是咨询,也可以是质疑,其他组应给出简要而有力的回答。

步骤8 专家点评:专家对整个论坛的发言内容进行点评与指导,就研讨主题陈述自己的结论与观点。

特别说明:这个活动可以帮助学习者与组内同伴充分交流已有经验、提出问题和质疑,并汇聚、整理和分享大家的智慧。组内研讨结束后将内容呈现给全班,再接受组间质疑和专家点评,进入下一轮的建构与优化。研讨过程中活动主持人要具备较强的引导和调控能力,要逐步将思考和质疑引入深处,激发学习者的高阶思维和创新潜力。

在时间分配上,一般是"抽题与分组"2分钟、"准备"20分钟、"按顺序发言"40分钟(每位学员不超过2分钟)、"自由发言+组内整理"20分钟(每组10分钟)、"总结陈述"10分钟(每组5分钟)、"组间问答"10分钟(每组5分钟)、"专家点评"18分钟,由培训者统一控制时间。

(二) 世界咖啡活动工具

活动目的:分享知识与经验,激发创新思维,探索核心问题。

活动组织:把相互熟悉的组员分成小组,每组6人左右。

活动时间:90分钟。

活动场地或工具:大会议室(容纳30人以上)1间,布置温馨的小咖啡厅(汇谈空间,容纳6人左右)4至5个;每个研讨地点都准备好大白纸3张,便利贴20张,各种颜色的水彩笔(共6支,芯不要太粗);每位学员1支黑色水笔。

活动步骤:

步骤1备:培训者事先设定好开展这次活动的基本情境,营造出好客的空间环境。内容包括:(1)世界咖啡的命名,如探索咖啡、学习社区咖啡、青年教师成长咖啡、师之道咖啡;(2)研讨主题,如"指向核心素养培育的单元教学设计""初任班主任常见的的烦心事""跨学科教学中的难点问题";(3)场地布置,如采用传统的咖啡桌布置和鲜花来营造舒适的研讨氛围、在明媚的春光下移步到小花园的草地上去研讨、在会议室用有特色的屏风分隔出温馨的研讨空间。

步骤2请:培训者向每位学员发出一封精美的邀请函,其中包括本次"世界咖啡"活动的名称、主题、时间、地点和活动规则等。活动规则中介绍了活动的基本步骤和汇谈礼仪,让参与者明晰在活动中要做的事。例如,贡献你的观点与经验、注意倾听与理解、连接各种想法、尊重独特的贡献等。

步骤3分组:在培训者的启发下,学员提出在研讨主题所涉及的领域中自己所面临的问题或最关心的问题,并将其写在一张便利贴上。培训者引导大家把所提问题比较相近的便利贴贴在大白板(或墙)上同一处。便利贴汇总在一起的学员组成一组,进入咖啡厅(汇谈空间)进行后续汇谈。

步骤 4 初次汇谈：每个小组推举一位主持人、一位记录员和一位发言人。主持人可以使用"谈话物件"（talking object）来鼓励大家积极参加汇谈，例如，在讨论桌上随意摆放几个方便每位学员拿取的可爱的小玩偶或仿真花，当大家打算发言时把它们拿在手里，结束发言时放回原处。在主持人的主持下，这次汇谈要完成三个任务：(1)各位组员分享自己对于本组核心问题的观点和经验；(2)对于大家观点中不一致或不清晰的地方进行相互质疑和研讨；(3)就研讨的问题达成共识（包括关键概念的内涵界定和表现特征、现有的经验和策略、解决问题的方案、目前面临的问题等）。记录员负责将大家共识中的主要内容书写在大白纸的上方。

步骤 5 出游汇谈：每个小组的发言人留守咖啡厅，其他组员移步到自己感兴趣的其他咖啡厅参与下一轮汇谈。这轮汇谈中先由留守的发言人介绍前一轮研讨的情况；参与者提出自己对于本组核心问题的观点和经验，并相互质疑，深入研讨第一轮的策略和方案，解答其遗留的问题。在参与者中委派一位学员将本轮达成的共识写在大白纸中间。

步骤 6 回归汇谈：各位组员回到自己小组所在的咖啡厅，这次咖啡厅中有一位专家型教师参与。在主持人的引导下，各位组员交流在其他咖啡厅学习的收获，对本组的方案提出优化建议；专家型教师对大家存在的疑问给予解答，对本组的方案提出优化建议。记录员负责将优化过的共识的主要内容书写在大白纸的下方。

步骤 7 分享：由各组发言人介绍本组三轮研讨的主要内容，与全体参与者交流分享。

特别说明：这个活动的主要内容改编自朱安妮塔·布朗（Juanita Brown）和戴维·伊萨克（David Isaacs）所著的《世界咖啡——创造集体智慧的汇谈方法》。世界咖啡将大家的思维和智慧集中起来，通过引导协作对话来达成分享知识与经验，激发创新思维，探索核心问题。研讨的七个关键原则是设定情境、营造宜人好客的环境空间、探索真正重要的问题、鼓励每个人参与贡献、交流并连接不同的观点、共同聆听、收获与分享集体智慧。这个活动对主持人的主持艺术要求较高，当碰到意见分歧或紧张的场面，主持人可以用"先肯定再提问"的方式来把冲突转变为吸收多元化观点和意见的共同学习，例如，"我很欣赏 A 老师刚才的发言，他的发言中值得我们思考的是……B 老师刚才的表达可能是为了更好地理解 A 老师的观点，想问一下……"。主持人在讲解活动规则时也要向参与者强调"尊重每位老师独特的贡献"。

在时间分配上,一般是"备"和"请"在课前准备,"分组"15 分钟,"初次汇谈""出游汇谈""回归汇谈"各 20 分钟,"分享"15 分钟。三次汇谈由小组内安排一位组员负责控制时间,其他步骤由培训者统一控制时间。

第四节 主动实验类交互活动工具箱

主动实验类交互活动的主要目的是实现在真实教育实践中的科学化方案研制、行动反思和修正优化。这主要包括研制与实践活动工具、评估与修正活动工具。

一、研制与实践活动工具

(一)驱动性任务链活动工具

活动目的:聚焦教育教学实践中的真实问题,确定解决问题的研究任务,以问题解决为指向、研究任务为主线推动教师研修活动。

活动组织:把学员分成若干研究小组,每组 4 至 8 人。

活动时间:短则 6 至 8 个小时、3 至 4 个半天,长则 2 至 3 个月,根据研究任务的实际情况而定。

活动材料或工具:用于分析问题和寻找策略的研讨工具;用于建构和提炼的研究工具等。

活动步骤:

步骤 1 提出问题:组员围绕一个主题提出自己在教育教学实践中的真实问题。例如,针对"疫情下的线上教学"主题,组员可能会提出"师生缺乏有效互动""师生的软件使用技术不娴熟""教师看不到学生,学生更容易开小差"等问题。

步骤 2 明确任务:梳理、分析和聚焦问题,明确研究小组需要完成的任务。例如,就"疫情下的线上教学"主题下组员提出的问题,经过研讨大家发现,教师对于"理想的线上教学"缺乏清晰的认知,需要有一个理想的线上教学模式来指引他们的工作。这样,研究小组就明确了总的驱动性任务,即"研制中小学线上教学的理想模式"。

步骤3 细化任务:对总任务进行细化,形成驱动性任务链。例如,子任务1,描述您目前所了解的线上教学的具体实施环节;子任务2,分析目前线上教学中存在的问题并寻找对策;子任务3,建构理想的线上教学模式的要素框架;子任务4,形成理想的线上教学模式及实施指南。

步骤4 完成任务:根据驱动性任务链逐级推进任务。在任务推进过程中可以根据实际研究情况来增减或调整任务,每个子任务完成后开展一次组内或对外交流、邀请部分专家参与指导、解决困难、明确挑战方向。

步骤5 发布成果:整个任务链完成后,对成果进行梳理提炼,召开校级或区级成果发布会;同时可以通过微信平台或相关教学刊物进行发表。

特别说明:本研究工具为学员协同探究教育教学中的真实问题、寻找解决方案、构建有效模式提供了有效的方法和步骤。其最大特点是对总任务进行划分,形成一个个子任务,子任务之间可以是逐层递进的关系,也可以是"总—分—总—分"的关系。一般是根据由表及里、由浅入深的原则,先从学员已有的教育教学经验或感受出发,逐渐聚焦关键问题,再针对问题提出策略,实践修正后形成成果。

在时间分配上,一般是由研究小组的组长根据实际情况来规划和控制时间,"提出问题—明确任务—细化任务"需要2个小时、"完成任务"需要2至4个小时、"发布成果"需要2个小时,建议分3至4个半天进行。

(二) 实践循环圈活动工具

活动目的:实践应用解决教育教学实践问题的初步方案,通过行动研究的方式完善和优化方案。

活动组织:以研究小组为单位进行活动,每组4至8人。

活动时间:1个月左右(或根据实际情况而定)。

活动材料或工具:学生调研工具单;课堂观察记录工具单;研讨工具等。

活动步骤:

步骤1 调研学生:通过个别访谈、问卷调查等方式听取学生对教学设计方案的意见,了解他们对方案中内容的理解程度、对方案中设问的反馈等。

步骤2 完成方案:根据与学生交流中了解到的信息完成教案中对学生的预设,并根据预设调整教学内容和形式,使教学方案更加详细、更加贴近学生实际。

步骤3 课堂实践:把教学设计方案付诸实施,在实践中检验方案的实操性和教学效果。研究小组成员应全程参与课堂实践,根据教学目标记录课堂实践情况,评判课堂教学效果。

步骤4 反思研讨:研究小组通过研讨会的形式深入反思课堂实践,肯定教学方案中好的地方,梳理方案在实施中呈现出来的问题,研讨解决问题的对策。

步骤5 修改方案:根据反思研讨的结果对方案进行修改和优化,向专家或导师汇报修改好的方案,听取他们的意见和建议,定稿为"2.0版本方案"。

以上五步构成了第一轮循环。这也是完整的实践应用与反思改进循环圈(见图8-10)。

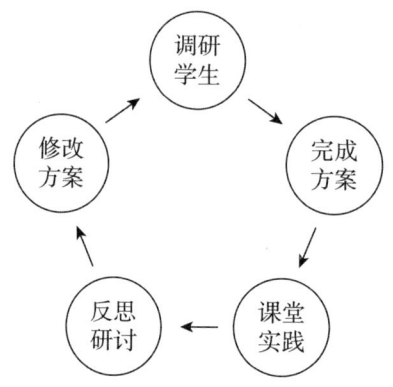

图8-10 实践应用与反思改进循环圈示例

步骤6 第二轮循环:实践应用"2.0版本方案",开启第二轮循环。第二轮循环结束后视情况决定是否进行第三轮循环。

特别说明:本研究工具为学员提供了实践和优化教学方案的有效方法与具体步骤。在当前的教育改革大背景下,课堂教学需要发生内容和形式上的变革,一线教师常常要根据新课标、新教材建构新的教学设计方案。这些方案从初步设计到修改完善不是一个简单的过程,需要经过听取学生反馈、课堂实战演练、接受学科专家的指导等多轮行动研究。在这些过程中,方案才能逐步落地,满足学生"学"的需求,成为能够较好落实核心素养培育等教学目标的优秀方案。

在时间分配上,一般是由研究小组的组长根据实际情况来规划和控制时间,"调研学生—完成方案"可以由组员分头去进行,"课堂实践—反思研讨—修改方案"由小组成员共同参与,总时间控制在1个月左右,也可以根据实际情况而定。

二、评估与修正活动工具

(一)四色评估表活动工具

活动目的:帮助学员评估个人研制的课程方案、活动方案、教学设计等。

活动组织:把相互熟悉的学员分成若干小组,每组6人左右。

活动时间:110分钟。

活动材料或工具:每位学员2张四色评估表。

活动步骤:

步骤1 确定待评方案:培训者组织学员根据具体的学习任务与要求来提交自己的方案。

步骤2 自评:学员针对自己的方案填写四色评估表(见表8-2),其中,红色一栏是"优势",灰色一栏是"劣势",绿色一栏是"机会",黄色一栏是"风险"。

表8-2 四色评估表

项目内容	优势(红色)	劣势(灰色)	机会(绿色)	风险(黄色)

步骤3 互评:按顺时针方向传递方案,每位组员针对同伴的方案再填写一张四色评估表。

步骤4 评议与对比:对每种方案进行评议,请自评和互评的两位学员谈谈填表时的想法,对比2张表格的异同,进行质疑和协同。

步骤5 修改:在填表和评议的基础上,由方案提供者对方案进行进一步的修改和优化。

步骤6 汇报与指导:每个小组推荐两种方案在全班范围内汇报,由相关专家进行点评指导。

特别说明:本研讨工具适合学员对已有的方案进行客观的评估。评估分优势、劣势、机会、风险四个维度和自评、互评、专家点评三个视角。方案提供者通过与同伴、专家等深度交互,深刻地认识到自己方案的优势和劣势,明确改进的方向。

在时间分配上,一般是"确定待评方案"5分钟、"自评"10分钟、"互评"10分钟、"评议与对比"总时长不超过30分钟(每个方案5分钟左右)、"修改"10分钟、"汇报与指导"45分钟,整个过程按步骤1至5、步骤6两个阶段分段实施,由培训者统一控制时间。

(二) 矩阵排序活动工具

活动目的:通过分析各种教学策略与各个课程目标之间错综复杂的关系,评价课程方案的实操性和有效性。

活动组织:异质分组,每组6至8人。

活动时间:70分钟。

活动材料或工具:每组1张大白纸;便利贴40张;水彩笔6支(芯不要太粗)。

活动步骤:

步骤1 解析课程目标:认真阅读待评价的课程方案中的课程目标,将其解析成一个个独立的目标,把每个目标单独写在一张便利贴上。

步骤2 梳理教学策略:认真阅读待评价的课程方案,将其中的教学策略梳理出来,把每种教学策略单独写在一张便利贴上。

步骤3 画矩阵图:小组成员合作,在一张大白纸上画出一个矩阵图,见图8-11。矩阵图像一个房子,房顶的小平行四边形用来表示课程目标之间的自相关关系、教学策略之间的自相关关系、课程目标和教学策略之间的相关关系,房子主体部分的竖长方形用来填写课程目标(左边)和教学策略(右边)。

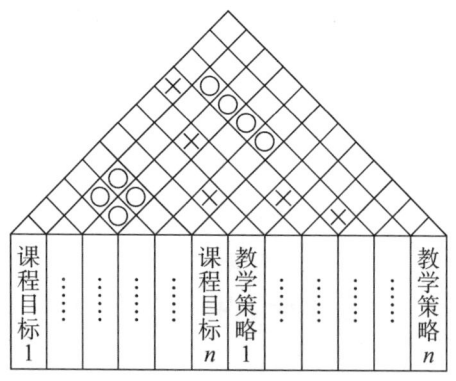

图8-11 矩阵图示例

步骤4 评判打分:小组成员在相关关系矩阵中进行评判打分,打分规则有三个。(1)如果改善某一个课程目标有助于改善另一个课程目标,我们便认为这两个课程目标是具有正相关关系的,用绿色"〇"表示;如果改善某一个课程目标会对另一个课程目标产生负面影响,我们便认为这两个课程目标是具有负相关关系的,用绿色"×"表示;空白则表示两个课程目标之间没有明显相关关系。(2)采用相同的方法判断教学策略和教学策略之间的关系,符号可以用黄色"〇"和"×"表示。(3)采用相同的方法判断课程目标与教学策略之间的关系,符号可以用红色"〇"和"×"表示。

步骤5 按重要性排序:依据正相关关系强度排序。先找出每个用绿色"〇"表示的小平行四边形对应的两个相关的课程目标,按照相关关系的数量,从多到少依次排列,明确课程目标的重要程度。再找出每个用黄色"〇"表示的小平行四边形对应的两种相关的教学策略,按照相关关系的数量,从多到少依次排列,明确教学策略的重要程度。最后找出每个用红色"〇"表示的小平行四边形对应的两个相关的"课程目标—教学策略",按照相关关系的数量,从多到少依次排列,明确在这个课程方案中落实得较好的课程目标和实效性较强的教学策略。

步骤6 交流展示:每个小组派一位代表,进行交流分享。

特别说明:这个活动适合在研修工作坊中以小组为单位进行,主要用于评估和修正已有的课程方案、活动方案等,通过矩阵排序可以达成三个层面的评估,一是可以判断出课程目标之间的关联性和逻辑性;二是可以判断出教学策略之间的相互作用;三是可以判断出哪些教学策略达成的课程目标最多、哪些教学策略与课程目标达成无关,判断出哪些课程目标被落实得比较充分、哪些教学目标是没有教学策略来实现的空置目标。以上三个层面的评估可以综合使用,也可以分开使用。

在时间分配上,一般是"解析课程目标"5分钟、"梳理教学策略"5分钟、"画矩阵图"5分钟、"评判打分"20分钟、"按重要性排序"15分钟、"交流展示"20分钟,由培训者统一控制时间。

第五节 创造应用类交互活动工具箱

创造应用类交互活动的主要目的是解决具有挑战性、创新性的任务,最终实现教师经验的概念化和理论化。这主要包括探索与建构策略活动工具、分享与应用实践活动工具。

一、探索与建构策略活动工具

（一）鱼骨图活动工具

活动目的：分析问题产生的原因，寻找解决问题的对策。

活动组织：把相互熟悉的组员分成小组，每组6至8人。

活动时间：30至50分钟（根据小组数量而定）。

活动材料或工具：大白纸1张；3至5种颜色的水彩笔若干支。

活动步骤：

步骤1 发布主题：培训者发布研讨主题（如"如何解决小组活动效果差的问题"）。

步骤2 小组分工：组内推荐产生一位活动主持人、一位活动记录员、一位小组发言人。

步骤3 画鱼骨图：由活动记录员在大白纸上画出鱼骨图（见图8-12），包括鱼头、脊柱、鱼尾、脊柱上的大刺和大刺上旁生的小刺。各组可以根据自己的想法来画鱼骨图的式样。

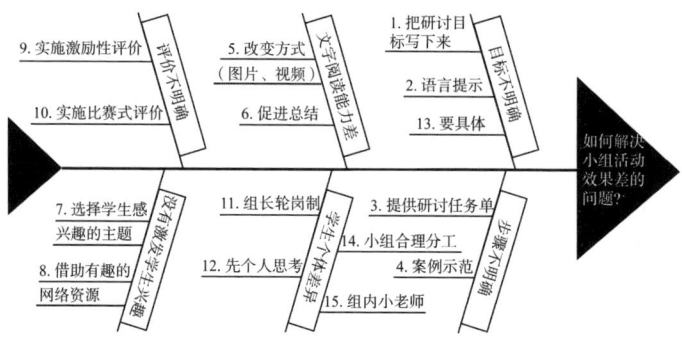

图8-12 鱼骨图示例

步骤4 分析原因：活动主持人组织大家分析问题产生的主要原因，例如，小组活动效果差的原因有"目标不明确""步骤不明确""文字阅读能力差""学生个体差异""评价不明确""没有激发学生兴趣"等。活动记录员将这些原因分别写在鱼骨图的大刺上。

步骤5 建构策略：在明确原因的基础上，活动主持人组织大家提出解决问题的策略，按照发言的顺序为策略编上序号。策略提出后，组织策略提出者对策略进行一定的说明,其他组员积极思考、提出质疑,最后确定大家都赞同的策略。

步骤 6 美化完善:小组成员拿起水彩笔,共同对鱼骨图进行美化完善。

步骤 7 交流分享:小组发言人向全班介绍本组的研讨成果。

特别说明:这个活动通过画结构图的方式有效组织学员聚焦关键问题、汇集众人智慧,对问题产生的原因进行深入分析,并提出解决策略。在分析原因和建构策略环节,小组每位学员都要参与思考和发言,包括活动主持人、活动记录员和小组发言人。在建构策略环节,不用按顺序逐个去思考,主持人应该鼓励组员进行发散性思考,想到什么办法就随时发言,策略的记录编号也随着大家发言的顺序来调整。

在时间分配上,一般是"发布主题"2 分钟、"小组分工"3 分钟、"画鱼骨图"3 分钟、"分析原因＋建构策略"15 分钟、"美化完善"2 分钟、"交流分享"5 至 25 分钟(每组 5 分钟)。小组内安排一位组员负责控制时间。本研讨工具同样适合线上培训。

(二)四象限图活动工具

活动目的:对提出的解决问题的策略进行评估。

活动组织:把相互熟悉的组员分成小组,每组 6 至 8 人。

活动时间:35 至 50 分钟(根据小组数量而定)。

活动材料或工具:大白纸 2 张;3 至 5 种颜色的水彩笔若干支。

活动步骤:

步骤 1 小组分工:组内推荐产生一位活动主持人、一位活动记录员、一位小组发言人。

步骤 2 梳理策略:活动主持人组织大家将有待评估的策略罗列在大白纸上,在每条策略前写上编号。例如,对"小组活动效果差"的问题解决策略进行编号:(1)把研讨目标写下来;(2)选择学生感兴趣的主题;(3)促进总结;(4)小组合理分工(组长轮岗制、组内小老师等);(5)提供研讨任务单;(6)实施比赛式评价。

步骤 3 确定评价维度:组织大家讨论,根据实际需求确定评价这些策略的维度,如"有效性—实施难度""有效性—实操性""有效性—便捷性""有效性—创新性"。

步骤 4 画四象限图：由活动记录员在大白纸上画出四象限图（见图 8-13），包括横坐标和纵坐标，箭头指向正方向为"高"，反方向为"低"。

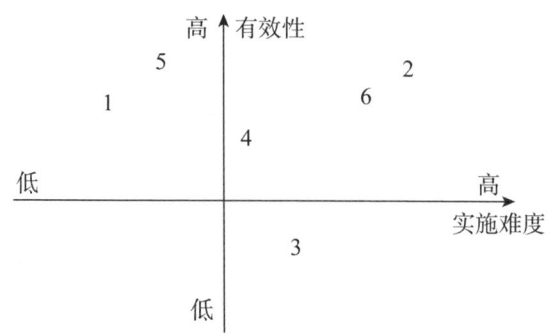

图 8-13 四象限图示例

步骤 5 评估策略：活动主持人组织大家对策略评估单上的每种策略进行评估，确定它们在四象限图中的位置。例如，"提供研讨任务单"这种策略有效性高且实施难度低，是一种非常优秀的策略；"把研讨目标写下来"这种策略实施难度低且有效性较高，是一种方便实施的有效策略。

步骤 6 推荐策略：将图中左上方的策略作为优先策略；将图中右上方、位置靠近纵轴的策略作为备选策略；将图中右上方、位置靠近右上角的策略作为后续要关注和突破的策略；图中左下方、右下方的策略不推荐使用。

步骤 7 交流分享：由小组发言人向全班介绍本组的策略评估研讨成果。

特别说明：这个活动通过画四象限图的方式将对于策略的评估形象地表现出来，使用这个工具的过程也是学员对策略的深入思考和协同建构过程。研讨中的重点之一是要梳理好全面且清晰的"待评策略清单"，解决问题的策略一般是通过其他研讨工具（如鱼骨图）讨论出来的，也可以把教育教学实践中的经验和做法直接梳理成策略。重点之二是要确定好评估维度，一般情况下，有效性是评估策略的关键指标，其次要考虑到策略的"实施难度""便捷性"等，有些情况下，有效性等关键指标已经确定，那就可以根据实际需求选择评价创新性、科学性等。

在时间分配上，一般是"小组分工"3 分钟、"梳理策略"5 分钟、"确定评价维度"5 分钟、"画四象限图"2 分钟、"评估策略＋推荐策略"15 分钟、"交流分享"5 至 20 分钟（每组 5 分钟）。小组内安排一位组员负责控制时间。本研讨工具同样适合线上培训。

二、分享与应用实践活动工具

（一）作业帽活动工具

活动目的：以有趣的方式在全班范围内进行作业交流和互评。

活动组织：把学员分成若干小组，每组6人左右。

活动时间：25分钟。

活动材料或工具：每位学员1张作业任务单；每位学员1支黑色水笔；质地较硬的帽子1顶或容量相当的其他容器1个，如纸盒、塑料盒。

活动步骤：

步骤1 发：培训者将事先设计好的作业任务单下发给每位学员，并介绍活动规则。

步骤2 填—折：每位学员根据所学内容填写自己的作业任务单，填写完毕后将作业任务单折成纸条。

步骤3 收：培训者拿出准备好的帽子或其他容器，收集所有学员的纸条。

步骤4 抽—传：坐在最前面的一位学员从帽子或其他容器中任意抽取1张纸条，然后将帽子或其他容器传给下一位学员进行抽取，以此类推，直到所有学员都抽取完毕。

步骤5 评：每位学员打开抽取的纸条，阅读纸条中所呈现的作业内容，根据所学知识进行评判，并将评语写在纸条空白处。

步骤6 说：培训者邀请学员在全班分享所抽到的纸条中的作业内容以及自己的评语，学员人数少的可所有学员都进行分享，人数多的可以选择部分学员分享。培训者在每位学员分享后进行点评，也可在所有学员分享完毕后进行统一点评。

步骤7 分享：活动结束后，所有学员将包含自己评语的作业任务单拍照发在学习群里供大家学习和保存。

特别说明：作业是推动学员学以致用的关键环节，这个活动通过传帽子的方式将全班学员的作业在培训现场进行流转互评。传统的作业反馈通常由培训者一人完成，学员只关注自己的作业，对作业的反馈也往往来自培训者一人，并且由于时间有限，培训者在培训现场往往只能对部分学员的作业进行点评。本活动让所有学员都参与作业反馈，提升了作业反馈的效率和效果。通过阅读、点评他人的作业,学员可从他人的视角与观点中受到启发,拓宽自己的思路,并在分析、评价、听取培训者进一步点评的过程中加深对所学内容的理解。

在时间分配上,一般是"发"1分钟、"填—折"3分钟、"收"1分钟、"抽—传"2分钟、"评"3分钟、"说"10分钟、"分享"5分钟,由培训者统一控制时间。

(二) 行动时钟活动工具

活动目的:促进学员回去后学以致用,将培训所学转化为改变教育教学行为的具体行动。

活动组织:把学员分成若干小组,每组3至4人。

活动时间:50分钟。

活动材料或工具:每组1张大白纸;每位学员1张"行动时钟"的工具单(见图8-14);水彩笔6支(芯不要太粗)。

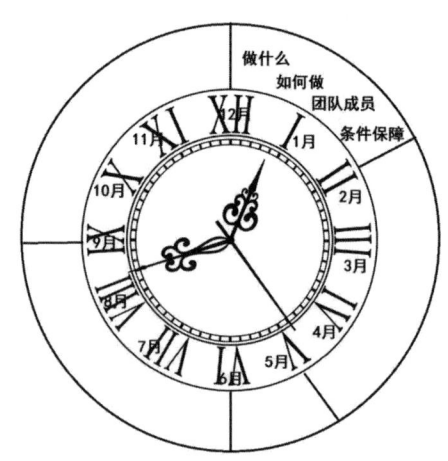

图8-14 行动时钟示例

活动步骤:

步骤1发:培训者给每位学员发1张"行动时钟"的工具单,介绍工具单的用法。"行动时钟"上面数字的单位,可以由学员根据自己的规划来标上"月""周"等,如果标上"月",整个钟面就代表1年,也可以把"2月""2周"等作为1格。

步骤2填:每位学员根据自己的规划在钟面的最外圈划分时间段。例如,12月至次年2月为一个板块,主要计划是进行课堂教学实践(做什么);采用课堂观察量表来观察和研究课堂教学实践效果(如何做);实践小组是本校物理组的3位年轻教师(团队成员);需要专家指导设计课堂观察量表,需要学校提供课堂录像支持等(条件保障)。3至5月处理课堂观察数据,评价与修正课堂教学方案。6月采用问卷调研学情等。

步骤3议:组内交流各自的"行动时钟"内容,相互提问、建议、补充和完善。

步骤4贴:每位组员将自己的"行动时钟"贴在大白纸上,写上能体现行动规划内容并且有创意的标题,组员共同美化"行动时钟"。

步骤5说:每个小组派一位代表,进行交流分享。

特别说明:这个活动适合在培训结束前进行,帮助学员做好培训后的规划,将培训中学到的知识经验、与同伴协同建构的策略方案等尽快运用到实践中去,改变自己的教育教学行为,解决或改善教学中的难点问题。这个研讨活动在操作时要引导学员从"做什么""如何做""团队成员""条件保障"等方面全面思考自己的规划后再落笔填写"行动时钟"。组内研讨的过程中要引导组员从规划实施者的视角来帮助同伴考虑规划的科学性和可行性。

在时间分配上,一般是"发"5分钟、"填"10分钟、"议"15分钟、"贴"5分钟、"说"15分钟,由培训者统一控制时间。

互动2

这些简单的题目能帮助您快速回顾与掌握本章要点,您只需要在合适的词语上打"√"。来做做看吧!

1. 信息分享类交互活动的主要目的是(建立人际联结/制造冲突环境)。
2. 深化认识类交互活动的主要目的是(分享知识信息/巩固与加深理解)。
3. 协同建构类交互活动的主要目的是(达成共识/巩固与加深理解)。
4. 主动实验类交互活动的主要目的是(改进行动/研制方案),主要包括研制与实践、评估与修正两类活动工具。
5. 创造应用类交互活动的主要目的是(解决问题/深化理解)。
6. 本节主要提供了(25/27)项具体的活动工具。

【互动1参考答案】

A选项中,董老师采用了"一人为主、团队研讨"的活动方式。这种活动方式比较高效,但对话难以走向深入。

B选项中,董老师组织大家先独立思考,再交流研讨达成共识;根据共识再分工合作,再次通过交流研讨达成共识。这种活动安排有深度,能够及时整合大家的观点,让团队少走弯路。

C选项与B选项大部分做法相同,多了一个预调研的环节,这样做使得调研方案更加科学,更能调研出目标对象的实际发展需求。

C选项的做法值得推荐。

后 记

工作之余又翻出旧书来看。黄灿然在《有些东西要说》(《读书》,2005(5):139)一文中评诗人杜家祁的一段话,把我潜在的、模糊的撰写这本书的意图显露了出来。那段话是这样写的:"对作者本人而言,能够为自己留住些什么已足以告慰,何况足够幸运的话,还有可能也给读者留住些什么……我们萌生出留住些什么的念头,往往是因为我们从前辈或已故诗人的作品中,发现他们为我们留住些什么。"

就是这种念头,驱动着我和团队成员一起回顾、反思、总结、提炼我们已经探索与正在探索的交互式教师培训。不过,我低估了这项探索性工作的难度,伙伴们在工作之余,围绕此任务定期进行深入的研讨与学习,两年多的时光悄然消逝,虽然我们在某些方面获得了一些成果,但远未拼凑出一幅关于交互式教师培训的完整画面。我们备受精神与心理上的折磨,一度有放弃的想法,其中一位小伙伴的话使我们放下心理包袱,重拾信心:"我们何不把此视为一个学习、成长的过程,虽然我们现在的提炼可能还比较粗浅、不成熟,但有了 1.0,才会有 2.0、3.0 呀!"

带着这些想法,我们重新整装出发。我细细品读两年多来团队写过的所有文字,基于自己对教师培训的多年研究、实践与体悟,从头至尾重新梳理框架、界定核心概念、构建操作模式、整理实践案例……在同伴们的共同努力下,终于有了这次能视为 1.0 版的交互式教师培训。

这本书由我和万立荣老师主笔,同时也凝聚着团队的智慧。感谢团队成员杨兰、顾思羽、张诗雅、李铃蔚,她们为本书的撰写提供并整理了大量的资料。感谢虹口区教育学院王红丽老师提供了第七章中的案例资料。本书也参考了其他学者的研究成果,在此一并表示感谢。此外,感谢上海市师资培训中心周增为主任等领导、同事给予的大力支持。感谢上海教育出版社刘芳副社长和公雯雯、杜金丹等编辑精益求精的工作。谢谢所有为本书的撰写与刊印付出辛勤劳动的朋友们!谢谢你们!

陈 霞
2022 年 8 月